Reforma Trabalhista: impacto e aplicação da Lei n. 13.467, de 2017

Luiz Eduardo Gunther
Rúbia Zanotelli de Alvarenga
(Coordenadores)

Adriana Cavalcante de Souza Schio
(Organizadora)

Reforma Trabalhista: impacto e aplicação da Lei n. 13.467, de 2017

EDITORA LTDA.
© Todos os direitos reservados

Rua Jaguaribe, 571
CEP 01224-003
São Paulo, SP – Brasil
Fone (11) 2167-1101
www.ltr.com.br
Fevereiro, 2018

Versão impressa: LTr 5926.1 — ISBN: 978-85-361-9494-3
Versão digital: LTr 9319.2 — ISBN: 978-85-361-9576-6

Dados Internacionais de Catalogação na Publicação (CIP)
(Câmara Brasileira do Livro, SP, Brasil)

Reforma trabalhista : impacto e aplicação da Lei n. 13.467, de 2017 / Luiz Eduardo Gunther, Rúbia Zanotelli de Alvarenga, (coordenadores) ; Adriana Cavalcante de Souza Schio, (organizadora). – São Paulo : LTr, 2018.

Bibliografia.

1. Direito do trabalho 2. Direito do trabalho - Brasil 3. Reforma constitucional 4. Reforma constitucional - Brasil I. Gunther, Luiz Eduardo. II. Alvarenga, Rúbia Zanotelli de. III. Schio, Adriana Cavalcante de Souza.

17-10824   CDU-34:331.001.73(81)

Índice para catálogo sistemático:
1. Brasil : Reforma trabalhista : Direito do trabalho 34:331.001.73(81)

Colaboradores

ANTÔNIO ÁLVARES DA SILVA: Professor titular da Faculdade de Direito da UFMG.

ELIÁZER ANTONIO MEDEIROS: Desembargador Federal do Trabalho da 9ª Região (PR). Antes da magistratura, atuou na advocacia trabalhista por quase 30 anos. Foi Presidente da Associação dos Advogados Trabalhistas do Paraná (AAT-PR), no biênio 1995/1997. Foi Conselheiro Estadual da OAB Paraná e membro das comissões de Assuntos Culturais e Propriedade Intelectual, de Pareceres Preliminares em Processos Disciplinares no Âmbito da OAB Paraná e de Direito do Trabalho da Seccional. Foi presidente da Banca de Exame da OAB e autor do livro "Exame da OAB", pela JM Editora, em coautoria com o saudoso Desembargador Roberto Dala Barba Filho.

ÉLISSON MIESSA: Procurador do Trabalho. Professor de Direito Processual do Trabalho do curso CERS *on-line*. Autor e coordenador de obras relacionados à seara trabalhista, entre elas, "CLT comparada", "Súmulas e Orientações Jurisprudenciais do TST comentadas e organizadas por assunto", "Manual dos recursos trabalhistas" e "Impactos do Novo CPC nas Súmulas e Orientações Jurisprudenciais do TST", publicadas pela editora JusPodivm.

GEORGE AUGUSTO MENDES E SILVA: Mestrando em Direito do Trabalho (UFMG). Especialista em Direito do Trabalho (Faculdade de Direito Milton Campos). Advogado no escritório Lima Netto, Carvalho, Abreu, Mayrink Sociedade de Advogados.

JOSÉ AFFONSO DALLEGRAVE NETO: Advogado, Mestre e Doutor em Direito pela UFPR. Pós-doutorando pela Universidade de Lisboa (FDUNL). Membro da JUTRA e da Academia Brasileira de Direito do Trabalho.

LAIS TERESINHA DA ROSA KUIASKI: Analista judiciária do TRT da 9ª Região. Mestre em Direito Constitucional (UFRGS). Especialista em Administração Pública (EBAP/FGV-RJ). Especialista em Análise de Sistema (tecnologia da informação)/PUC-PR.

LORENA DE MELLO REZENDE COLNAGO: Mestre em Processo (UFES, 2008). Pós-graduada em Direito do Trabalho (individual e coletivo), Processual do Trabalho e Previdenciário (UNIVES, 2006). Diretora Cultural do Instituto de Estudos Avançados da Magistratura e Ministério Público do Trabalho – IPEATRA. Foi membro da Comissão de Adaptação do PJE – Grupo Requisitos (2016). Professora. Juíza do Trabalho (TRT2).

LUIZ EDUARDO GUNTHER: Desembargador do Trabalho do TRT9-PR. Professor do Centro Universitário Curitiba UNICURITIBA. Pós-Doutor pela PUC-PR. Membro da Academia Nacional de Direito do Trabalho e do Instituto Histórico e Geográfico do Paraná. Coordenador do Grupo de Pesquisa que edita a Revista Eletrônica do TRT9.

MARCELO IVAN MELEK: Pós-doutorando em Direito pela Universidade di Sapienza – Roma. Doutor em Direito pela Pontifícia Universidade Católica do Paraná – PUC-PR. Mestre em Educação pela Universidade Tuiuti do Paraná. Graduação em Direito pela UNICURITIBA. Possui graduação em administração de empresas e comércio exterior pela Universidade Positivo. Advogado. Professor de Direito da graduação e pós-graduação da Universidade Positivo e membro do Núcleo Docente Estruturante. Professor de Direito do Trabalho no curso de pós-graduação em Direito do Trabalho da PUC-PR, ABDConst, IEL, entre outras. Professor orientador do Projeto Horizontes do Tribunal Regional do Trabalho da 9ª Região (TRT-PR). Vogal na Junta Comercial do Estado do Paraná.

MARLENE T. FUVERKI SUGUIMATSU: Desembargadora Federal do Trabalho no TRT da 9ª Região. Pós-graduada em Direito Público pela UFPR e em Filosofia-ênfase em Ética pela PUC-PR. Mestre em Direito Econômico e Social e Doutora em Direito Econômico e Socioambiental pela PUC-PR. Professora de Direito Material do Trabalho nos Cursos de Pós-Graduação e Graduação do Centro Universitário Curitiba – UNICURITIBA.

NASSER AHMAD ALLAN: Pós-Doutorando no Programa de Pós-Graduação em Direito da Universidade Federal do Rio de Janeiro – UFRJ, vinculado ao grupo Configurações Institucionais e Relações de Trabalho – CIRT. Mestre e Doutor em Direitos Humanos e Democracia pela Universidade Federal do Paraná – UFPR. Advogado trabalhista e sindical em Curitiba.

Paulo Roberto Lemgruber Ebert: Advogado e professor universitário. Doutor em direito do trabalho e da seguridade social pela Universidade de São Paulo (USP). Especialista em direito constitucional pela Universidade de Brasília (UnB). Especialista em direito e processo do trabalho pelo Centro Universitário de Brasília (UniCEUB). Autor dos livros: Sindicato mais representativo e mutação constitucional (LTr, 2007), Mora legislativa em matéria trabalhista (LTr, 2015) e Liberdade sindical no setor público (LTr, 2017).

Raphael Miziara: Advogado. Mestrando em direito do trabalho e das relações sociais pela UDF. Professor em cursos de graduação e pós-graduação em Direito, bem como em cursos preparatórios para concursos públicos. Autor de livros e artigos na área juslaboral.

Ricardo Nunes de Mendonça: Graduado em Direito pela UFPR, pós-graduado em Direito Processual Civil pela PUC-PR, mestre em Direito Econômico e Socioambiental pela PUC-PR, atualmente desenvolvendo projeto de pesquisa no programa de pós-graduação em Derechos Humanos, Interculturalidad y Desarrollo na Universidade Pablo de Olavide em Sevilha, na Espanha. Advogado trabalhista e sindical em Curitiba.

Roberto Dala Barba Filho: Bacharel em Direito pela UFPR. Mestre em Direito pela PUC-PR. Juiz do Trabalho no TRT da 9ª Região.

Thais Hayashi: Assessora da Vice-Presidência do Tribunal Regional do Trabalho da 9ª Região. Bacharel em Direito pela Faculdade de Direito de Curitiba. Pós-graduada em Direito, com especialidade em Direito e Processo do Trabalho pela Universidade Anhanguera – Uniderp.

Colaboradores

Antônio Álvares da Silva: Professor titular da Faculdade de Direito da UFMG.

Eliázer Antonio Medeiros: Desembargador Federal do Trabalho da 9ª Região (PR). Antes da magistratura, atuou na advocacia trabalhista por quase 30 anos. Foi Presidente da Associação dos Advogados Trabalhistas do Paraná (AAT-PR), no biênio 1995/1997. Foi Conselheiro Estadual da OAB Paraná e membro das comissões de Assuntos Culturais e Propriedade Intelectual, de Pareceres Preliminares em Processos Disciplinares no Âmbito da OAB Paraná e de Direito do Trabalho da Seccional. Foi presidente da Banca de Exame da OAB e autor do livro "Exame da OAB", pela JM Editora, em coautoria com o saudoso Desembargador Roberto Dala Barba Filho.

Élisson Miessa: Procurador do Trabalho. Professor de Direito Processual do Trabalho do curso CERS *on-line*. Autor e coordenador de obras relacionados à seara trabalhista, entre elas, "CLT comparada", "Súmulas e Orientações Jurisprudenciais do TST comentadas e organizadas por assunto", "Manual dos recursos trabalhistas" e "Impactos do Novo CPC nas Súmulas e Orientações Jurisprudenciais do TST", publicadas pela editora JusPodivm.

George Augusto Mendes e Silva: Mestrando em Direito do Trabalho (UFMG). Especialista em Direito do Trabalho (Faculdade de Direito Milton Campos). Advogado no escritório Lima Netto, Carvalho, Abreu, Mayrink Sociedade de Advogados.

José Affonso Dallegrave Neto: Advogado, Mestre e Doutor em Direito pela UFPR. Pós-doutorando pela Universidade de Lisboa (FDUNL). Membro da JUTRA e da Academia Brasileira de Direito do Trabalho.

Lais Teresinha da Rosa Kuiaski: Analista judiciária do TRT da 9ª Região. Mestre em Direito Constitucional (UFRGS). Especialista em Administração Pública (EBAP/FGV-RJ). Especialista em Análise de Sistema (tecnologia da informação)/PUC-PR.

Lorena de Mello Rezende Colnago: Mestre em Processo (UFES, 2008). Pós-graduada em Direito do Trabalho (individual e coletivo), Processual do Trabalho e Previdenciário (UNIVES, 2006). Diretora Cultural do Instituto de Estudos Avançados da Magistratura e Ministério Público do Trabalho – IPEATRA. Foi membro da Comissão de Adaptação do PJE – Grupo Requisitos (2016). Professora. Juíza do Trabalho (TRT2).

Luiz Eduardo Gunther: Desembargador do Trabalho do TRT9-PR. Professor do Centro Universitário Curitiba UNICURITIBA. Pós-Doutor pela PUC-PR. Membro da Academia Nacional de Direito do Trabalho e do Instituto Histórico e Geográfico do Paraná. Coordenador do Grupo de Pesquisa que edita a Revista Eletrônica do TRT9.

Marcelo Ivan Melek: Pós-doutorando em Direito pela Universidade di Sapienza – Roma. Doutor em Direito pela Pontifícia Universidade Católica do Paraná – PUC-PR. Mestre em Educação pela Universidade Tuiuti do Paraná. Graduação em Direito pela UNICURITIBA. Possui graduação em administração de empresas e comércio exterior pela Universidade Positivo. Advogado. Professor de Direito da graduação e pós-graduação da Universidade Positivo e membro do Núcleo Docente Estruturante. Professor de Direito do Trabalho no curso de pós-graduação em Direito do Trabalho da PUC-PR, ABDConst, IEL, entre outras. Professor orientador do Projeto Horizontes do Tribunal Regional do Trabalho da 9ª Região (TRT-PR). Vogal na Junta Comercial do Estado do Paraná.

Marlene T. Fuverki Suguimatsu: Desembargadora Federal do Trabalho no TRT da 9ª Região. Pós-graduada em Direito Público pela UFPR e em Filosofia-ênfase em Ética pela PUC-PR. Mestre em Direito Econômico e Social e Doutora em Direito Econômico e Socioambiental pela PUC-PR. Professora de Direito Material do Trabalho nos Cursos de Pós-Graduação e Graduação do Centro Universitário Curitiba – UNICURITIBA.

Nasser Ahmad Allan: Pós-Doutorando no Programa de Pós-Graduação em Direito da Universidade Federal do Rio de Janeiro – UFRJ, vinculado ao grupo Configurações Institucionais e Relações de Trabalho – CIRT. Mestre e Doutor em Direitos Humanos e Democracia pela Universidade Federal do Paraná – UFPR. Advogado trabalhista e sindical em Curitiba.

Paulo Roberto Lemgruber Ebert: Advogado e professor universitário. Doutor em direito do trabalho e da seguridade social pela Universidade de São Paulo (USP). Especialista em direito constitucional pela Universidade de Brasília (UnB). Especialista em direito e processo do trabalho pelo Centro Universitário de Brasília (UniCEUB). Autor dos livros: Sindicato mais representativo e mutação constitucional (LTr, 2007), Mora legislativa em matéria trabalhista (LTr, 2015) e Liberdade sindical no setor público (LTr, 2017).

Raphael Miziara: Advogado. Mestrando em direito do trabalho e das relações sociais pela UDF. Professor em cursos de graduação e pós-graduação em Direito, bem como em cursos preparatórios para concursos públicos. Autor de livros e artigos na área juslaboral.

Ricardo Nunes de Mendonça: Graduado em Direito pela UFPR, pós-graduado em Direito Processual Civil pela PUC-PR, mestre em Direito Econômico e Socioambiental pela PUC-PR, atualmente desenvolvendo projeto de pesquisa no programa de pós-graduação em Derechos Humanos, Interculturalidad y Desarrollo na Universidade Pablo de Olavide em Sevilha, na Espanha. Advogado trabalhista e sindical em Curitiba.

Roberto Dala Barba Filho: Bacharel em Direito pela UFPR. Mestre em Direito pela PUC-PR. Juiz do Trabalho no TRT da 9ª Região.

Thais Hayashi: Assessora da Vice-Presidência do Tribunal Regional do Trabalho da 9ª Região. Bacharel em Direito pela Faculdade de Direito de Curitiba. Pós-graduada em Direito, com especialidade em Direito e Processo do Trabalho pela Universidade Anhanguera – Uniderp.

Sumário

PREFÁCIO
  Adriana Cavalcante de Souza Schio 9

Parte I
Direito Material do Trabalho

CAPÍTULO 1 – O Trabalho Autônomo na Reforma Trabalhista e a Fórmula Política da Constituição Federal de 1988
  Paulo Roberto Lemgruber Ebert 13

CAPÍTULO 2 – O Novo Regime Jurídico do Teletrabalho no Brasil
  Raphael Miziara 27

CAPÍTULO 3 – Trabalho Intermitente – Trabalho "Zero Hora" – Trabalho Fixo Descontínuo
  Lorena de Mello Rezende Colnago 33

CAPÍTULO 4 – O Assédio Moral no Meio Ambiente do Trabalho: Dano Moral e/ou Dano Existencial? – Incidências da Reforma Trabalhista
  Luiz Eduardo Gunther 39

CAPÍTULO 5 – A Inconstitucionalidade da Tarifação da Indenização por Dano Extrapatrimonial no Direito do Trabalho
  Roberto Dala Barba Filho 63

Parte II
Direito Processual do Trabalho

CAPÍTULO 6 – Arbitragem nos Dissídios Individuais de Trabalho dos Altos Empregados
  Antônio Álvares da Silva e George Augusto Mendes e Silva... 71

CAPÍTULO 7 – O Direito Processual do Trabalho em um Paradigma Neoliberal e Neoconservador: a Lei n. 13.467/2017 como proposta de marco normativo de um processo precário e individualista
  Nasser Ahmad Allan e Ricardo Nunes de Mendonça 77

CAPÍTULO 8 – Prescrição Intercorrente no Processo do Trabalho após a Lei n. 13.467/2017
  Élisson Miessa 87

Capítulo 9 – (In)Aplicabilidade Imediata dos Honorários de Sucumbência Recíproca no Processo Trabalhista
    José Affonso Dallegrave Neto 99

Capítulo 10 – Uniformização da Jurisprudência dos Tribunais e as Modificações Introduzidas pela Lei n. 13.467/2017 – Lei da Reforma Trabalhista
    Marlene T. Fuverki Suguimatsu e *Thais Hayashi* 105

Parte III
Direito Sindical

Capítulo 11 – O Projeto Arquitetônico da Reforma Trabalhista no Direito Sindical
    Marcelo Ivan Melek 125

Capítulo 12 – O Fim da Contribuição Sindical Obrigatória: a Crônica de uma Morte Anunciada
    Luiz Eduardo Gunther 133

Capítulo 13 – Ultratividade da Norma Coletiva e a Reforma Trabalhista da Lei n. 13.467/2017
    Eliázer Antonio Medeiros e *Lais Teresinha da Rosa Kuiaski* 147

Prefácio

A promessa de (Estado de) bem-estar social cedeu aos interesses econômico-financeiros, que, paradoxalmente, sentenciou o Direito do Trabalho como o algoz do trabalhador, culpado do desemprego abissal que se agigantou em meio à crise (de motivos plurais). Com esse discurso, acelerou-se a aprovação da Lei n. 13.467/2017, para se chegar a um Direito do Trabalho (supostamente) modernizado. E a dicção – modernizado – não se justifica em caracteres de progressivo compromisso do Estado com o desenvolvimento integral e que reforce o avanço do patamar civilizatório do trabalhador. Não! Baseia-se na mera viabilidade de se imprimir o descompromisso próprio das relações voláteis da atualidade, como força motriz da retomada do emprego e da economia.

Emprestando a denominação de Zygmunt Baumann, chegamos a um Direito do Trabalho líquido: do trabalho intermitente (art. 443, § 3º, da CLT reformada), do trabalho autônomo exclusivo e contínuo (art. 442-B da CLT), da quitação geral anual (art. 507-B da CLT), do teletrabalhador sem limite de jornada (art. 62, III), da possibilidade de se dosar, de antemão, o custo do dano moral (art. 223-G, § 1º). Ora, se a instituição do casamento deu lugar a relações mais fluídas, essa conotação também não deveria se espalhar a dimensões contratuais que constituem base do sustento do homem: o contrato de trabalho?

Por outro lado, valendo-se da provocação de Slavoj Zizek, a "reforma" chegaria primeiro, como tragédia (para o trabalhador) e, depois, como farsa (pela frustração de seu escopo de fomentar emprego, pela inconstitucionalidade de diversos dispositivos)? Seria a Lei n. 13.467/2017 o descortinar da escatologia do Direito do Trabalho?

A Lei n. 13.467/2017 divide opiniões. Modernização ou retrocesso, o momento demanda a superação do luto de uns e regozijo de vitória de outros para, com neutralidade científica, oportunizar o amplo debate da Lei e seu amadurecimento no plano das relações contratuais trabalhistas.

São inúmeros os objetos que merecem reflexão, não apenas pela nova lei imprimir maior fluidez às relações contratuais trabalhistas e emancipar o trabalhador na assinatura de "acordos", mas também pela desconstrução de diversos posicionamentos consolidados da Corte Uniformizadora trabalhista e que sofrerão impacto com a redação da nova lei.

Esta obra se propõe a inaugurar a análise dos principais aspectos da "Reforma Trabalhista" e, assim, foi dividida em três blocos: Direito Individual do Trabalho, Direito Processual do Trabalho e Direito Sindical.

Na primeira parte, analisa-se o trabalho autônomo, o teletrabalho, o trabalho intermitente e a dosagem do dano moral. Na segunda parte, enfrenta-se a nova forma de composição de conflitos trabalhistas (arbitragem de altos empregados), além dos principais desafios do novo Processo do Trabalho, dentre os quais, o impacto sobre a jurisprudência uniformizada, a questão dos honorários de sucumbência e a prescrição intercorrente. Por fim, na terceira parte, são enfrentadas as polêmicas da capacidade negociadora frente ao fim da contribuição sindical obrigatória e o desfecho da ultratividade das normas coletivas.

Somente o amadurecimento da legislação poderá confirmar se, efetivamente, a reforma cumprirá a promessa de dinamização das relações, com ampliação de oportunidades pela restrição do risco do passivo trabalhista, elemento ínsito a diversos pontos da Lei n. 13.467/2017.

O momento inspira reflexão de operadores do Direito do Trabalho. Afinal, muito além de conceitos formais e posicionamentos jurídico-ideológicos ou econômico-políticos, o trabalhador da realidade cotidiana (e não aquele do papel, na denominação de Gilberto Dimenstein), tem sua dignidade substancialmente alcançada apenas no trabalho e na sua renda (respeitados seus direitos mínimos assegurados constitucionalmente).

Boa leitura.

Adriana Cavalcante de Souza Schio
Analista judiciária e assessora de Desembargador do Trabalho no TRT-PR.
Mestre e Especialista em Direito do Trabalho pela PUC-PR.

Parte I
Direito Material do Trabalho

Capítulo 1

O Trabalho Autônomo na Reforma Trabalhista e a Fórmula Política da Constituição Federal de 1988[1]

Paulo Roberto Lemgruber Ebert[2]

1. INTRODUÇÃO

A Lei n. 13.467, de 13 de julho de 2017, apodada de *Reforma Trabalhista*, apresenta-se como uma nítida manifestação do fenômeno descrito por Alain Supiot como *law shopping*, a compreender, sob a ótica do Estado, a busca pela redução do custo da mão de obra com vistas à obtenção de vantagens na precificação de seus produtos no mercado internacional, bem como à atração de investimentos produtivos e, da parte dos empresários, a escolha daqueles ordenamentos jurídicos trabalhistas menos onerosos no que concerne aos custos com o pessoal.

Almeja-se, em síntese, com a Reforma Trabalhista, não apenas a propalada *simplificação* das relações individuais e coletivas entre empregadores e empregados, mas também o reposicionamento do País nos indicadores relacionados ao *custo* da mão de obra, por intermédio da precarização das condições laborais e da flexibilização da remuneração e da duração do trabalho, em nítida contraposição à diretriz-chave consagrada na *Declaração da Filadélfia* da OIT, a propalar que "*o trabalho não é uma mercadoria*".[3]

Nesse contexto, a Lei n. 13.467/2017 trouxe, ao lado da oficialização daquelas já conhecidas formas precárias de arregimentação de mão de obra (terceirização de atividades-fim, *contratos a tempo parcial* e *contratos temporários*) e da implementação de novas modalidades de contratação flexível (com especial destaque para o *contrato de trabalho intermitente*), a possibilidade de generalização da contratação de *trabalhadores autônomos*, mesmo sob o regime de continuidade e de exclusividade.

Assim, de acordo com a redação conferida pela Lei n. 13.467/2017 ao art. 442-B da CLT, o singelo preenchimento dos requisitos formais para a configuração do contrato de *prestação de serviços*, previstos nos arts. 593 a 609 do Código Civil, bastaria para afastar o enquadramento do trabalhador no conceito jurídico de *empregado*, a constar do art. 3º da CLT.[4]

---

(1) Artigo publicado originalmente em: *Revista da LTr*, ano 81, n. 9. São Paulo: LTr, set. 2017. p. 1.141-1.152.

(2) Advogado e professor universitário. Doutor em direito do trabalho e da seguridade social pela Universidade de São Paulo (USP). Especialista em direito constitucional pela Universidade de Brasília (UnB). Especialista em direito e processo do trabalho pelo Centro Universitário de Brasília (UniCEUB). Autor dos livros *Sindicato mais representativo e mutação constitucional* (LTr, 2007), *Mora legislativa em matéria trabalhista* (LTr, 2015) e *Liberdade sindical no setor público* (LTr, 2017).

(3) Nas palavras de Alain Supiot: "*Al proclamar que 'el trabajo no es una mercancía' y al exigir 'la ampliación de las medidas de seguridad social para garantizar ingresos básicos a quienes los necesiten y prestar asistencia médica completa', la Declaración de Filadelfia obligava a los Estados a dotarse de un Derecho Laboral y de La Seguridad Social capaz de garantizar la seguridad física y económica de los asalariados y de sus familias, es decir, de establecer las bases jurídicas indispensables para el funcionamiento de los mercados del trabajo en el plazo largo de la sucesión generacional. Estas bases se establecieron a nivel nacional y están siendo desmanteladas progresivamente en el contexto de la globalización. (...) En este Mercado global, el Derecho (...) se considera como un producto que compite a escala mundial, donde se produciría la selección natural de los ordenamientos jurídicos mejor adaptados a la exigencia de rendimiento financiero. En lugar de que la libre competencia se funde en el Derecho, es el Derecho que debería fundarse en la libre competencia. (...) El establecimiento de este 'mercado de productos legislativos' debe conducir a la eliminación progresiva de los sistemas normativos menos aptos para satisfacer las expectativas financieras de los inversores. Por tanto, la competición a la que se entregan las empresas bajo la égida de los mercados financieros no debería limitarse a la esfera económica, sino convertirse en el principio de organización de la esfera jurídica.*". SUPIOT, Alain. Tradução *El Espíritu de Filadelfia*, de TERRÉ, Jordi. Barcelona: Península, 2011. p. 61-68.

(4) Na dicção do novel art. 442-B da CLT: "Art. 442-B. A contratação do autônomo, cumpridas por este todas as formalidades legais, com ou sem exclusividade, de forma contínua ou não, afasta a qualidade de empregado prevista no art. 3º desta Consolidação."

Com isso, o dispositivo legal em referência estaria não apenas a permitir, no extremo, a formulação de contratos de prestação de serviços de duração indeterminada e com exclusividade entre trabalhadores que se auto-intitulam *autônomos* e seus *tomadores de serviços*, em uma tentativa de oficializar a burla ao ordenamento trabalhista e tributário.

Sob tal ótica, seria possível estabelecer, por exemplo, contratos de *prestação de serviços* a submeterem o aludido *autônomo* a jornadas superiores aos limites estabelecidos no art. 7º, XIII, da Constituição Federal, com remuneração inferior ao salário mínimo e sem as demais garantias constitucionais asseguradas à generalidade dos empregados, tais como o décimo terceiro salário (art. 7º, VIII), o Fundo de Garantia por Tempo de Serviço (art. 7º, III), as férias anuais com o respectivo adicional (art. 7º, XVII), as licenças maternidade e paternidade (art. 7º, XVIII e XIX), entre outras.

Diante da amplitude semiótica conferida à redação do novel art. 442-B da CLT pela Lei n. 13.467/2017 e tendo em vista, igualmente, a aparente abertura por ela conferida à arregimentação de trabalhadores individualmente considerados por intermédio da formulação de simples contratos de *prestação de serviços*, faz-se mister averiguar se tal exegese encontra respaldo nas diretrizes hermenêuticas emanadas da Constituição Federal, cujos enunciados condicionarão a tarefa interpretativa concernente ao desvelamento do sentido e do alcance de todos os demais diplomas do ordenamento jurídico.[5]

Para tanto, a resposta a tal indagação deve partir de uma abordagem mais ampla do que aquela limitada ao singelo cotejo entre o dispositivo infraconstitucional a ser interpretado e os artigos da Constituição Federal diretamente relacionados à matéria nele versada, em direção a uma análise mais ampla e completa, a permitir o desvelamento de seu sentido e alcance à luz dos valores que sintetizam e conferem identidade ao diploma constitucional.

Nesse sentido, a análise do novel art. 442-B da CLT a ser formulada no presente estudo buscará desvelar o sentido e o alcance inerentes a este último, não apenas a partir do cotejo de seu enunciado com os preceitos constitucionais diretamente relacionados à tutela do trabalho, elencados no art. 7º, da Carta Magna, mas sim a partir de uma análise à luz da *fórmula política* dispersa ao longo dos dispositivos, a denotar o substrato ideológico que confere identidade à lei maior e que vincula objetivamente todo o ordenamento jurídico.

2. A FÓRMULA POLÍTICA INERENTE À CONSTITUIÇÃO FEDERAL DE 1988 E SEU ELEMENTO SOLIDARIZANTE. VALOR SOCIAL DO TRABALHO E DA LIVRE INICIATIVA, PROTEÇÃO DO TRABALHADOR, FUNÇÃO SOCIAL DA EMPRESA E VÍNCULO DE EMPREGO COMO PADRÃO CONSTITUCIONAL PARA AS RELAÇÕES DE TRABALHO

O conceito de *fórmula política* é, na acepção dos autores europeus que o formularam originalmente, o dado substancial a conferir identidade a uma determinada constituição. Compreende-a, nas palavras de Pablo Lucas Verdú "*a expressão ideológica juridicamente organizada em uma estrutura social*" que sintetiza as características organizativas e axiológicas adotadas pelo Estado em seu documento fundante.[6]

A *fórmula política* de uma determinada constituição é, portanto, o resultado final da equação que envolveu, no processo constituinte, as distintas concepções ideológicas a respeito da organização da estrutura pública, da delimitação dos poderes e competências, dos objetivos e finalidades institucionais a serem colimados pelo Estado e dos direitos fundamentais a serem assegurados aos cidadãos.[7]

No caso da Constituição Federal brasileira, o entrechoque das forças políticas dos mais distintos matizes que tomaram parte na Assembleia Constituinte

---

(5) Vide, nesse sentido: VIGO, Rodolfo Luis. *Interpretación constitucional*. 2. ed. Buenos Aires: Abeledo-Perrot, 2004. p. 142-151.

(6) VERDÚ, Pablo Lucas. *Curso de derecho político*. Madrid: Tecnos, 1981. p. 421. Nesse mesmo sentido: MOSCA, Gaetano. *Sulla teoria dei governi*. Milano: Istituto Editoriale Scientifico, 1925.

(7) Segundo Raul Canosa Usera: *"[la formula política] se identifica con la idea fundamental que emana de la consciencia de un pueblo y se manifiesta mediante la acción de las fuerzas políticas. (...) En las naciones democraticas no suele acontecer que una sola fuerza política pueda trasladar al ámbito constitucional la totalidad de sus objetivos políticos. Ocurre, por el contrario, que las fuerzas dominantes en las fechas de aprobación de la Carta fundamental llegan a acuerdos, a través de los cuales, y en virtud de la presencia respectiva de cada una de ellas, se establece un listado de objetivos políticos que la Constitución finalmente incorpora como propios y que son propuestos por varias corrientes ideológicas. Serán aquellos sobre los que todas las corrientes lleguen a suficiente consenso."* USERA, Raúl Canosa. *Interpretación constitucional y formula política*. Madrid: Centro de Estudios Constitucionales, 1988. p. 252-254.

de 1987/88 produziu um texto que, em matéria de objetivos institucionais e de direitos fundamentais, buscou harmonizar as garantias individuais clássicas exercitáveis face à ação do Estado (p. ex: autonomia privada, liberdade de expressão, direito à intimidade, à privacidade, à propriedade etc.) com a concretização de relevantíssimas finalidades sociais a guardarem conexão intrínseca com os direitos a prestações concretas dependentes do concurso do próprio Estado e dos particulares.[8]

Assim, na senda das constituições editadas após a Segunda Guerra Mundial, a Carta brasileira de 1988 bebeu assumida e diretamente da fonte do constitucionalismo dirigente para a moldagem do Estado e da sociedade que se pretendiam após a redemocratização do País. Da leitura de seu art. 3º, percebe-se de forma nítida a preocupação com a elaboração de um programa voltado para a superação das mazelas sociais e econômicas historicamente relacionadas ao cotidiano pátrio, sendo justamente esse o motivo para inserir-se a construção de *"uma sociedade livre, justa e solidária"*, a erradicação *"da pobreza e da marginalização"*, a redução das *"desigualdades sociais e regionais"*, bem como a promoção *"do bem de todos"* no rol dos objetivos fundamentais da República Federativa do Brasil.

Como elemento imprescindível para os progressos cultural e material dos indivíduos, o trabalho humano – e, naturalmente, o emprego – foram objeto central de preocupação do legislador constituinte. Nesse sentido, a *fórmula política* da Carta de 1988 passou a ser integrada pelo ideal de solidarismo surgido, historicamente, como resultado direto das lutas empreendidas pelos obreiros contra o poder desmesurado do capital nas relações de trabalho e que conduziu, posteriormente, ao reconhecimento textual das posições jurídicas titularizadas pelas classes menos favorecidas com vistas a lhes conferir, efetivamente, a cidadania plena.[9] (grifo nosso).

Justamente em razão de tal concepção incorporada, como visto, à *fórmula política* da Constituição Federal de 1988, o art. 7º desta última, ao positivar o princípio da *proteção do trabalhador*, vislumbrou a promoção do equilíbrio de forças nas relações laborais e, em especial, a limitação, em nome de bens jurídicos titularizados pelos obreiros (tais como a integridade física e o próprio direito à subsistência), do livre exercício da autonomia privada e da fruição absoluta do direito à propriedade, em deliberada contraposição à lógica individualista e reificadora a caracterizar o liberalismo novecentista.[10]

---

(8) Sobre as ideias que permeiam a elaboração da Constituição Federal de 1988, Luis Roberto Barroso assinala que: "A Assembléia Nacional Constituinte, que iria elaborar a nova Constituição da República, marcou o ingresso do Brasil no rol dos Países democráticos, após vinte e cinco anos de regime militar e quase doze de abertura 'lenta, segura e gradual'. (...) É inegável que a Constituição de 1988 tem a virtude de espelhar a reconquista dos direitos fundamentais, notadamente os de cidadania e os individuais, simbolizando a superação de um projeto autoritário, pretensioso e intolerante que se impusera ao País. Os anseios de participação, represados à força nas duas décadas anteriores, fizeram da constituinte uma apoteose cívica, marcada, todavia, por interesses e paixões." BARROSO, Luís Roberto. *O Direito Constitucional e a Efetividade de suas Normas*. 8. ed. Rio de Janeiro: Renovar, 2006. p. 40-42.

(9) Nas palavras de Gregorio Péces-Barba: *"Como consecuencia de la acción coordinada del ejercicio del derecho de asociación y del sufrágio por esos grupos sociales democráticos, radicales o socialistas, se incorporarán al Parlamento representantes de los partidos obreros que defenderán sus intereses y que plantearán problemas ajenos a los que tradicionalmente interesaban a la burguesía. Esta dinámica, que llevará a la formación incluso de gobiernos socialistas, incidirá en el constitucionalismo con una actuación positiva de los poderes públicos y con una nueva función atribuída al Derecho, la promocional, sobre todo a través del incremento de la acción del Derecho Administrativo y Del Laboral. La influencia de esa situación en el tema de los derechos fundamentales consistirá en la formulación de unos nuevos derechos, los llamados económicos, sociales y culturales, a la educación, a las condiciones del trabajo y en el trabajo, a la protección de la salud y a la sanidad, a la seguridad social, etc. (...) El fundamento de esos derechos será la igualdad y la solidariedad, para que todos los ciudadanos estén en similares condiciones de disfrute de los derechos civiles y políticos. Es quizá la expresión más directa de la generalización. Se trata de satisfacer a una serie de necesidades básicas que la burguesia tiene resueltas por sus próprios médios y que los trabajadores no pueden resolver por si mismos sin el apoyo de los poderes públicos."* MARTÍNEZ, Gregorio Peces-Barba. *Curso de Derechos Fundamentales. Teoría General*. Madrid: Universidad Carlos III / Boletín Oficial Del Estado, 1995. p. 169-170.

(10) Segundo Gérard Lyon-Caen: "As consequências do liberalismo em matéria social são bem conhecidas. Privados de uma legislação protetiva e sendo a ação coletiva obreira vedada, os trabalhadores viram-se submetidos à percepção de salários insuficientes para sua própria sobrevivência e, paralelamente a isto, a jornadas de trabalho excessivas, sob condições precárias de higiene, segurança e habitação, à exploração do labor de mulheres e crianças, bem como a regimes disciplinares que previam até mesmo a imposição e o desconto salarial de multas. Vivendo em favelas (...) e fazendo trabalhar mulheres e crianças, os trabalhadores constituíam um sujeito assustador e uma ameaça à ordem estabelecida." No original: *"Les conséquences du libéralisme en matière sociale sont bien connues. Privés de réglementation proctectrice, l'action collective leur étant interdite les travailleur ne perçoient que des salaries insuffisants pour vivre et sont contraints de faire des journées de travail démesurées sans hygiène, ni*

Pode-se dizer, nesse sentido, que a Constituição Federal de 1988 incorporou em sua fórmula política a essência do conteúdo histórico-institucional inerente ao direito do trabalho, cuja evolução conceitual nas principais democracias industrializadas do Ocidente – e, em certa medida, também no Brasil – conferiu a tal ramo do direito uma identidade própria, sintetizada por Héctor-Hugo Barbagelata sob a expressão *particularismo do direito do trabalho*, caracterizada, segundo o referido autor uruguaio, pelo reconhecimento jurídico de uma desigualdade de forças que perpassa os atores individuais no plano da realidade, e que, dada a sua subsistência durante toda a duração da relação laboral, condiciona a elaboração e a compreensão do ordenamento trabalhista e restringe, por isso mesmo, a própria autonomia privada em nome da solidariedade coletiva.[11]

Tal concepção, desde a sua origem remota, partiu da premissa de que o indivíduo não é um ser isolado, alheio à coletividade, de modo que suas ações e omissões não se limitam nem se esgotam com a singela consecução de seus próprios interesses, afetando, colateralmente, todos aqueles que se situam ao seu redor, mormente quando o sujeito em questão detém considerável poder econômico.[12]

É justamente nesse sentido que o valor social da *livre iniciativa* ladeia topograficamente o *valor social do trabalho* no texto conferido aos arts. 1º, IV e 170, *caput*, da Carta Magna, na condição de um dos fundamentos da República Federativa do Brasil e como uma das diretrizes norteadoras da atividade econômica.

Conquanto não seja incomum a leitura da *livre iniciativa* de forma dissociada de seu adjetivo *valor social*, a rigor, "*a livre iniciativa não é tomada, enquanto fundamento da República Federativa do Brasil, como expressão individualista, mas sim no quanto expressa de socialmente valioso*", conforme bem preceitua Eros Roberto Grau.[13]

Assim, tanto na qualidade de fundamento da República brasileira como na condição de diretriz da ordem econômica instituída pela Constituição Federal, a *livre iniciativa* não pode ser lida de forma apartada da sua valoração social, sem aquela nota de solidariedade que integra a *fórmula política* inerente à Carta de 1988. Não são, portanto, antagônicos os valores sociais do trabalho e da livre iniciativa. Complementam-se na medida em que o primeiro guarda uma relação de precedência sobre o segundo.

Dessa maneira, a *livre iniciativa*, enquanto *valor social*, como posto na Constituição Federal de 1988, não serve de justificativa para atentados contra a ordem social. Antes, deve promovê-la, de modo a contribuir para que se alcance a soberania nacional, a livre concorrência, a defesa do consumidor e do meio ambiente, a redução das desigualdades regionais e a busca do pleno emprego.

Por isso mesmo, não há espaço em nossa ordem constitucional para que a empresa seja considerada como uma entidade constituída tão somente para a geração de dividendos aos seus proprietários e para a produção de determinados bens e serviços a serem oferecidos ao mercado consumidor.

Ao revés, a empresa formada e gerida em decorrência do exercício da livre iniciativa e da fruição do direito à propriedade, encontra sua legitimidade na geração de empregos dignos e na distribuição de renda, sem os quais o crescimento econômico e as atividades desempenhadas pelo Estado restarão comprometidos, em prejuízo último à coesão social e à própria dignidade humana.[14]

Nesse contexto, em que a empresa é detentora de uma função social, afigura-se cristalina a superioridade

---

 securité. Ils sont au surplus assujettis à une discipline stricte allant jusqu'au pronounce d'amendes retenues sur le salaire. Vivant dans les taudis (...), faisant travailler femmes et enfants, ils constituent un sujet d'effroi et une menace pour l'ordre établi." LYON-CAEN et alii. *Droit du Travail*. 19ème. Édition. Paris: Dalloz, 1998. p. 8.

(11) BARBAGELATA, Héctor-Hugo. *El particularismo del derecho del trabajo y los derechos humanos laborales*. 2. ed. Montevideo: Fundácion de Cultura Universitaria, 2014. p. 20-43.

(12) MARTÍN, Carlos de Cabo. *Teoría constitucional de la solidariedad*. Madrid: Marcial Pons, 2006. p. 57-58.

(13) GRAU, Eros Roberto. *A ordem econômica na Constituição de 1988*. São Paulo: Malheiros, 2008. p. 201.

(14) Sobre a questão, Ana Frazão de Azevedo Lopes pontua que: "A função social da empresa é um conceito que foi consolidado não apenas para impedir o exercício anti-social da atividade empresarial, mas para direcioná-lo ao atendimento das finalidades sociais, inclusive mediante a imposição de deveres à empresa. (...) A função social da empresa traz em si uma proposta de reumanização, a fim de que os indivíduos possam ser reconhecidos como valores supremos e não como meros instrumentos da atividade econômica. (...) A função social da empresa é o corolário de uma ordem econômica que, embora constituída por vários princípios, possui a finalidade comum de assegurar a todos uma existência digna, conforme os ditames da justiça social. Daí porque diz respeito à responsabilidade da empresa não apenas perante seus concorrentes e os consumidores, mas também perante a sociedade como um todo." LOPES, Ana Frazão de Azevedo. *Empresa e Propriedade*. Função Social e Abuso de Poder Econômico. São Paulo: Quartier Latin, 2006. p. 281-183.

do emprego sobre outras modalidades de inserção do indivíduo no sistema capitalista – especialmente sobre a prestação de serviços sob formas precárias -, sendo aquele vínculo o eixo central do direito do trabalho e da própria ordem econômica plasmada na Constituição Federal, a colocar o trabalhador como credor de direitos sociais, atenuando significativamente o exercício de poder pelo tomador de serviços, além de elevar as condições de contratação da força de trabalho no mercado econômico.[15]

Por isso mesmo, a *fórmula política* a conferir identidade à Constituição Federal de 1988 incorporou, na forma do art. 7º, *caput* e de seu inciso I, a ideia já subjacente ao art. 3º da CLT, a configurar a relação de emprego como uma situação objetiva (ato-condição) que independe da formalização de declarações unilaterais ou bilaterais de vontade e cuja materialização depende tão somente da constatação em concreto acerca da existência de um vínculo a denotar a pessoalidade, a não eventualidade, a onerosidade e a subordinação entre o trabalhador e o empregador.[16]

Pode-se dizer, desse modo, que o próprio conceito de *trabalho decente* encampado pela fórmula política da Constituição Federal de 1988 é caracterizado pelo labor exercido preferencialmente com vínculo empregatício – e, consequentemente, com as correspondentes garantias constitucionais, legais, convencionais e contratuais a ele inerentes – em contraposição às modalidades de trabalho precário apregoadas há pelo menos duas décadas pelas correntes neoliberais e que se fazem presentes no texto da Lei n. 13.467/2017.[17]

Em plena consonância com a regulamentação do tema na Constituição Federal de 1988, as declarações e tratados internacionais formulados no âmbito da Organização Internacional do Trabalho (OIT), da Organização das Nações Unidas (ONU) e da Organização dos Estados Americanos (OEA) vêm, há muito, destacando o trabalho decente, nesses moldes, como um direito titularizado pelos cidadãos de seus Estados-membros e, consequentemente, condenando a mercantilização irrestrita da mão de obra com vistas à obtenção de vantagens nas relações de comércio internacional.

Já em 1944, no contexto iminente do pós-Segunda Guerra Mundial, a Declaração da Filadélfia emitida pela OIT deixou assente que *"o trabalho não é uma mercadoria"*, de modo que *"a luta contra a carência, em qualquer nação, deve ser conduzida com infatigável energia, [pois] a paz, para ser duradoura, deve assentar sobre a justiça social."*[18]

Na sequência, o Pacto Internacional sobre Direitos Econômicos, Sociais e Culturais (PIDESC) firmado no âmbito da ONU em 1966 e ratificado pelo Brasil por intermédio do Decreto n. 591, de 06.07.1992, reconhece expressamente em seu art. 6º *"o direito de toda pessoa de gozar de condições de trabalho justas e favoráveis, que assegurem especialmente (...) uma remuneração que pro-*

---

(15) Segundo Mauricio Godinho Delgado: "Aquele que vive apenas de seu trabalho tem [no contrato de trabalho] e na renda dele decorrente, um decisivo instrumento de sua afirmação no plano da sociedade. Se está submetido a contrato precário, provisório, de curta duração (ou se está desempregado), fica sem o lastro econômico e jurídico necessário para se impor no plano de suas demais relações econômicas na comunidade. À medida que se sabe que a grande maioria da população economicamente ativa, na sociedade contemporânea ocidental (em particular em países como o Brasil), constitui-se de pessoas que vivem apenas de seu trabalho, percebe-se a relevância do presente princípio no Direito e sociedades atuais." DELGADO, Mauricio Godinho. *Curso de direito do trabalho*. 13. ed. São Paulo: LTr, 2014. p. 207.

(16) Sobre tal concepção inerente à própria gênese do direito do trabalho, Mario de La Cueva pontifica que:

"La relación de trabajo es una situación jurídica objetiva que se crea entre un trabajador y un patrono por la prestación de un trabajo subordinado, cualquiera que sea el acto o la causa que le dio origen, en virtud de la cual se aplica al trabajador un estatuto objetivo, integrado por los principios, instituciones y normas de la Declaración de derechos sociales [de la Constitución], de la Ley del trabajo, de los convenios internacionales, de los contratos colectivos y contratos-ley y de sus normas supletorias." DE LA CUEVA, Mario. *El nuevo derecho mexicano del trabajo*. 21. ed. México: Porrúa, 2007. p. 187. *Tomo I.*

(17) Nas palavras de Gabriela Neves Delgado: "A existência de um patamar mínimo de direitos trabalhistas é condição para a viabilidade do valor da dignidade no trabalho e para a afirmação social do sujeito que labora. Nesse sentido é que se tornou necessário desenvolver proposta calcada em diretriz democrática. (...) Partiu-se para a defesa do reconhecimento, pela ordem justrabalhista, de toda e qualquer relação de trabalho que possa dignificar o sujeito trabalhador. O objetivo, portanto, é o de centralizar o homem em seu valor superior, que é a sua própria condição humana. E é claro que o Direito do Trabalho deve afastar-se das dimensões contratuais que instrumentalizam o trabalhador para, em sentido contrário, reconhecê-lo, em essência, como fim em si mesmo. (...) As mudanças jurídicas implementadas devem se fundamentar na lógica finalística originária do Direito do Trabalho pautada na melhoria das condições de trabalho e inspirada no princípio da progressividade social. Além disso, também deverá alargar a proteção jurídica aos trabalhadores não empregados, com base numa visão humanitária e universal do Direito do Trabalho." DELGADO, Gabriela Neves. *Direito fundamental ao trabalho digno*. 2. ed. São Paulo: LTr, 2015. p. 210.

(18) *Vide*, nesse sentido: SUPIOT, Alain. *El espíritu de Filadelfia*. La justicia social frente al mercado total. Tradução de TERRÉ, Jordi. Barcelona: Península, 2011. p. 63.

porcione (...) a existência decente para eles e suas famílias, em conformidade com as disposições do presente Pacto, (...) a segurança e a higiene no trabalho (...) e o descanso, o lazer, a limitação razoável das horas de trabalho e férias periódicas remuneradas, assim como a remuneração dos feriados."

Na seara da OEA, o Protocolo Adicional à Convenção Americana sobre Direitos Humanos em Matéria de Direitos Econômicos, Sociais e Culturais (Protocolo de San Salvador) – igualmente ratificado pelo Brasil por intermédio do Decreto n. 3.321, de 30.12.1999 – assegura em seu art. 6º *"o direito ao trabalho"*, assim compreendido como aquele apto a conceder *"os meios para levar uma vida digna e decorosa por meio de uma atividade lícita, livremente escolhida ou aceita".*

Nos últimos anos – já no contexto da intensificação da globalização econômica – os organismos supranacionais vêm reiterando o direito ao trabalho digno como um dos pilares fundamentais do comércio internacional e da paz social. Nesse diapasão, a OIT editou em 2008 a *Declaração sobre Justiça Social para uma Globalização Equitativa* reiterando que *"o trabalho não é uma mercadoria e que a pobreza, onde houver, constitui um perigo para a prosperidade de todos"* e destacando que os Estados-membros deverão *"promover o emprego criando um entorno institucional e econômico sustentável"* de modo a assegurar aos seus cidadãos *"condições de trabalho que preservem a saúde e segurança dos trabalhadores",* bem assim *"as possibilidades para todos de uma participação equitativa em matéria de salários e benefícios, de jornada e outras condições de trabalho, e um salário mínimo vital para todos aqueles que têm um emprego e precisam desse tipo de proteção."*

De igual modo, a *Agenda 2030 para o Desenvolvimento Sustentável* aprovada na Assembleia Geral das Nações Unidas, em setembro de 2015, estabeleceu dentre seus elementos centrais: (i) a promoção do emprego de qualidade; (ii) o respeito às normas internacionais do trabalho, em especial os princípios e direitos fundamentais; (iii) a proteção social; e (iv) o diálogo social.

Vê-se, portanto, que os diplomas internacionais ratificados pelo Brasil no plano do direito internacional – e que, recorde-se, possuem hierarquia supralegal – partilham dos mesmos elementos axiológicos de cunho social a caracterizar à *fórmula política* subjacente à Constituição Federal de 1988.

Diante de tais considerações, observa-se de plano que a *fórmula política* a conferir identidade à Constituição Federal de 1988 é marcada por um intenso tônus solidarizante, caracterizado pelo fato de ser a atual Lei Maior uma carta dirigente a expressar em seus dispositivos as preocupações do legislador constituinte com a efetiva redemocratização do País, não apenas em relação aos aspectos inerentes à participação política e à livre manifestação da consciência, mas também – e principalmente -, à superação das desigualdades econômicas e sociais que inviabilizam o exercício pleno da cidadania e o acesso às necessidades elementares.

E tal *fórmula política* de cariz nitidamente solidarizante concebe o trabalho humano tutelado na forma do art. 7º, *caput*, da Carta Magna, como um valor social indispensável não só à concretização da *dignidade humana*, como também à construção da *"sociedade livre, justa e democrática"*, à erradicação *"da pobreza e da marginalização"*, à redução das *"desigualdades sociais e regionais"*, bem como à promoção *"do bem de todos"*, vislumbrados pelos arts. 1º e 3º, da Constituição Federal.

Para a consecução de tal desiderato, o padrão para a prestação de trabalho pressuposto pela *fórmula política* subjacente à Constituição Federal de 1988 consiste, justamente, na relação de emprego com as garantias a ela subjacentes, de modo que as demais formas de prestação de labor, tais como o trabalho autônomo, configuram modalidades admitidas a título de exceção, exatamente naquelas situações peculiares onde os requisitos objetivos conformadores do vínculo empregatício não se fazem presentes.

3. DAS CONDICIONANTES DECORRENTES DA FÓRMULA POLÍTICA DA CONSTITUIÇÃO FEDERAL DE 1988 PARA A INTERPRETAÇÃO DA LEGISLAÇÃO ORDINÁRIA

Constatada a nitidez de contornos da *fórmula política* solidarizante a caracterizar a Constituição Federal de 1988, especialmente no que concerne à relação entre os fins sociais por ela colimados e a tutela do trabalho humano, faz-se mister delimitar os vetores interpretativos que dela emanam no sentido de condicionar o conteúdo e o alcance dos dispositivos infraconstitucionais.

Com efeito, sendo a legislação infraconstitucional, segundo o constitucionalismo contemporâneo, um instrumento destinado à concretização dos fins políticos, dos objetivos institucionais e dos direitos fundamentais previstos nas constituições, deve o legislador ordinário elaborá-la em estrita observância ao conteúdo institucional emanado dos princípios consagrados na lei maior e ao escopo de regulamentação por eles delimitado.

Por outro lado, o conteúdo histórico-institucional subjacente aos dispositivos constitucionais (p. ex: separação de poderes, direito ao trabalho digno, direito à liberdade sindical etc.) condicionará a atuação do intérprete quando da definição, em concreto, acerca do sentido e do alcance inerentes às leis ordinárias elaboradas no intuito de promover a concretização de tais postulados de hierarquia superior.

É exatamente nesse sentido que a *fórmula política* a caracterizar a Constituição Federal impõe ao intérprete do direito infraconstitucional a tarefa de buscar, em seus traços distintivos, o conteúdo a ser conferido às leis ordinárias, dentro dos limites conceituais estabelecidos pela própria *fórmula política*.[19]

No caso específico das normas infraconstitucionais que, tal como a Lei n. 13.467/2017, buscam configurar elementos inerentes à ordem econômica e, nesse diapasão, estabelecerem condições para o desempenho do trabalho humano, é evidente que o sentido e o alcance dos conceitos jurídicos nelas formulados deverão ser buscados sob o norte dos elementos a integrarem a *fórmula política* que confere identidade à Constituição Federal de 1988.[20]

Justamente por tal razão, o significado dos dispositivos infraconstitucionais ora mencionados, a ser perquirido através do labor interpretativo, somente estará em conformidade com a *fórmula política* inerente à Constituição Federal de 1988 se sua acepção for capaz de conferir concretude ao primado da *proteção do trabalhador*, no sentido de se possibilitar aos obreiros: (i) o atendimento às suas necessidades materiais elementares; (ii) o desempenho pleno da cidadania nas esferas econômica e social; (iii) um ambiente laboral adequado e sadio; (iv) a fixação de jornadas diárias aptas a conciliar o desempenho do labor com o convívio familiar e com o lazer; bem como (v) a salvaguarda da esfera relacionada à sua personalidade, sem o que não será possível promover, na linha do que preconizam os arts. 1º e 3º, da Carta Magna, a construção da "*sociedade livre, justa e democrática*", a erradicação "*da pobreza e da marginalização*", a redução das "*desigualdades sociais e regionais*", a promoção "*do bem de todos*" e os próprios princípios da "*dignidade humana*", da "*livre iniciativa*" e da "*isonomia*".[21]

Do contrário, estar-se-ia a possibilitar ao legislador ordinário não apenas a redefinição conceitual de elementos nucleares da ordem econômica e da prestação do trabalho humano em termos dissonantes daqueles

---

(19) Tal dinâmica interpretativa é sintetizada por Raúl Canosa Usera nos seguintes termos: *"A través de las jerarquizaciones y orientaciones de la actividad hermenéutica, la f.p. indica al intérprete como ha de proceder, de ahí que pueda considerarse a esta manera de comportarse la fórmula como* funcionamento positivo. (...) La interpretación desempeña el papel de camino jurídico para los cambios necesarios en el Ordenamiento constitucional, pero tales cambios nunca pueden sobrepasar un cierto límite, traspasado el cual la Constitución pierde su identidad, se desnaturaliza y queda convertida en algo no deseado por el constituyente, a quien los poderes constituidos no pueden rectificar. (...) Después de interpretar la Constitución y de perfilar cuál es la fórmula política, el operador jurídico debe, sucesivamente, tomar en consideración la norma ordinaria y subordinada o bien el acto impugnado, a fin de hacer público su juicio, positivo o negativo, de inconstitucionalidad; tal juicio (...) se ultimaba a la luz de la fórmula política, plasmada en el Texto fundamental, y en consonancia con el fin político. (...) Cualquier norma infraconstitucional se interpretará, pues, con referencia a la fórmula, lo cual beneficiará, sin duda, la uniformización deseable de todo el Ordenamiento. Esta no sería posible si el juicio de constitucionalidad consistiera, exclusivamente, en comparar sin más la norma impugnada con el precepto fundamental más relacionado con ella. De este modo, toda interpretación queda vinculada al fin propuesto por la fórmula y, consecuentemente, la aplicación en todas las normas del Sistema jurídico se resienten de tal vinculación."* USERA, Raúl Canosa. *Interpretación constitucional y fórmula política*. Madrid: Centro de Estudios Constitucionales, 1988. p. 292-298.

(20) Pois afinal, conforme preceitua José Joaquim Gomes Canotilho: "Interpretar, aplicar e concretizar conforme a lei fundamental é considerar as normas hierarquicamente superiores da constituição como elemento fundamental na determinação do conteúdo das normas infraconstitucionais. Neste sentido, o princípio [da interpretação conforme] deixará de ser um princípio de conservação, para ser um princípio de prevalência normativo-vertical e de interpretação hierárquico-normativa. Deixará também de ser um princípio de legalização da constituição para se transformar em princípio de interpretação crítica da concretização constitucional, legislativamente operada. CANOTILHO, José Joaquim Gomes. *Constituição dirigente e vinculação do legislador*. 2. ed. Coimbra: Coimbra, 2001. p. 406.

(21) Nas palavras de Guilherme Machado Dray: "O princípio da proteção do trabalhador contém, enfim, um enunciado simples e tendencialmente intemporal: é aquele à luz do qual a dignidade do trabalhador deve ser sempre preservada, devendo o empregador, tanto nos preliminares como na execução do contrato de trabalho, respeitar os respectivos direitos de personalidade e o direito do trabalhador de prestar a sua atividade em condições de igualdade e não discriminação, bem como de proporcionar-lhe boas condições de trabalho e uma retribuição que lhe garanta uma existência condigna, sendo proibidos os despedimentos sem justa causa. Em última instância, ao afirmarmos o princípio da proteção do trabalhador, estamos, afinal, a contribuir para o valor civilista da liberdade e do livre desenvolvimento da personalidade: o trabalhador que seja tratado com dignidade e que receba uma retribuição condigna pelo trabalho que desenvolve, adquire, consequentemente, as condições necessárias para se afirmar como um Homem livre e independente, que pode exercer de forma plena a sua cidadania, determinar o tipo de vida que quer viver e dar azo, nesse sentido, ao princípio da igualdade material de oportunidades ou à ideia de *'equality of fair opportunity'*. Nessa medida, fica claro, também, que o Direito do trabalho, ainda que instrumentalizado por alguns desideratos econômicos

constantes dos arts. 7º, *caput* e 170 da Constituição Federal, como também a própria descaracterização em concreto da *fórmula política* assumida pela Carta Magna, em nítida *"usurpação do conteúdo normativo-constitucional por um conteúdo legislativo apócrifo"*, na acepção formulada por Canotilho.[22]

Dito isso, resta evidente que o art. 442-B da CLT, com redação conferida pela Lei n. 13.467/2017, a pretender a generalização do contrato de prestação de serviços sob o regime de autônomo, deve ter seu sentido e alcance plasmado por aquele conteúdo a configurar, como visto, a *fórmula política* de tonalidade precipuamente solidarizante a caracterizar a Constituição Federal de 1988.

Por isso mesmo, caberá aos intérpretes dos referidos dispositivos, por imposição emanada da própria Carta Magna, lançar mão das técnicas hermenêuticas que se apresentam como disponíveis com vistas a viabilizar a subsistência daqueles preceitos legais no ordenamento jurídico em conformidade com a Constituição Federal.

4. A INTERPRETAÇÃO DO NOVEL ART. 442-B DA CLT À LUZ DA FÓRMULA POLÍTICA DA CONSTITUIÇÃO FEDERAL DE 1988

Ao contrário do que sucedeu em outros ordenamentos jurídicos – como o italiano e o espanhol, por exemplo – em que a definição legal do trabalhador autônomo levou em consideração a possível existência de dependência técnica e econômica deste último para com os tomadores de serviços, de modo a lhes estender certas garantias características dos contratos de trabalho típicos, como sucede com os chamados *parassubordinados,* o novel art. 442-B da CLT, inserido pela Lei n. 13.467/2017, limitou-se a permitir, em sua literalidade, a ampla e irrestrita contratação de autônomos, sem a extensão de qualquer direito titularizado pelos *empregados*, desde que preenchidos os requisitos formais para tanto.[23]

De fato, uma primeira e perfunctória leitura do art. 442-B poderia conduzir o intérprete à errônea conclusão no sentido de que a parte pretensamente tomadora de serviços teria ao seu alcance a ampla e irrestrita possibilidade de arregimentar trabalhadores formalmente definidos como *autônomos*, de modo a afastar, em absoluto, o enquadramento destes últimos no conceito jurídico de *empregado,* a constar do ainda vigente art. 3º da CLT, bastando, para tanto, o preenchimento dos requisitos formais exigidos nos arts. 593 a 609 do Código Civil nos respectivos contratos de *prestação de serviços*.[24]

No entanto, a adoção de tal posicionamento não pode ser um dado a decorrer automaticamente do referido art. 442-B da CLT, com redação conferida pela Lei n. 13.467/2017, uma vez que a Constituição Federal impõe para a compreensão plena dos dispositivos infraconstitucionais, como visto, uma série de condicionantes interpretativas que integram sua *fórmula política* e que deverá ser levada em conta para a definição do sentido e do alcance dos enunciados a integrarem o ordenamento jurídico pátrio.[25]

---

que o ultrapassam, não pode perder de vista o essencial: a dignidade, a igualdade e a liberdade do trabalhador, enquanto cidadão que atua no mundo produtivo ('*personality in work*'). As alterações levadas a efeito no Direito do trabalho devem, em suma, ter por objetivo a sua atualização, mas não a sua substituição; a fragmentação do contrato de trabalho tradicional – o contrato de trabalho por tempo indeterminado – numa multiplicidade de figuras contratuais distintas deve ser acompanhada pela manutenção de um denominador comum, que redunda no princípio da proteção do trabalhador; as modificações levadas a efeito nas regras juslaborais podem atuar no nível de determinadas soluções concretas, mas não devem alterar o espírito e o sentido do Direito do trabalho ('*The idea of labor law*'), expressos na sua '*basic idea*', ou seja, no princípio da proteção do trabalhador." DRAY, Guilherme Machado. *O princípio da proteção do trabalhador*. São Paulo: LTr, 2015. p. 551-552.

(22) CANOTILHO, José Joaquim Gomes. *Constituição dirigente e vinculação do legislador*. 2. ed. Coimbra: Coimbra, 2001. p. 406.

(23) Sobre o conceito de *parassubordinação,* Maria do Rosário Palma Ramalho pontua que: "Em termos gerais, a locução "parassubordinação" reporta-se àquelas situações que envolvem a prestação de um trabalho em moldes formalmente autónomos (i. e., sem subordinação jurídica), mas em que à autonomia formal do prestador corresponde uma situação de dependência económica ou material do credor do serviço, que justifica a tutela do prestador do trabalho em termos próximos da tutela conferida aos trabalhadores subordinados. Em suma, os fenómenos de parassubordinação reflectem uma realidade complexa, que envolve duas situações: – do ponto de vista jurídico, a prestação do trabalho corresponde a trabalho autónomo ou independente, uma vez que falta o requisito da subordinação jurídica do trabalhador; (...) – do ponto de vista material, o prestador do serviço encontra-se numa situação de dependência económica perante o credor, que é materialmente semelhante à de um trabalhador subordinado, justificando, por isso, a tutela especial." RAMALHO, Maria do Rosário Palma. *Tratado de direito do trabalho*. Parte II – situações laborais individuais. 5. ed. Coimbra: Almedina, 2014. p. 86.

(24) "CLT – Art. 3º – Considera-se empregado toda pessoa física que prestar serviços de natureza não eventual a empregador, sob a dependência deste e mediante salário."

(25) É exatamente esta a concepção formulada por Cláudio de Souza Neto e Daniel Sarmento a respeito do princípio da interpretação conforme à constituição: "De acordo com o princípio da *interpretação conforme à Constituição*, cabe ao intérprete, quando se

Sendo assim, cumpre-nos indagar qual seria a interpretação constitucionalmente admissível do novel art. 442-B da CLT, tendo em vista as diretrizes solidarizantes a caracterizarem a *fórmula política* da Carta Magna. Dito em outros termos, pretende-se averiguar em que medida a Constituição Federal de 1988 orienta a conformação do trabalho autônomo em coexistência com o vínculo empregatício.

Conforme viu-se alhures, não se pode inferir da *fórmula política* a conferir identidade à Constituição Federal de 1988 qualquer elemento – mínimo que seja – a denotar a possibilidade de generalização do trabalho autônomo na ordem econômica conformada em seu art. 170, com remissão aos arts. 7º, 1º e 3º do texto magno.

Pelo contrário, o conteúdo histórico-institucional inerente ao *direito ao trabalho digno* e ao princípio da *proteção dos trabalhadores*, por ela assimilados, pressupõe o vínculo empregatício como o padrão a ser observado pelo setor privado na arregimentação de mão de obra, justamente porque as garantias jurídicas a ele inerentes retiram do campo da disponibilidade das partes – isto é, da autonomia privada -, aqueles elementos sensíveis a integrarem as esferas da personalidade e da integridade psicofísica dos trabalhadores enquanto indivíduos e que são representados, justamente, pelos direitos à subsistência, à duração do trabalho, às férias, à licença-maternidade, à proteção em face das condições de trabalho insalubres, perigosas e penosas, dentre outros.[26]

Por isso mesmo, resulta claro que a interpretação constitucionalmente adequada do novel art. 442-B da CLT não se coaduna com a leitura a permitir a irrestrita contratação de trabalhadores autônomos com ou sem exclusividade e continuidade por parte dos tomadores de serviços, conquanto preenchidos os requisitos formais inerentes aos contatos de *prestação de serviços*.

Em sentido diametralmente oposto, os princípios da *dignidade humana*, da *proteção do trabalhador* e da *função social da empresa* elencados nos arts. 1º, IV, 7º, *caput* e inciso I e 170, da Constituição Federal – a integrarem o núcleo solidarizante da *fórmula política* a caracterizar a Carta Magna pátria – impõem diretamente ao intérprete do art. 442-B da CLT, com redação conferida pela Lei n. 13.467/2017, a adoção de postura restritiva no que concerne à aplicação da regra constante do referido dispositivo legal.

---

depara com dispositivo legal aberto, ambíguo ou plurissignificativo, lhe atribuir exegese que o torne compatível com o texto constitucional. (...) Em geral, a interpretação conforme à Constituição é mobilizada quando o sentido mais óbvio e imediato do texto normativo o torna inconstitucional. O intérprete buscará então um sentido alternativo para o enunciado legal examinado, que o concilie com as exigências constitucionais. (...) A Constituição, como sabido, é hierarquicamente superior aos demais atos normativos, que com ela compõem um único ordenamento. Por isso, a Constituição deve operar como diretriz na interpretação de todas as normas jurídicas em vigor." SOUZA NETO, Cláudio de; SARMENTO, Daniel. *Direito constitucional*. Teoria, história e métodos de trabalho. 2. ed. Belo Horizonte: Fórum, 2016. p. 457.

(26) Tal vicissitude é realçada com clareza hialina no seguinte trecho do parecer formulado pela Procuradoria Geral da República nos autos do Recurso Extraordinário n. 713.211/MG, a ter por objeto a discussão em torno da liberação da terceirização nas atividades finalísticas das empresas tomadoras de serviços: "A relação de emprego mantida *facie ad faciem* de quem presta o trabalho e dele recebe os benefícios é, do ponto de vista histórico, o meio técnico de se impedir a reificação das pessoas, quer por meio da escravidão, quer pela degradação do ser humano a insumo empresarial. A vinculação entre essas duas partes específicas pelo direito do trabalho é o meio pelo qual se permitiu, nas sociedades de massas e de organização produtiva complexas, superar a incapacidade de pequenas organizações de trabalho por conta própria para a realização de objetivos complexos sem, de outro lado, reincidir nas formas de supressão e degradação do ser humano à situação de insumo da atividade alheia. Portanto, a inserção do trabalhador no programa finalístico da empresa – sob pena de degradá-lo a insumo – gera vínculo jurídico direto entre dirigente e auferidor das vantagens do trabalho e seu prestador. A relação de emprego da era moderna, acolhida pela ordem de 1988, é assim o meio técnico-jurídico de se permitir a atribuição dos frutos do trabalho de alguém a outrem, com a particularidade fundamental de não reificar o trabalhador, isto é, de não o degradar à condição de coisa, pela supressão total ou parcial de sua liberdade, como ocorria nos sistemas de trabalho precedentes. O contrato de trabalho insere voluntariamente o trabalhador na organização econômica do empregador que, por lhe pagar salário, adquire duas prerrogativas fundamentais, a saber, passa a ter relação hierárquica com o trabalhador e a ter justa causa para se tornar o titular do fruto de seu trabalho. Esse trabalho, cujo perfil data da era moderna, é o padrão eleito pela ordem constitucional brasileira e estrangeiras para a definição da relação jurídica laboral básica. A interpretação do art. 7º, notadamente do inciso i, da Constituição, depende de se ter presente essa memória do domínio normativo a que se refere, no qual os diversos elementos do trabalho se articularam ao longo da história para desaguar na ´realidade social sobre a qual o Direito do Trabalho repousa, [que] é precisamente o trabalho humano, produtivo, livre e por conta alheia´". BRASIL: PROCURADORIA GERAL DA REPÚBLICA. *Parecer apresentado nos autos do RE n. 713.211/MG*. Disponível em: <http://reporterbrasil.org.br/wp-content/uploads/2016/11/Parecer-PGR-Terceiriza%C3%A7%C3%A3o.pdf>. Acesso em: 31 ago. 2017.

Desse modo, a única interpretação constitucionalmente adequada passível de ser conferida ao art. 442-B da CLT é aquela que possibilita a contratação de trabalhadores autônomos sem a formação de vínculo empregatício tão somente naquelas situações concretas em que o requisito concernente à *subordinação jurídica* não se faz presente, ou seja, nos casos em que: (i) os indivíduos contratados são os próprios responsáveis pela organização de seus insumos e dos métodos de produção a serem utilizados; (ii) assumem os riscos inerentes à sua atividade econômica; (iii) auferem para si, efetivamente, os dividendos resultantes desta última; e (iii) não se inserem na estrutura hierárquica e produtiva do tomador de serviços.[27]

O verdadeiro autônomo passível de ser contratado na forma do novel art. 442-B da CLT é, portanto, aquele que detém, efetivamente, os meios de produção necessários à realização de suas atividades e que organiza, de forma discricionária, os insumos e a metodologia necessários à prestação dos serviços. É ele, enfim, o indivíduo que não está vinculado à estrutura diretiva, disciplinar, econômica e técnica de uma ou mais empresas e que possui, por isso mesmo, margem preponderante de liberdade para negociar preços e condições com seus clientes.[28]

Pode-se dizer, nesse sentido, que o verdadeiro autônomo reúne, sob a condição de prestador de serviços, a essência da definição utilizada pelo art. 966 do Código Civil para a configuração do *empresário*, mesmo sem sê-lo formalmente. Com efeito, o conceito legal em referência pressupõe, justamente, as condições elementares para a livre iniciativa de atuação no mercado, quais sejam: (i) a independência na organização e a sistematização dos fatores técnicos e materiais de produção; e (ii) a circulação de bens e serviços por intermédio da realização de uma efetiva *atividade econômica*, com a correspondente geração de resultados financeiros para o indivíduo em questão e não para os pretensos *tomadores de serviços*.[29]

Ou seja, para poder ser considerado efetivamente um *trabalhador autônomo*, portador pleno de livre iniciativa no mercado, o indivíduo em questão deverá desempenhar seus misteres de modo a reunir, em certa

---

(27) Nesse sentido, a definição do trabalhador autônomo à luz da legislação espanhola por Alfredo Montoya Melgar e Rodrigo Martín Jiménez se aplica plenamente ao conceito subjacente ao art. 593 do Código Civil. Segundo os referidos autores: *"El trabajador autónomo es, por definición, un trabajador por cuenta propia, expresión esta que se viene utilizando como sinónima de aquélla. Ésta sí es una característica definidora del trabajo autónomo, como antítesis del trabajo por cuenta ajena objeto del Derecho del Trabajo. Mientras que el trabajador protegido por el [Estatuto de los Trabajadores] y el resto de la legislación laboral es el trabajador que presta sus servicios en utilidad patrimonial. De ello deriva que los frutos del trabajo, en este último caso, se integran automáticamente y ab initio en el patrimonio del trabajador y que es éste quien asume los riesgos del trabajo (ajenidad en los frutos y en los riesgos, respetivamente). En la práctica, la presencia de trabajo por cuenta propia será un importante test para determinar la autonomía de un trabajador; pues cuando éste no haga suyos la utilidad patrimonial y frutos del trabajo o no asuma los riesgos de la prestación, no podrá ser calificado de trabajador autónomo. El trabajo autónomo – segundo y definitivo gran rasgo configurador frente al trabajo regulado por el Derecho laboral – es el que se realiza <<fuera del ámbito de dirección y organización de otra persona>>. (...) Objeto del contracto del trabajador autónomo es la realización de una <<actividad económica o profesional a título lucrativo>>. (...) El <<título lucrativo>> que preside la realización de dicha actividad quiere también diferenciarse del carácter <<retribuído>> (salarial) de la prestación de trabajo dependiente, implicando un beneficio que va más allá del mero salario."* MELGAR, Alfredo Montoya; JIMÉNEZ, Rodrigo Martín. *Estatuto del trabajo autónomo. Comentario a la Ley 20/2007, de 11 de julio*. Madrid: Civitas, 2007. p. 82-85.

(28) Segundo Leandro Krebs Gonçalves: "[Trabalhador autônomo] é a pessoa física que dirige seu próprio trabalho, com liberdade de iniciativa, autodeterminação técnica e poder de organização, em favor de uma pluralidade de credores, assumindo os riscos inerentes aos negócios. Sem ingerência alheia, possui ampla discricionariedade na produção, detendo as ferramentas de labor, maquinário e local de funcionamento. Negocia preços diretamente com clientes e escolhe a maneira de realizar os serviços como melhor lhe aprouver. Atua, pois, como patrão de si mesmo, sem submissão ao comando do tomador de serviços, não estando inserto no círculo diretivo e disciplinar da tomadora." GONÇALVES, Leandro Krebs. Autônomo. *In*: SCHWARTZ, Rodrigo Garcia. *Dicionário de direito do trabalho, de direito processual do trabalho e de direito previdenciário aplicado ao direito do trabalho*. São Paulo: LTr, 2012. p. 186-187.

(29) *Vide*, nesse sentido, os comentários de Gustavo Tepedino, Heloisa Helena Barboza e Maria Celina Bodin de Moraes ao dispositivo em referência: "Entende-se por atividade econômica aquela que possui por finalidade a geração de riquezas, que almeja um resultado positivo, um benefício material para o titular. (...) A organização, por sua vez, encontra-se configurada através da reunião sistematizada, coordenada, planejada e permanente, pelo empresário, dos fatores de produção (materiais e humanos), em proporções variáveis, de acordo com as dimensões da atividade, acrescendo a ela sua experiência, seus conhecimentos ou de terceiros. Na ausência desta organização, a atividade não se qualificará como empresária." TEPEDINO, Gustavo; BARBOZA, Heloísa Helena; MORAES, Maria Celina Bodin de. *Código Civil interpretado conforme a Constituição da República*. 2. ed. Rio de Janeiro: Renovar, 2014. v. III, p. 8.

medida, as condições fáticas descritas no art. 966 do Código Civil para a caracterização da figura do *empresário*. Nesse sentido, deverá ter o domínio da organização de sua atividade econômica e buscar, com ela, a produção e a circulação de bens e serviços com vistas à aferição de lucros para si, e não de simples contraprestação por seus serviços.

Caso a hipótese em concreto não reúna tais pressupostos, mesmo sob a égide da Lei n. 13.467/2017, abrir-se-á para o intérprete a possibilidade de averiguar a existência fática de um efetivo vínculo empregatício entre o pretenso *autônomo* e seu suposto *tomador de serviços,* nos moldes do ainda vigente art. 3º da CLT, a depender, principalmente, do grau de *subordinação* a permear aquele primeiro e este último, ao lado dos demais requisitos concernentes à *pessoalidade*, à *não eventualidade* e à *onerosidade*.[30]

Deve-se ter em vista, nesse diapasão, que a análise acerca da presença ou não da *subordinação* é exatamente o fator que permitirá aferir, em concreto, a distinção entre a condição de *autônomo* e a de *empregado*, pois os demais requisitos (onerosidade, não eventualidade e pessoalidade) podem se fazer presentes tanto para aqueles primeiros quanto para estes últimos. Nesse sentido, se o indivíduo estiver inserido na estrutura da empresa sem poder exercer de modo efetivo a direção, o planejamento e a organização das condições concernentes ao seu trabalho (*v.g.*: carga horária, metodologia, gestão de riscos, insumos etc.), será ele efetivamente um trabalhador *empregado,* pois lhe faltará, exatamente, a livre iniciativa mercadológica e organizacional a caracterizar o *autônomo*, independentemente da nomenclatura e das formalidades a constarem de seu contrato.[31]

Ter-se-á configurada, nessa hipótese, a figura da *subordinação jurídica* caracterizada pela submissão do trabalhador à organização dos fatores de produção e da formatação do trabalho estabelecidos pelo empregador e pelo dever de obediência (efetivo ou potencial), por parte do obreiro, às diretrizes técnicas, disciplinares e

---

(30) Sobre os critérios a serem averiguados em concreto para a constatação ou não da subordinação, Alice Monteiro de Barros os elenca, em rol exemplificativo, da seguinte forma: "Se a atividade laboral poderá ser objeto do contrato de trabalho, independentemente do resultado dela consequente; se a atividade prevalentemente pessoal é executada com instrumentos de trabalho e matéria-prima da empresa; se a empresa assume substancialmente os riscos do negocia; se a retribuição é fixada em razão do tempo do trabalho subordinado, pois se ela é comensurada em função do resultado da atividade produtiva, tende à subsistência de um trabalho autônomo, embora essa forma de retribuição seja compatível com o trabalho a domicílio subordinado; a presença de um horário fixo é também indicativa de trabalho subordinado, o mesmo ocorrendo se a prestação de serviços é de caráter contínuo." BARROS, Alice Monteiro de. *Curso de direito do trabalho.* 8. ed. São Paulo: LTr, 2012. p. 225.

(31) Nesse sentido, Alain Supiot reconhece na autonomia efetiva da vontade do prestador de serviços a nota de distinção decisiva entre a condição de autônomo e a de subordinado, senão veja-se: "Nos contratos regidos pelo direito civil, a vontade compromete, enquanto nos contratos de trabalho, ela submete. O comprometimento manifesta a liberdade, enquanto a submissão a nega. Esta contradição entre a autonomia da vontade e a subordinação da vontade resulta em situação na qual o empregado é integrado à empresa ao mesmo tempo como sujeito e como objeto do contrato. Portanto, não se pode esperar que nos contratos de trabalho os princípios jurídicos relacionados à autonomia da vontade se mantenham intactos. Tais princípios resultam desfigurados em função do elo de subordinação e pela alteração na condição de sujeito de direitos que ele traz consigo. E como o objeto da obrigação que encerra o comprometimento, nos contratos de trabalho, consiste na obediência às ordens patronais, os contornos a definirem a qualificação profissional e o posto de trabalho acabam por se tornar inexatos. A força obrigatória do contrato é deslocada em benefício do empregador, ao passo que os direitos do trabalhador são degenerados pela obrigação de aceitar as alterações posteriores que o empregador pretende lhe impor. A exigência do consentimento livre e informado muitas vezes abre espaço para o consentimento fictício, voltado para o formalismo, como uma fonte de obrigações. Estas soluções híbridas bem ilustram a tensão latente entre a autonomia da vontade individual e o vínculo de subordinação, a permear o funcionamento do contrato de trabalho." No original: *"Dans le contrat civil, la volonté s'engage; dans le contrat de travail, elle se soumet. L'engagement manifeste la liberté, la soumission la nie. Cette contradiction entre autonomie de la volonté et subordination de la volonté aboutit à ce que le salarié est à la fois appéhendé dans l'enterprise comme sujet et comme objet du contrat. Dès lors on ne peut espérer retrouver intacts emn droit du travail les principes juridiques qu'implique l'autonomie de la volonté. Ces principes sont défigurés par le lien de subordination, et par l'alteration de la qualité de sujet de droit qu'elle implique. L'objet de l'obligation, qui forme la matière de l'engagement, étant l'obéissance aux ordres, y prend les contours imprécis de la qualification professionnelle et du poste de travail. La force obligatoire du contrat s'estompe au profit de l'employeur, le droit du salarié au respect de ses clauses dégénérant en devoir d'accepter les modifications secondaires que l'employeur entend y apporter. L'exigence d'un consentement libre et éclairé fait parfois place à un consentement fictif, voire au formalisme comme source d'obligations. Ces solutions hybrides sont autant de manifestations de la tension latente entre autonomie de la volonté individuelle et lien de subordination, qui parcourt la contrat de travail.»* SUPIOT, Alain. *Critique du droit du travail.* Paris: PUF, 1994. p. 123-124.

estruturais emanadas daquele em decorrência de seu poder diretivo.[32] [33] [34]

Note-se, a propósito, em caráter complementar às assertivas até então formuladas, que o próprio art. 593 do Código Civil deixa assente em sua redação que somente "*a prestação de serviço, que não estiver sujeita às leis trabalhistas*" será regida pelo capítulo destinado ao trabalho autônomo. Sendo assim, mesmo após a entrada em vigor da Lei n. 13.467/2017, se a formulação de um contrato de "prestação de serviços" estiver a mascarar uma efetiva relação de trabalho subordinado, poderá (e deverá) o intérprete desconsiderar o invólucro formal a revestir a avença e reconhecer, em concreto, o vínculo empregatício com arrimo nos ainda vigentes arts. 3º e 9º da CLT.[35]

Diante de tudo o que foi exposto até então, pode-se afirmar de maneira inequívoca que a única leitura do novel art. 442-B da CLT compatível com a *fórmula política* inerente à Constituição Federal de 1988 é aquela a permitir a contratação do trabalhador autônomo com ou sem exclusividade, de forma contínua ou não, somente nas hipóteses em que as nuances do caso concreto não estejam eivadas de indícios a apontarem ocorrência de subordinação jurídica entre os pretensos tomadores e prestadores de serviços, sob pena de enquadramento do obreiro na condição de *empregado* delineada objetivamente no art. 3º da CLT.

Trata-se, portanto, de acrescer ao âmbito normativo do art. 442-B da CLT, com redação carreada pela Lei n. 13.467/2017, um sentido que muito embora não esteja expresso em seu texto legal, a ele subjaz por incidência, justamente, da *fórmula política* a conferir identidade ao arcabouço constitucional pátrio, em arranjo hermenêutico similar à técnica da *sentença modificativa aditiva*, desenvolvida no âmbito da jurisdição constitucional italiana e aplicada pelo Supremo Tribunal Federal.[36] [37]

---

(32) Pois, afinal, conforme preceitua Mauricio Godinho Delgado: "A subordinação corresponde ao polo antitético e combinado do poder de direção existente no contexto da relação de emprego. Consiste, assim, na situação derivada do contrato de trabalho, pela qual o empregado compromete-se a acolher o poder de direção empresarial no modo de realização de sua prestação de serviços." DELGADO, Mauricio Godinho. *Curso de direito do trabalho*. 7. ed. São Paulo: LTr, 2005. p. 302.

(33) Sobre a subordinação jurídica, Homero Batista Mateus da Silva a classifica como: "O conjunto de ordens emitidas pelo empregador e que devem ser respeitadas pelo empregado, mantidos os padrões civilizatórios da dignidade e da decência, e supondo-se que as ordens digam respeito à organização e aos métodos a serem adotados naquele ambiente de trabalho, quer se trate de uma atividade econômica, quer se trate de um lar ou de uma casa de caridade, por exemplo." SILVA, Homero Batista Mateus da. *Curso de direito do trabalho aplicado*. Parte geral. 3. ed. São Paulo: Revista dos Tribunais, 2015. v. 1, p. 38.

(34) Como corolário da subordinação jurídica, tem-se definido o conceito de *subordinação potencial*, assim classificada por Danilo Gonçalves Gaspar: "Pode-se afirmar que há subordinação potencial quando o trabalhador, sem possuir o controle dos fatores de produção e, portanto, o domínio da atividade econômica, presta serviços por conta alheia, ficando sujeito, potencialmente, à direção do tomador de serviços, recebendo ou não ordens diretas desse, em razão de sua inserção na dinâmica organizacional do tomador." GASPAR, Danilo Gonçalves. *Subordinação potencial*: encontrando o verdadeiro sentido da subordinação jurídica. São Paulo: LTr, 2016. p. 199.

(35) Pois, afinal, conforme salientam Luís Philippe Vieira de Mello Filho e Renata Queiroz Dutra: "A correspondência de toda prestação de serviços que se reveste desses quatro caracteres – subordinação jurídica, não eventualidade, onerosidade e pessoalidade –, ainda que à míngua de formalidades contratuais, ao contrato de trabalho regido pela Consolidação das Leis do Trabalho, afirma a ideia de contrato-realidade e impõe a tutela trabalhista a toda forma de prestação subordinada ao trabalho humano. Assim, a pactuação formal de um contrato civil de prestação de serviços resulta inócua para o direito do trabalho, nos termos do art. 9º da CLT, se restar demonstrado que a prestação de serviços objeto do contrato firmado se deu de forma subordinada, revelando que o manejo da contratação civil destinou-se a retirar do trabalhador envolvido a proteção mais ampla que decorre do contrato de trabalho. (...) Diante de uma relação contratual de trabalho, tem-se por pressuposta a mitigação da autonomia da vontade do sujeito trabalhador, a desigualdade material entre as partes e a função integradora e civilizatória da relação de emprego, a determinar a exegese das disposições contratuais, desde a pactuação até mesmo após a ruptura da relação de emprego." (...) Não se pode olvidar, ademais, que o próprio direito civil, hoje constitucionalizado, já é sensível aos desvios que a perspectiva individualista e excessivamente privatística podem conduzir, tendo incorporado perspectivas diversas ao longo de sua trajetória, no sentido de tutelar diferencialmente relações em que há assimetria entre as partes, buscando a igualdade substancial, entendendo limitada a própria autonomia da vontade (autonomia da vontade limitada e autonomia privada regrada), outrora considerada absoluta, bem como relendo seus institutos a partir dos postulados da dignidade da pessoa humana, da boa-fé objetiva, da solidariedade social, da função social da propriedade, dos contratos e da empresa." MELLO FILHO, Luiz Philippe Vieira de; DUTRA, Renata Queiroz. Contrato de locação de serviços, contrato de prestação de serviços e contrato de trabalho. Um retorno às origens? *In*: TEPEDINO, Gustavo *et alii*. *Diálogos entre o direito do trabalho e o direito civil*. São Paulo: Revista dos Tribunais, 2013. p. 231-243.

(36) Sobre a técnica da sentença modificativa aditiva, Augusto Martín de La Veja assinala que: "*Desde la perspectiva normativa objetiva (...) el elemento aditivo << e giá presente, ed in modo obbligante, nel sistema stesso, con l'effetto o di operare direttamente, o di invalidare la disposizione che lo impidisca.>>*". DE LA VEGA, Augusto Martín. *La sentencia constitucional en Italia*. Madrid: Centro de Estudios Políticos y Constitucionales, 2003. p. 245.

Tal técnica tem lugar quando a leitura inicial de determinado dispositivo pode conduzir a uma interpretação que não guarda consonância com os postulados constitucionais a ele subjacentes ou não lhes confere plena eficácia. Diante disso, o intérprete procede à rejeição desse sentido incompatível com a Constituição, acrescentando outro mais consentâneo com os princípios da Carta Magna e, por isso mesmo, imposto por estes últimos.[38]

Por isso mesmo, a exegese do novel art. 442-B da CLT, ao mesmo tempo em que deve excluir a leitura perfunctória a permitir toda e qualquer forma de contratação autônoma mediante a singela formatação de contrato escrito por agentes capazes e com objeto lícito, deve acrescer-lhe a ressalva a propalar a possibilidade de reconhecimento de vínculo empregatício entre os pretensos prestadores e tomadores de serviços quando presentes os requisitos delineados no art. 3º da CLT, com especial destaque para a *subordinação jurídica*.

5. CONCLUSÃO

O cotejo entre a Lei n. 13.647/2017 e a *fórmula política* da Constituição Federal de 1988 revela o confronto entre duas propostas completamente distintas. De um lado, a busca de ganho de competitividade do País no mercado internacional por intermédio da redução dos custos com mão de obra e, de outro, a concepção do trabalho humano não como uma singela mercadoria, mas como um *valor social* inerente à *dignidade humana* e essencial para a construção da "*sociedade livre, justa e solidária*", para a erradicação "*da pobreza e da marginalização*", e para a redução das "*desigualdades sociais e regionais*" almejados no art. 3º da Carta Magna como os objetivos precípuos da República por ela fundada.

Nesse contexto, a pauta de intenções subjacente à Lei n. 13.647/2017 pode até fazer certo sentido à luz dos mecanismos propalados pelo ideário neoliberal que justificam o *law shopping* e o *dumping social*, mas de forma alguma se mostra compatível com os vetores normativos e interpretativos de cariz solidarizante emanados da Constituição Federal e muito menos com a diretriz nuclear expressa pela Declaração da Filadelfia da OIT, a propalar que "*o trabalho não é uma mercadoria*", que integra o escopo axiológico dos dispositivos internacionais ratificados pelo Brasil em matéria trabalhista.

E como os enunciados normativos a manifestarem a *fórmula política* da Constituição Federal consistem no parâmetro interpretativo de hierarquia superior a pautarem a compreensão de todo o ordenamento jurídico pátrio, serão eles – e não as justificativas pragmáticas de ocasião – que deverão ser observadas pelos intérpretes quando da aplicação em concreto da legislação ordinária e da consequente definição do sentido e do alcance a ser-lhe conferido.

Assim, o regime do trabalho autônomo a constar do novel art. 442-B da CLT, com redação conferida pela Lei n. 13.647/2017, não pode em hipótese alguma ser compreendido como um mecanismo de generalização daquela forma de arregimentação de mão de obra, mas sim como uma possibilidade restrita às situações em que os elementos formadores do vínculo empregatício, com especial destaque para a *subordinação jurídica*, não se façam presentes.

Convém recordar, nesse particular, que a relação de emprego constitui, à luz dos elementos conformadores da *fórmula política* da Carta Magna pátria, a modalidade preferencial de contratação do trabalho humano, haja vista, justamente, a maior amplitude inerente às garantias sociais que a ela subjazem e, consequentemente, a maior tutela por ela conferida à personalidade e à integridade psicofísica dos trabalhadores.

Por isso mesmo, pode-se afirmar, nesse diapasão, que as diretrizes solidarizantes inerentes a *fórmula política* da Constituição Federal de 1988 não limitam apenas o escopo interpretativo a ser conferido à contratação dos autônomos descrita no novel art. 442-B da CLT, podendo – e devendo –, para além disso, orientar a compreensão dos dispositivos da Lei n. 13.467/2017 a carrearem as demais modalidades de arregimentação precária de mão de obra, tais como terceirização de atividades-fim, os *contratos a tempo parcial* e os *contratos temporários*, de modo a viabilizar, em concreto, o reconhecimento dos vínculos empregatícios quando presentes os requisitos constantes do art. 3º da CLT.

---

(37) E dentre os precedentes do Supremo Tribunal Federal a chancelarem a técnica interpretativa ora mencionada, *vide*: BRASIL. SUPREMO TRIBUNAL FEDERAL. ARGUIÇÃO DE DESCUMPRIMENTO DE PRECEITO FUNDAMENTAL N. 54/DF. RELATOR: Min. Marco Aurélio. Plenário. DJ: 30.04.2013; BRASIL. SUPREMO TRIBUNAL FEDERAL. RECURSO EXTRAORDINÁRIO N. 641.320/RS. RELATOR: Min. Gilmar Mendes. Plenário. DJ: 29.07.2016.

(38) PIZZORUSSO, Alessandro. *Lecciones de derecho constitucional*. Tradução DE LLORENTE, Francisco Rubio. Madrid: Centro de Estudios Constitucionales, 1984. p. 342. *Tomo II*.

6. REFERÊNCIAS BIBLIOGRÁFICAS

BARBAGELATA, Héctor-Hugo. *El particularismo del derecho del trabajo y los derechos humanos laborales*. 2. ed. Montevideo: Fundación de Cultura Universitaria, 2014.

BARROS, Alice Monteiro de. *Curso de direito do trabalho*. 8. ed. São Paulo: LTr, 2012.

BARROSO, Luís Roberto. *O Direito Constitucional e a Efetividade de suas Normas*. 8. ed. Rio de Janeiro: Renovar, 2006.

BRASIL. PROCURADORIA GERAL DA REPÚBLICA. *Parecer apresentado nos autos do RE n. 713.211/MG*. Disponível em: <http://reporterbrasil.org.br/wp-content/uploads/2016/11/Parecer-PGR-Terceiriza%C3%A7%C3%A3o.pdf>. Acesso em: 31 ago. 2017.

_____. SUPREMO TRIBUNAL FEDERAL. ARGUIÇÃO DE DESCUMPRIMENTO DE PRECEITO FUNDAMENTAL N. 54/DF. RELATOR: Min. Marco Aurélio. Plenário. DJ: 30.04.2013.

_____. SUPREMO TRIBUNAL FEDERAL. RECURSO EXTRAORDINÁRIO N. 641.320/RS. RELATOR: Min. Gilmar Mendes. Plenário. DJ: 29.07.2016.

CANOTILHO, José Joaquim Gomes. *Constituição dirigente e vinculação do legislador*. 2. ed. Coimbra: Coimbra, 2001.

DE LA CUEVA, Mario. *El Nuevo Derecho Mexicano del Trabajo*. 14. ed. México: Porrúa, 2006. Tomo. II.

DE LA VEGA, Augusto Martín. *La sentencia constitucional en Italia*. Madrid: Centro de Estudios Políticos y Constitucionales, 2003.

DELGADO, Gabriela Neves. *Direito fundamental ao trabalho digno*. 2. ed. São Paulo: LTr, 2015.

DELGADO, Mauricio Godinho. *Curso de direito do trabalho*. 7. ed. São Paulo: LTr, 2005.

DRAY, Guilherme Machado. *O princípio da proteção do trabalhador*. São Paulo: LTr, 2015.

GASPAR, Danilo Gonçalves. *Subordinação potencial*: encontrando o verdadeiro sentido da subordinação jurídica. São Paulo: LTr, 2016.

GONÇALVES, Leandro Krebs. Autônomo. *In:* SCHWARTZ, Rodrigo Garcia. *Dicionário de direito do trabalho, de direito processual do trabalho e de direito previdenciário aplicado ao direito do trabalho*. São Paulo: LTr, 2012.

GRAU, Eros Roberto. *A ordem econômica na Constituição de 1988*. São Paulo: Malheiros, 2008.

LOPES, Ana Frazão de Azevedo. *Empresa e Propriedade*. Função Social e Abuso de Poder Econômico. São Paulo: Quartier Latin, 2006.

LYON-CAEN et alii. *Droit du Travail*. 19eme. Édition. Paris: Dalloz, 1998.

MARTÍN, Carlos de Cabo. *Teoría constitucional de la solidariedad*. Madrid: Marcial Pons, 2006.

MARTÍNEZ, Gregorio Peces-Barba. *Curso de Derechos Fundamentales*. Teoría General. Madrid: Universidad Carlos III / Boletín Oficial Del Estado, 1995.

MELGAR, Alfredo Montoya; JIMÉNEZ, Rodrigo Martín. *Estatuto del trabajo autónomo*. Comentario a la Ley 20/2007, de 11 de julio. Madrid: Civitas, 2007.

MELLO FILHO, Luiz Philippe Vieira de; DUTRA, Renata Queiroz. Contrato de locação de serviços, contrato de prestação de serviços e contrato de trabalho. Um retorno às origens? *In:* TEPEDINO, Gustavo et alii. *Diálogos entre o direito do trabalho e o direito civil*. São Paulo: Revista dos Tribunais, 2013.

MOSCA, Gaetano. *Sulla teoria dei governi*. Milano: Istituto Editoriale Scientifico, 1925.

PIZZORUSSO, Alessandro. *Lecciones de derecho constitucional*. Tradução de LLORENTE, Francisco Rubio. Madrid: Centro de Estudios Constitucionales, 1984. Tomo II.

RAMALHO, Maria do Rosário Palma. *Tratado de direito do trabalho*. Parte II – situações laborais individuais. 5. ed. Coimbra: Almedina, 2014.

SILVA, Homero Batista Mateus da. *Curso de direito do trabalho aplicado*. Parte geral. 3. ed. São Paulo: Revista dos Tribunais, 2015. v. 1.

SOUZA NETO, Cláudio de; SARMENTO, Daniel. *Direito constitucional*. Teoria, história e métodos de trabalho. 2. ed. Belo Horizonte: Fórum, 2016.

SUPIOT, Alain. *Critique du droit du travail*. Paris: PUF, 1994.

_____. *El Espíritu de Filadelfia. La justicia social frente al mercado total*. Tradução de TERRÉ, Jordi. Barcelona: Península, 2011.

TEPEDINO, Gustavo; BARBOZA, Heloísa Helena; MORAES, Maria Celina Bodin de. *Código Civil interpretado conforme a Constituição da República*. 2. ed. Rio de Janeiro: Renovar, 2014. v. III.

USERA, Raúl Canosa. *Interpretación constitucional y formula politica*. Madrid: Centro de Estudios Constitucionales, 1988.

VERDÚ, Pablo Lucas. *Curso de derecho político*. Madrid: Tecnos, 1981.

VIGO, Rodolfo Luis. *Interpretación constitucional*. 2. ed. Buenos Aires: Abeledo-Perrot, 2004.

Capítulo 2

O Novo Regime Jurídico do Teletrabalho no Brasil

Raphael Miziara[1]

1. INTRODUÇÃO

No dia 11 de novembro de 2017 entrou em vigor a Lei n. 13.467 de 13 de julho de 2017 (Reforma Trabalhista) que, entre outros significantes aspectos, inclui no Título II da CLT (das normas gerais de tutela do trabalho) o Capítulo II-A, para consagrar o regime jurídico do teletrabalho no Brasil.

Com isso, depois de decorrido o período de vacância legal (cento e vinte dias da publicação oficial), a prestação de serviços em regime de teletrabalho no país deverá observará o disposto no Capítulo II-A da CLT, conforme disposição expressa constante do art. 75-A da CLT.

Nesse cenário, este escrito pretende fazer a análise do texto legal com o desiderato de trazer a lume o verdadeiro sentido e alcance por detrás das linhas postas pelo legislador.

Inicialmente, enfrentar-se-á o conceito de teletrabalho no país, bem como seus elementos caracterizadores. Em prosseguimento, far-se-á a análise dos requisitos formais do contrato de teletrabalho, bem como das possibilidades de alteração do pactuado no curso do contrato.

Em prosseguimento, o presente trabalho enfrentará a questão da responsabilidade pelas despesas de instalação e manutenção dos equipamentos necessários ao desenvolvimento do trabalho, bem como dos aspectos atinentes ao meio ambiente do trabalho e da duração do trabalho do teletrabalhador.

2. CONCEITO E ELEMENTOS CARACTERIZADORES DO TELETRABALHO

A Lei n. 13.467 de 2017 traz o conceito de teletrabalho no *caput* do art. 75-B. Segundo a novel legislação, considera-se teletrabalho a prestação de serviços preponderantemente fora das dependências do empregador, com a utilização de tecnologias de informação e de comunicação que, por sua natureza, não se constituam como trabalho externo (art. 75-B, da CLT).

Do dispositivo legal extraem-se pelo menos dois elementos caracterizadores do teletrabalho sem os quais fica afastado o enquadramento legal da situação fática, quais sejam: *(i)* que a prestação de serviços ocorra *preponderantemente* fora das dependências do empregador; e *(ii)* que a utilização das tecnologias de informação e de comunicação não constitua a relação como trabalho externo.

Com efeito, a Lei faz distinção entre o trabalhador externo e o teletrabalhador. Ambos são trabalhadores a distância[2], mas, o externo, como o próprio nome in-

---

[1] Advogado. Mestrando em direito do trabalho e das relações sociais pela UDF. Professor em cursos de graduação e pós-graduação em Direito, bem como em cursos preparatórios para concursos públicos. Autor de livros e artigos na área juslaboral.

[2] Na OIT, o tema teletrabalho, admitido como espécie do gênero "trabalho a distância", é normatizado pela Convenção n. 177, de 1996 (não ratificada pelo Brasil), sobre trabalho a domicílio e pela Recomendação n. 184. Em linhas gerais, segundo Túlio de Oliveira Massoni, as diretrizes desta Convenção são as seguintes: "– *a expressão 'trabalho a domicílio' significa o trabalho realizado no próprio domicílio do trabalhador, ou em ouro local, em troca de remuneração, com o fim de elaborar produto ou serviço conforme especificações do empregador, independentemente de quem proporcione os equipamentos e materiais utilizados para a prestação (art. 1º); – deve haver igualdade de tratamento com os outros empregados com respeito à remuneração, aos direitos previdenciários, idade mínima de admissão e proteção à maternidade (art. 4º); – quando for permitida a terceirização no trabalho a domicílio as responsabilidades dos tomadores de serviços e intermediadores serão fixadas conforme a legislação e jurisprudência nacionais do país (art. 8º)*" (MASSONI, Túlio de Oliveira. *Aplicação das leis trabalhistas no teletrabalho*. Revista Consultor Jurídico, 1 de setembro de 2011. Acesso em: 16 jul. 2017).

dica, é o que trabalha externamente e geralmente não possui um local fixo para exercer suas atividades. Como exemplo, pode-se mencionar o vendedor externo, o motorista, o trocador, os ajudantes de viagem, entre outros.[3]

Por sua vez, o teletrabalhador geralmente possui um local fixo para exercer suas atividades. Pode ser, por exemplo, uma cafeteria, uma *lan house*, seu próprio domicílio, entre outros locais. Assim, exercem suas atividades, na maior parte do tempo – *preponderantemente* –, fora das dependências do empregador, mas sem a necessidade de se locomover para o exercício de suas atribuições, como ocorre com os trabalhadores externos.

O que importa é que o tempo preponderante (na maior parte do tempo) de trabalho ocorra fora das dependências do empregador. Se isso não ocorrer, restará descaracterizado o regime de teletrabalho, com a inclusão do trabalhador no capítulo de duração do trabalho.

Igualmente, existem também diferenças entre o teletrabalho e o trabalho a domicílio, entendido como "o executado na habitação do empregado ou em oficina de família, por conta de empregador que o remunere" (art. 83 da CLT).

Como se vê, ambos são trabalho a distância e nisso se assemelham, mas, existe uma peculiaridade que os diferencia. Especificamente quanto ao teletrabalho, o labor é feito com a utilização de meios tecnológicos e eletrônicos.[4]

Vale registrar que o comparecimento às dependências do empregador para a realização de atividades específicas que exijam a presença do empregado no estabelecimento não descaracteriza o regime de teletrabalho, conforme previsto no parágrafo único do art. 75-B.

Fato é que a presença esporádica do empregado no estabelecimento empresarial para reuniões, *meetings* ou qualquer outra atividade específica, o que é absolutamente comum, não é fator que enseja a descaracterização do teletrabalho.

Interessante notar que a previsão da Reforma se assemelha muito com a definição de teletrabalho do Código do Trabalho Português, segundo o qual se considera teletrabalho a prestação laboral realizada com subordinação jurídica, *habitualmente* fora da empresa e através do recurso a tecnologias de informação e de comunicação (art. 165).

Portanto, pode-se afirmar que, no Brasil, o teletrabalho possui as seguintes características: *a)* prestação de serviços preponderantemente (mais da metade do tempo) fora das dependências do empregador; *b)* utilização de tecnologias de informação e de comunicação; *c)* exercício de suas atribuições deve se dar sem necessidade de constante locomoção, sob pena de configurar-se como trabalhador externo.

3. FORMALIDADES CONTRATUAIS

A prestação de serviços na modalidade de teletrabalho deverá constar expressamente do contrato individual de trabalho, que especificará as atividades que serão realizadas pelo empregado (art. 75-C, da CLT, incluído pela Lei n. 13.467/2017).

Com isso, pode-se afirmar que o contrato de trabalho do teletrabalhador somente poderá ser ajustado por escrito, pois o dispositivo fala que a condição de teletrabalhador deverá "constar expressamente" e, ainda, "especificar as atividades".

Não se nega que o contrato verbal também pode ser expresso e especificar as atividades que serão realizadas. No entanto, aqui parece que a intenção do legislador foi a de exigir contrato escrito nesse sentido. Ademais, o § 1º fala em "aditivo" contratual, o que é mais utilizado para contratos escritos.

Outrossim, o contrato individual de trabalho do teletrabalhador deve trazer em seu bojo a especificação das atividades que serão realizadas pelo empregado. Especificar um serviço é enumerar, discriminar e pormenorizar as tarefas atinentes à função, de modo a que o trabalhador não tenha nenhuma dúvida de quais tarefas ele desempenhará em favor do empregador.

A finalidade da Lei, ao mencionar que os serviços devem ser especificados, foi evitar a utilização indiscriminada dos trabalhadores em atividades genéricas. É preciso especificar a exata dimensão das tarefas a serem desempenhadas.

Se qualquer das formalidades for descumprida, restará descaracterizado o regime de teletrabalho com a consequente inclusão do trabalhador na disciplina normal de duração do trabalho.

---

(3) MELO, Geraldo Magela. *O teletrabalho na nova CLT*. Disponível em: <https://www.anamatra.org.br/artigos/25552-o-teletrabalho-na-nova-clt>.

(4) GARCIA, Gustavo Filipe Barbosa. *Teletrabalho carece de legislação para garantir o direito à desconexão*. Revista Consultor Jurídico, 15 de junho de 2016.

4. ALTERAÇÕES DO CONTRATO DE TRABALHO

No tocante à alteração do contrato de trabalho, o art. 75-C, § 1º, da CLT afirma que poderá ser realizada a alteração entre regime presencial e de teletrabalho desde que haja mútuo acordo entre as partes, registrado em aditivo contratual.

De outro flanco, nos termos do § 2º do mesmo artigo, poderá ser realizada a alteração do regime de teletrabalho para o presencial por determinação do empregador, garantido prazo de transição mínimo de quinze dias, com correspondente registro em aditivo contratual.

Como se nota, exige-se o mútuo acordo entre as partes apenas para a situação na qual a alteração disser respeito ao trabalho originariamente prestado em regime presencial. Já a situação inversa – teletrabalho para presencial – será efetivada mera determinação do empregador, independentemente da aquiescência do empregado.

No segundo caso, embora não se exija o acordo de vontade, garante-se ao empregado um prazo de transição mínimo de quinze dias, de modo que a mudança não poderá ocorrer de forma abrupta.

Em ambas as hipóteses, se exige o correspondente registro da alteração em aditivo contratual.

5. RESPONSABILIDADE PELOS CUSTOS DA INFRAESTRUTURA DO TRABALHO REMOTO

Especificamente sobre as despesas com aquisição ou manutenção dos equipamentos tecnológicos e da infraestrutura necessária ao trabalho, assim dispõe o *caput* art. 75-D da CLT, com a redação dada pela reforma:

> Art. 75-D. As disposições relativas à responsabilidade pela aquisição, manutenção ou fornecimento dos equipamentos tecnológicos e da infraestrutura necessária e adequada à prestação do trabalho remoto, bem como ao reembolso de despesas arcadas pelo empregado, serão previstas em contrato escrito.

As primeiras vozes que se propuseram a comentar o art. 75-D da CLT afirmaram que, com a reforma, o empregador poderá transferir ao empregado o custo da manutenção do seu local de trabalho (energia elétrica, mobiliário, equipamentos eletrônicos da residência do trabalhador)[5]. No entanto, essa não parece ser a correta ou a melhor interpretação. Não é essa a norma por detrás do texto legal, como adiante se demonstrará.

Com efeito, o *caput* do dispositivo diz que "**as disposições relativas** à responsabilidade pela aquisição, manutenção ou fornecimento dos equipamentos tecnológicos e da infraestrutura necessária e adequada à prestação do trabalho remoto, bem como **ao reembolso de despesas arcadas pelo empregado, serão previstas em contrato escrito**". (grifo nosso)

O que se extrai do texto é que, obrigatoriamente, as disposições relativas ao reembolso deverão estar previstas em contrato escrito. Para chegar a essa conclusão, basta que se faça um corte textual com as palavras em destaque: "as disposições relativas ao reembolso de despesas arcadas pelo empregado, serão previstas em contrato escrito".

Ora, está expresso no texto que o contrato deverá prever a forma como o reembolso das despesas será efetivado. Por consectário lógico, obviamente, essas mesmas despesas deverão sempre ser reembolsadas, por imperativo legal.

Em verdade, o que o contrato deverá prever são quais serão as regras no tocante a responsabilidade pela aquisição (quem será o responsável por comprar, se o empregador ou o empregado), manutenção (o empregado ou o empregador dará a devida manutenção nos equipamentos) ou fornecimento dos equipamentos tecnológicos (do mesmo modo, quem irá fornecer, empregado ou empregador) e, por fim, da infraestrutura necessária e adequada à prestação do trabalho remoto.

Fato é que, se a compra for efetivada pelo empregado, obrigatoriamente o reembolso deverá ocorrer na forma prevista no contrato (prazo para reembolso, forma de reembolso etc.). No entanto, há pelo menos uma hipótese na qual o empregado, ao fim e ao cabo, custeará parte dos equipamentos e infraestrutura, qual seja, quando aquelas despesas já forem despesas ordinárias do cotidiano do empregado.

Por exemplo, se ele já for o dono do computador e já arcar com os custos de internet. Trata-se de despesa ordinária do empregado. Do mesmo modo, se o empregado ordinariamente já possui a infraestrutura necessária e adequada à prestação do trabalho remoto ele não deverá ser reembolsado por nada, pois se trata de despesa ordinária. Essa mesma lógica já vinha sendo

---

(5) VALÉRIO, Juliana Herek. *Reforma trabalhista*: retrocesso em 20 pontos. Jota: 26 de Abril de 2017. Disponível em: <https://jota.info/artigos/reforma-trabalhista-retrocesso-em-20-pontos-26042017>.

seguida por alguns ministros do TST no tocante às despesas com lavagem de uniforme.[6]

Pode-se, inclusive, falar-se em aplicação analógica do art. 456-A, parágrafo único, da CLT, pelo qual a higienização do uniforme é de responsabilidade do trabalhador, *salvo nas hipóteses em que forem necessários procedimentos ou produtos diferentes dos utilizados para a higienização das vestimentas de uso comum.*

Logo, se o empregador exigir uma máquina especial ou uma conexão mais potente ou, até mesmo, outros custos com a infraestrutura como condição necessária ao trabalho, deverá arcar com os custos correspondentes. Por exemplo, se o empregado possui um computador que, depois de contratado, se revelar insuficiente para as funções (lentidão excessiva, baixa memória etc.), caso o empregador exija nova máquina, deverá custeá-la, exatamente por se tratar de despesa extraordinária.

Da mesma forma, exigências empresariais quanto a determinadas especificações de infraestrutura (como velocidade de internet) deverão ser por ela custeadas, caso ultrapasse o ordinário para aquela determinada região.

Portanto, a existência de qualquer gasto extraordinário com equipamentos tecnológicos, infraestrutura necessária e adequada à prestação do trabalho remoto e com despesas arcadas pelo empregado que ultrapasse o limite da despesa ordinária, deverá ser reembolsada. Mas, uma vez inexistentes prejuízos com gastos extraordinários, não há que se falar em indenização, tampouco em transferência dos riscos do empreendimento ao empregado.

Outros infindáveis questionamentos podem surgir quanto ao tema. Imagine-se a hipótese na qual ocorra o "desgaste" na vida útil dos equipamentos tecnológicos e dos objetos que compõe a infraestrutura necessária e adequada à prestação do trabalho remoto. Nesse caso, indaga-se: faz jus o empregado ao ressarcimento material correspondente? A melhor interpretação parece ser aquela que admite a indenização somente em hipóteses excepcionais, no qual o desgaste se deu muito além do razoavelmente esperado. Fora disso, não há que se falar em prejuízo indenizável.

Igualmente, não se pode descartar a possibilidade, bastante comum, de a região onde o empregado reside não ser atendida por provedor nas especificações exigidas pelo empregador (por exemplo, se o provedor local somente oferece internet com velocidade reduzida). Nesses casos, não pode ser o futuro emprego instado a custear qualquer equipamento ou despesa a maior para atender aos anseios do empresariado.

Ademais, é bom que se advirta: se eventualmente houver interrupção do trabalho remoto por motivos totalmente alheios à conduta do empregado e, por consequência, alguma tarefa deixar de ser cumprida, não pode ele ser penalizado por isso. Trata-se, pois, de risco do empreendimento.

Pensar de forma diferente é subverter a lógica de todo o direito do trabalho e solapar o princípio da alteridade, mediante o qual o trabalho se dá por conta alheia e os riscos do empreendimento ficam por conta do detentor do capital.

Por fim, ante a ausência do caráter retributivo, as utilidades mencionadas no *caput* do art. 75-D não integram a remuneração do empregado, pois são fornecidas *para* o trabalho e não *pelo* o trabalho.

A propósito, o C. Tribunal Superior do Trabalho já decidia que havendo pagamento pelo empregador ao obreiro de valores realmente dirigidos a subsidiar despesas com telefonemas, gastos com informática e similares, no contexto efetivo do *home office*, não têm tais pagamentos natureza salarial, mas meramente instrumental e indenizatória. Na mesma linha, o fornecimento pelo empregador, plenamente ou de modo parcial, de equipamentos para a consecução do *home office* obreiro (telefones, microcomputadores e seus implementos etc.) não caracteriza, regra geral, em princípio, salário *in*

---

[6] *"Ordinariamente, a higienização do próprio uniforme não implica cuidados especiais e isso não obriga o obreiro a realizar despesas além daquelas que usualmente realizaria para o asseio de suas próprias peças de vestuário, o que afasta a alegação de transferência dos riscos do empreendimento ao trabalhador. Nessa diretriz, a indenização pelas despesas na lavagem do uniforme somente será devida quando o trabalho executado pelo empregado exigir o uso de roupas impecavelmente higienizadas, que demandam uma lavagem especial, situação na qual são ultrapassados os gastos que teriam com a lavagem de roupas normais. Por fim, a tarefa de lavagem de uniformes, aí incluído o tempo de dedicação e os gastos inerentes, não é de responsabilidade do empregador, mas do próprio empregado, como um verdadeiro dever de colaboração decorrente da sua boa fé no contrato de trabalho (art. 422, CC)".* Esses foram os argumentos colacionados nos votos vencidos dos Ministros Guilherme Caputo Bastos, relator, Ives Gandra Martins Filho, Márcio Eurico Vitral Amaro e Cláudio Mascarenhas Brandão, que davam provimento aos embargos para julgar improcedente o pedido de ressarcimento das despesas com a lavagem do fardamento, ao fundamento de que a higienização ordinária de uniformes não causa prejuízo indenizável, nem transfere os riscos do empreendimento ao empregado. (E-RR-12-47.2012.5.04.0522, Redator Ministro: João Oreste Dalazen, Data de Julgamento: 12.03.2015, Subseção I Especializada em Dissídios Individuais, Data de Publicação: DEJT 03.11.2015).

natura, em face de seus preponderantes objetivos e sentido instrumentais. (AIRR-62141-19.2003.5.10.0011, Data de Julgamento: 07.04.2010, Relator Ministro: Mauricio Godinho Delgado, 6ª Turma, Data de Publicação: DEJT 16.04.2010).

6. A DURAÇÃO DO TRABALHO

O Tribunal Superior do Trabalho costumava enquadrar a figura do teletrabalhador no inciso I do art. 62 da CLT, ou seja, hipótese na qual os empregados exercem atividade externa incompatível com a fixação de horário de trabalho.

Com efeito, o TST já decidiu que não se pode negar que, de maneira geral, em princípio, tais trabalhadores enquadram-se no tipo jurídico excetivo do art. 62 da CLT, realizando o parâmetro das jornadas não controladas de que fala a ordem jurídica trabalhista (art. 62, I, CLT) (TST-AIRR-62141-19.2003.5.10.0011, Relator Ministro: Mauricio Godinho Delgado, Data de Julgamento: 07.04.2010, 6ª Turma, Data de Publicação: DEJT 16.04.2010).

Agora, por expressa disposição legal (art. 62, III, da CLT) os empregados em teletrabalho estão excluídos do regime de duração do trabalho. Estabelece a CLT que os empregados em regime de teletrabalho não são abrangidos pelo regime previsto no capítulo "da duração do trabalho", razão pela qual não farão jus, por exemplo, ao recebimento de horas extras.

Porém, se os teletrabalhadores sofrerem vigilância dos períodos de conexão, controle de *login* e *logout*, localização física, pausas ou ligações ininterruptas para saber o andamento dos trabalhos, especialmente se de forma periódica, estarão, inevitavelmente, enquadrados na disposição do art. 7º da CR/88 e no art. 6º, parágrafo único da CLT, e terão direito à proteção da jornada, inclusive eventuais horas extras.[7]

Logo, em que pese a disposição legal, se houver efetivo controle de horário do teletrabalhador, por exemplo, por meio de controle de ponto *on-line*, exsurgirá a possibilidade de enquadramento no capítulo da duração do trabalho. Isso porque o labor no sistema de *home office* não é totalmente incompatível com o controle da jornada de trabalho. A propósito, o próprio art. 62 é de duvidosa constitucionalidade.

7. MEIO AMBIENTE DO TRABALHO DO TELETRABALHADOR

A CLT impõe o dever patronal de instruir os empregados acerca de prevenção de acidentes de trabalho e doenças ocupacionais. O empregador deverá instruir os empregados, de maneira expressa e ostensiva, quanto às precauções a tomar a fim de evitar doenças e acidentes de trabalho.

Esses comandos já estavam insertos, com as mesmas ideias e objetivos, nos arts. 157 e 158 da CLT.[8]

Ainda, pela Reforma, o empregado deverá assinar termo de responsabilidade comprometendo-se a seguir as instruções fornecidas pelo empregador.

Não obstante, diante da alegação de acidente de trabalho ou doença ocupacional, o simples fato de o empregado ter assinado termo de responsabilidade não eximirá a empresa de indenizar eventuais danos causados, caso seja evidenciada sua conduta culposa ou dolosa.

Apesar do termo de responsabilidade, o empregador tem o dever de fiscalizar, respeitada a inviolabilidade de domicílio, a ergonomia do trabalho e o meio ambiente laboral como um todo.

Questão que suscitará controvérsia diz respeito à fiscalização do local de trabalho do teletrabalhador, mormente em se tratando de seu domicílio. Sobre o tema, o intérprete poderá se socorrer das disposições do Direito do Trabalho português (art. 8º, da CLT), que se encontra em estágio bem avançado na normatização da matéria.

Em relação a essa fiscalização, dispõe que sempre que o teletrabalho seja realizado no domicílio do trabalhador, as visitas ao local de trabalho só devem ter

---

(7) MELO, Geraldo Magela. *O teletrabalho na nova CLT*. Disponível em: <https://www.anamatra.org.br/artigos/25552-o-teletrabalho-na-nova-clt>.

(8) Art. 157 – Cabe às empresas: I – cumprir e fazer cumprir as normas de segurança e medicina do trabalho; II – instruir os empregados, através de ordens de serviço, quanto às precauções a tomar no sentido de evitar acidentes do trabalho ou doenças ocupacionais; III – adotar as medidas que lhes sejam determinadas pelo órgão regional competente; IV – facilitar o exercício da fiscalização pela autoridade competente.

Art. 158 – Cabe aos empregados: I – observar as normas de segurança e medicina do trabalho, inclusive as instruções de que trata o item II do artigo anterior; II – colaborar com a empresa na aplicação dos dispositivos deste Capítulo. *Parágrafo único* – Constitui ato faltoso do empregado a recusa injustificada: a) à observância das instruções expedidas pelo empregador na forma do item II do artigo anterior; b) ao uso dos equipamentos de proteção individual fornecidos pela empresa.

por objeto o controle da atividade laboral daquele, bem como dos respectivos equipamentos. Tais visitas apenas podem ser efetuadas entre às 9h e 19h, com assistência do trabalhador ou de pessoa por ele designada (art. 237 do Código de Trabalho português).

8. CONSIDERAÇÕES FINAIS

A prestação de serviços a distância, na modalidade teletrabalho, encontrou acomodação normativa com a Reforma Trabalhista, de modo que se pode falar, pelo menos, em um mínimo de segurança jurídica em torno do tema. Não obstante, o nobre intuito do legislador perdeu-se em meio a uma miríade de omissões que, por certo, poderiam ter sido tratadas com mais vagar, caso o Projeto de Lei que deu origem à Lei n. 13.467/2017 tivesse sido fruto de um melhor amadurecimento e debate.

Demonstrou-se, após a análise do texto legal, os elementos que caracterizam o regime de teletrabalho, quais sejam: *a)* prestação de serviços preponderantemente (mais da metade do tempo) fora das dependências do empregador; *b)* utilização de tecnologias de informação e de comunicação; *c)* exercício de suas atribuições deve se dar sem necessidade de constante locomoção, sob pena de configurar-se como trabalhador externo.

Ainda, evidenciadas as formalidades contratuais necessárias à higidez da avença e cujo desrespeito acarreta, *ipso facto*, a descaracterização do teletrabalho e o enquadramento do trabalhador no regime geral de duração do trabalho.

Em seguida, demonstradas as principais hipóteses de alteração contratual no regime em referência, bem como seus requisitos de validade e a necessidade ou não de anuência do empregado, a depender da modalidade de alteração.

No tocante à responsabilidade pela aquisição, manutenção ou fornecimento dos equipamentos tecnológicos e da infraestrutura necessária e adequada à prestação do trabalho remoto, concluiu-se que tudo isso deverá estar previsto em contrato, bem como, indispensavelmente, o modo como todas essas despesas serão reembolsadas ao empregado, caso se trate de despesas extraordinárias por este custeadas.

Sobre a duração do trabalho e o enquadramento do teletrabalhador no inciso III do art. 62, concluiu-se que em que pese a disposição legal, se houver efetivo controle de horário do teletrabalhador exsurgirá a possibilidade de enquadramento no capítulo da duração do trabalho, como as consequências daí advindas.

Por fim, quanto ao meio ambiente do trabalho do teletrabalhador, o empregador deverá entrar em entendimento com o empregado, pois a fiscalização do meio ambiente laboral é obrigatória. Logo, apesar do termo de responsabilidade, o empregador tem o dever de fiscalizar, respeitada a inviolabilidade de domicílio, a ergonomia do trabalho e o meio ambiente laboral como um todo, sob pena de incorrer em dolo ou culpa.

Conclui-se, assim, como Américo Plá Rodrigues, em seu *Princípios de Direito do Trabalho*, e deseja-se que o estudo realizado seja não como um fruto, mas como uma semente, cujo mérito principal é sua fecundidade, para o despertar de novos debates.

9. REFERÊNCIAS BIBLIOGRÁFICAS

GARCIA, Gustavo Filipe Barbosa. *Teletrabalho carece de legislação para garantir o direito à desconexão*. Revista Consultor Jurídico, 15 de junho de 2016.

MASSONI, Túlio de Oliveira. *Aplicação das leis trabalhistas no teletrabalho*. Revista Consultor Jurídico, 1 de setembro de 2011. Acesso em: 16 jul. 2017.

MELO, Geraldo Magela. *O teletrabalho na nova CLT*. Disponível em: <https://www.anamatra.org.br/artigos/25552--o-teletrabalho-na-nova-clt>.

MIZIARA, Raphael. *Reforma não permite que empresa transfira custos de home office ao trabalhador*. Disponível em: <http://www.conjur.com.br/2017-jul-25/raphael-miziara-reforma-nao-livra-empregador-custos-teletrabalho>. Publicado em: 25 de julho de 2017. Acesso em: 25 ago. 2017.

VALÉRIO, Juliana Herek. *Reforma trabalhista*: retrocesso em 20 pontos. Jota: 26 de Abril de 2017. Disponível em: <https://jota.info/artigos/reforma-trabalhista-retrocesso--em-20-pontos-26042017>.

Capítulo 3

Trabalho Intermitente – Trabalho "Zero Hora" – Trabalho Fixo Descontínuo[1]

Lorena de Mello Rezende Colnago[2]

O Direito não é uma simples ideia, é força viva.
Por isso a Justiça sustenta, em uma das mãos, a balança, com que pesa o Direito, enquanto na outra segura a espada, por meio da qual se defende.
A espada sem a balança é a força bruta, a balança sem a espada é a impotência do Direito.
Uma completa a outra.
O verdadeiro Estado de Direito só pode existir quando a justiça bradir a espada com a mesma habilidade com que manipula a balança, sem descurar a sensibilidade, o comprometimento, a celeridade e o amor pelo Direito.
Rudolf Von Ihering, na obra "A luta pelo Direito"

1. INTRODUÇÃO

Após 13 de julho de 2017, com a publicação da Lei n. 13.467, a polarização em torno de sua redação não faz mais sentido no mundo jurídico, uma vez que posta a norma com previsão de vigência em 11 de novembro de 2017, nos resta viabilizar a melhor aplicação possível a fim de pacificar os conflitos do capital *versus* trabalho, visando o maior e melhor equilíbrio social extraído da norma, a partir de uma interpretação jurídica humanizada.

Feitas essas considerações, sem aprofundar na crítica quanto à timidez da reforma quanto ao tratamento de temas importantes que são realidade no mundo do trabalho, uma vez que a lei posta representou muito mais a oscilação histórica do conflito em questão, dessa vez com perda considerável aos direitos dos trabalhadores, em especial no que diz respeito à possibilidade de um contrato individual sobrepor-se a uma norma coletiva – art. 444, parágrafo único, da CLT, pós alteração legislativa.

Para melhor entender o trabalho intermitente, novidade legislativa, analisaremos seus precursores no direito estrangeiro, o trabalho a "zero hora" inglês e o trabalho descontínuo espanhol. Feitas essas considerações, passaremos a entender o alcance do trabalho intermitente e sua diferença teórica e pragmática para o trabalho eventual e avulso.

2. TRABAJO DISCONTINUO O EL CONTRATO DE FIJOS DISCONTINUOS. TRABALHO INTERMITENTE ESPANHOL

Na Espanha, o contrato descontínuo é um tipo de trabalho a prazo indeterminado, que se realiza de modo cíclico, com repetição em certas datas, distinguindo-se dos contratos eventuais pela incerteza ou extraordinariedade do serviço que envolve os contratos eventuais, ou ainda os contratos temporários. Estima-se que atualmente sejam mais de duzentos mil trabalhadores espanhóis submetidos a esses contratos para postos de trabalho que não existem por todo ano, mas em certas datas como no verão, em especial em hospedagens e zonas onde o turismo é mais forte em alguns meses no ano.[3]

---

(1) Artigo publicado em: *Revista LTr,* Ano 81, n. 9. São Paulo: LTr, set. 2017. p. 1.086-1.091.

(2) Mestre em Processo (UFES, 2008). Pós-graduada em Direito do Trabalho (individual e coletivo), Processual do Trabalho e Previdenciário (UNIVES, 2006). Diretora Cultural do Instituto de Estudos Avançados da Magistratura e Ministério Público do Trabalho – IPEATRA. Foi membro da Comissão de Adaptação do PJE – Grupo Requisitos (2016). Professora. Juíza do Trabalho (TRT2).

(3) Cf. SALINAS, Mariano. El contrato del verano: el fijo discontinuo. *CEREM – Escuela Asociada a La Universidad Rey Ruan Carlos.* Disponível em: <https://www.cerem.es/blog/el-contrato-del-verano-el-fijo-discontinuo>. Acesso em: ago. 2017.

Os espanhóis apontam a segurança de ser chamado cada vez que a atividade volte a existir como vantagem desse tipo de contrato para o trabalhador. Essas convocações ocorrem por ordem de antiguidade do trabalhador, podendo nos meses ou períodos de inatividade terem outro emprego ou ocupação. Para as empresas, essa seria uma modalidade vantajosa na medida em que o empresário tem a certeza de uma turma fixa e já treinada de empregados para seus períodos sazonais. E, para se evitar a fraude há o contrato escrito, distinguindo-se a modalidade do contrato temporário, porque esse serve para um evento incerto, enquanto o contrato fixo descontínuo somente é celebrado para meses daquela atividade econômica, se o evento é certo e o contrato é temporário há a caracterização de fraude.[4]

Critica-se a característica dos empregados espanhóis evitarem a busca de emprego nos meses em que não há trabalho. Em termos de salário e horas, os contratados por um contrato fixo descontínuo tem os mesmos direitos que os trabalhadores fixos da empresa.[5]

O Estatuto dos Trabalhadores regulamenta essa modalidade contratual no art. 16, no capítulo da duração do trabalho:

Artículo 16. Contrato fijo-discontinuo.

1. El contrato por tiempo indefinido fijo-discontinuo se concertará para realizar trabajos que tengan el carácter de fijos-discontinuos y no se repitan en fechas ciertas, dentro del volumen normal de actividad de la empresa.

A los supuestos de trabajos discontinuos que se repitan en fechas ciertas les será de aplicación la regulación del contrato a tiempo parcial celebrado por tiempo indefinido.

2. Los trabajadores fijos-discontinuos serán llamados en el orden y la forma que se determine en los respectivos convenios colectivos, pudiendo el trabajador, en caso de incumplimiento, reclamar en procedimiento de despido ante la jurisdicción social, iniciándose el plazo para ello desde el momento en que tuviese conocimiento de la falta de convocatoria.

3. Este contrato se deberá formalizar necesariamente por escrito en el modelo que se establezca y en él deberá figurar una indicación sobre la duración estimada de la actividad, así como sobre la forma y orden de llamamiento que establezca el convenio colectivo aplicable, haciendo constar igualmente, de manera orientativa, la jornada laboral estimada y su distribución horaria.

4. Los convenios colectivos de ámbito sectorial podrán acordar, cuando las peculiaridades de la actividad del sector así lo justifiquen, la celebración a tiempo parcial de los contratos fijos-discontinuos, así como los requisitos y especialidades para la conversión de contratos temporales en contratos fijos-discontinuos.[6]

Há previsão de negociação coletiva com os entes sindicais – *convenios colectivos* – para a celebração entre empresa e trabalhador do contrato parcial, ou seja, dependendo da característica do setor econômico de atuação, as entidades sindicais podem criar normas coletivas prevendo contrato fixo descontínuo a prazo temporário, porém, com requisitos objetivos e possibilidade de conversão de contrato temporário para fixos descontínuos. A inexistência dessa negociação coletiva e assinatura de acordos e convenções – na nomenclatura brasileira – implica a caracterização da fraude para esse tipo de contratação.

"*Durante los gobiernos del PP, el año 2000 representa un «oasis» de estabilidad normativa estatutaria. El ET sólo va a ser modificado en una ocasión, con motivo de la aprobación de la ley de acompañamiento de los Presupuestos para el 2001 207, y con un alcance menor.*"[7] De fato, nessa época, o art. 32 alterou o art. 16.1 ET, substituindo a obrigação do empresário de apresentar antes o contrato às oficinas de emprego por um dever de mera comunicação da ocorrência desse contrato.

3. TRABALHO "ZERO HORA". TRABALHO INTERMITENTE DO REINO UNIDO

A expressão "contrato de zero hora" – é a tradução livre do art. 27A do Employment Rights Act 1996 da Inglaterra, com características de inexistência de garantia de prestação de serviços e de recebimento de salário.[8]

---

(4) GOBIERNO DE ESPANHA. Ministerio de Empleo y Seguridad Social. *Guía Laboral – Los contratos de trabajo:* modalidades e incentivos. Disponível em: <http://www.empleo.gob.es/es/Guia/texto/guia_5/contenidos/guia_5_12_1.htm>. Acesso em: set. 2017.

(5) Ibid SALINAS.

(6) GOBIERNO DE ESPANHA. Agencia Estatal Boletin Oficial Del Estado [ES]. *Real Decreto Legislativo 2/2015, de 23 de octubre, por el que se aprueba el texto refundido de la Ley del Estatuto de los Trabajadores*. Última actualización publicada El 13 mayo 2017. Disponível em: <https://www.boe.es/buscar/act.php?id=BOE-A-2015-11430> . Acesso em: set. 2017.

(7) GOBIERNO DE ESPANHA. Ministerio Del Trabajo y Assuntos Sociales. *Estudio introductorio:* veinticinco años de vigencia y de cambios. Disponível em: <http://www.empleo.gob.es/es/sec_leyes/trabajo/estatuto06/Ap1y2Estatuto.pdf>. Acesso em: set. 2017.

(8) HIGA, Flávio da Costa. Reforma trabalhista e contrato de trabalho intermitente. *Consultor Jurídico*, opinião, 8 de junho de 2017. Disponível em: <http://www.conjur.com.br/2017-jun-08/flavio-higa-reforma-trabalhista-contrato-trabalho-intermitente#_ftn13>. Acesso em: set. 2017.

O contrato a "zero hora" no Reino Unido é aquele que impõe a disponibilidade do trabalhador 24 horas por dia, outorgando as cláusulas e condições contratuais ao empregador, deixando o empregado em uma situação muito vulnerável e instável, pois o empregado pode ficar por vários dias sem ser convocado e receber salário, e a empresa sequer necessitará despedi-lo. Por outro lado, trabalhadores da saúde argumentam que esse é um excelente tipo de contrato para aqueles que pretendem ingressar no mercado de trabalho, pois podem significar um sinônimo de liberdade e bom rendimento, pois a solução permite a continuidade dos estudos.[9]

> Há quatro anos, menos 1% dos trabalhadores afirmava ter como fonte única de rendimentos um contrato de zero horas; hoje, eles representam 2,3% da força de trabalho do país – cerca de 700.000 pessoas –, segundo o Escritório Nacional de Estatísticas britânico (ONS, na sigla em inglês). As mulheres, os jovens com menos de 25 anos e os idosos com mais de 65 anos são os perfis mais comuns sob esse sistema, de acordo com o ONS. Empregados com contratos precários que trabalham, em média, 25 horas por semana e ganham cerca de 7 libras por hora (ou pouco mais de 32 reais), enquanto o salário mínimo é de 6,50 libras (ou quase 30 reais).[10]

Estima-se que o trabalho a "zero hora" tenha saltado de cento e um mil para novecentos e cinco mil no primeiro trimestre de 2017 na Inglaterra, enquanto a taxa de desemprego caiu para 4,7% no mês de março contra uma redução salarial de 0,4% em janeiro, comparando-se com o mês anterior (dezembro de 2016).[11]

4. TRABALHO INTERMITENTE BRASILEIRO

Diferente dos dois modelos europeus apresentados, o trabalho intermitente é uma figura nova para o direito do trabalho pátrio. Assemelha-se em seu regramento ao trabalhador avulso que se ativa sob escalação, porém difere dele porque engloba um período de aceite – três dias – e, caso o aceite seja descumprido pelo empregado injustificadamente, haverá uma multa a ser paga no prazo de 30 dias no valor de 50% sobre o valor que receberia naquele dia de trabalho, caso tivesse comparecido à empresa.

O não aceite não importa ausência de subordinação, porque a ideia é manter o vínculo com o empregado. O trabalho em outras empresas com contratos intermitentes ou a indeterminados também não descaracteriza a condição de empregado. É o que se extrai do art. 452-A da CLT:

> Art. 452-A. O contrato de trabalho intermitente deve ser celebrado por escrito e deve conter especificamente o valor da hora de trabalho, que não pode ser inferior ao valor horário do salário mínimo ou àquele devido aos demais empregados do estabelecimento que exerçam a mesma função em contrato intermitente ou não.
>
> § 1º O empregador convocará, por qualquer meio de comunicação eficaz, para a prestação de serviços, informando qual será a jornada, com, pelo menos, três dias corridos de antecedência.
>
> § 2º Recebida a convocação, o empregado terá o prazo de um dia útil para responder ao chamado, presumindo-se, no silêncio, a recusa.
>
> § 3º A recusa da oferta não descaracteriza a subordinação para fins do contrato de trabalho intermitente.
>
> § 4º Aceita a oferta para o comparecimento ao trabalho, a parte que descumprir, sem justo motivo, pagará à outra parte, no prazo de trinta dias, multa de 50% (cinquenta por cento) da remuneração que seria devida, permitida a compensação em igual prazo.
>
> § 5º O período de inatividade não será considerado tempo à disposição do empregador, podendo o trabalhador prestar serviços a outros contratantes.
>
> § 6º Ao final de cada período de prestação de serviço, o empregado receberá o pagamento imediato das seguintes parcelas:
>
> I – remuneração;
>
> II – férias proporcionais com acréscimo de um terço;
>
> III – décimo terceiro salário proporcional;
>
> IV – repouso semanal remunerado; e
>
> V – adicionais legais.
>
> § 7º O recibo de pagamento deverá conter a discriminação dos valores pagos relativos a cada uma das parcelas referidas no § 6º deste artigo.
>
> § 8º O empregador efetuará o recolhimento da contribuição previdenciária e o depósito do Fundo de Garantia do

---

(9) SAHUQUILLO, Maíra R. Trabalhadores ultraflexíveis. *EL PAÍS*. Disponível em: <https://brasil.elpais.com/brasil/2015/05/01/internacional/1430504838_853098.html>. Acesso em: set. 2017.

(10) SAHUQUILLO, Maíra R. Trabalhadores ultraflexíveis. *EL PAÍS*. Disponível em: <https://brasil.elpais.com/brasil/2015/05/01/internacional/1430504838_853098.html>. Acesso em: set. 2017.

(11) Reforma trabalhista: como é o "trabalho intermitente" e quais suas consequências nos países onde já existe – *InfoMoney*. Disponível em: <http://www.infomoney.com.br/carreira/clt/noticia/6785478/reforma-trabalhista-como-trabalho-intermitente-quais-suas-consequencias-nos-paises>. Acesso em: set. 2017.

Tempo de Serviço, na forma da lei, com base nos valores pagos no período mensal e fornecerá ao empregado comprovante do cumprimento dessas obrigações.

§ 9º A cada doze meses, o empregado adquire direito a usufruir, nos doze meses subsequentes, um mês de férias, período no qual não poderá ser convocado para prestar serviços pelo mesmo empregador."

À semelhança com o trabalho avulso se faz devido à escalação e ao cálculo do pagamento em horas do salário, porém no caso do avulso não há contrato de emprego como no trabalho intermitente nem mesmo a multa contratual.

O interessante dessa lei é a previsão necessária de um contrato escrito entre as partes e a dação ao empregado de direitos inerentes a um contrato de trabalho a prazo indeterminado (férias com 1/3, 13º salário, adicionais e repouso semanal remunerado), sendo a distinção realizada na quantidade de dias em que o trabalhador se ativa na empresa, além da ausência de previsão legal de pagamento de horas extras.

Observa-se que o vínculo empregatício indeterminado para o trabalho intermitente aparenta uma contradição linguística, pois o conceito de empregado conjugado dos arts. 2º e 3º da CLT importa na habitualidade do trabalho, sempre analisada sob o viés da continuidade, prevalecendo na jurisprudência pátria, com raras exceções, a ideia de que o trabalho duas vezes na semana, por exemplo, não implica vínculo de emprego, salvo se realizado por anos ininterruptos.[12]

Sob essa perspectiva evolucionista da jurisprudência pátria, o trabalho intermitente é uma subespécie de contrato de trabalho a prazo indeterminado (art. 451 da CLT). À semelhança da legislação estrangeira, em especial os estudos espanhóis, separa-se o trabalho intermitente do trabalho eventual a partir da extraordinariedade (necessidade produtiva circunstancial ou pontual) do evento empresarial a que esse contrato submete-se. Se o evento é repetido e previsível, o contrato de trabalho existente tem vínculo empregatício, embora do tipo intermitente. E mesmo que o contrato seja verbal, embora a lei não o reconheça dessa forma, se presentes as características da periodicidade do evento a que é convocado o trabalhador, têm-se a configuração do vínculo de emprego intermitente – princípio da primazia da realidade, art. 9º da CLT.

Ultrapassado o conflito do vínculo de emprego, e adentrando no mérito das cláusulas contratuais, a normativa que estipula uma multa ao trabalhador em razão de sua ausência injustificada, deve ser interpretada sob o viés da alteridade contratual – o risco da atividade econômica é de responsabilidade do empregador, art. 2º da CLT. O direito civil deve ser aplicado subsidiariamente, art. 8º da CLT, para resolver os problemas advindos da ausência de sinalagma para a recusa do empregador em aceitar o empregado.

Toda prestação contratual pelo princípio do sinalagma deve conter outra correspondente e equivalente, sob pena de gerar um desequilíbrio contratual. Assim, se o empregado aceita a proposta de trabalho e falta injustificadamente, pode o empregador lhe cobrar uma multa de 50%, mas não há obrigação correspondente para o empregador que oferece o emprego e após o aceite do empregado o retirar.

Nesses casos a razoabilidade, impõe-se aos julgadores. O princípio da boa-fé contratual foi expressamente previsto no art. 421 do Código Civil – teoria geral dos contratos – e, portanto, deve-se aplicar ao caso concreto em cotejo com o art. 478 do Diploma Civil para os casos em que o empregador retira o trabalho após o aceite:

> Art. 478 – Nos contratos de execução continuada ou diferida, se a prestação de uma das partes se tornar excessivamente onerosa, com extrema vantagem para a outra, em virtude de acontecimentos extraordinários e imprevisíveis, poderá o devedor pedir a resolução do contrato. Os efeitos da sentença que a decretar retroagirão à data da citação.

O devedor nesse caso é o empregado. A disciplina contratual nos apresenta tanto no diploma civil como no do consumidor (art. 6º, inciso V, da Lei n. 8.078/1990), a necessidade de coibir-se e evitar as clamadas cláusulas de oneração excessiva de uma parte em detrimento da outra, mormente nos contratos de adesão, sendo o contrato de emprego um deles.

Conforme o art. 479 do Código Civil, evita-se a resolução – e nesse caso há uma modalidade de justa causa do empregador – oferecendo-se ao réu, no caso empregador Reclamado modificar equitativamente as condições do contrato. Podendo-se optar pela exclusão da multa ou alteração equitativa de obrigações, ou seja, inserção de multa equivalente ao empregador ofertan-

---

(12) Por todos. BRASIL. Tribunal Superior do Trabalho. Diarista que trabalhou por 12 anos na mesma casa tem vínculo de emprego reconhecido. *Notícias*. Processo: RR-502-08.2012.5.01.0246. 06/04/2015. Disponível em: <http://www.tst.jus.br/noticia-destaque/-/asset_publisher/NGo1/content/diarista-que-trabalhou-por-12-anos-na-mesma-casa-tem-vinculo-de-emprego-reconhecido>. Acesso em: set. 2015.

te do trabalho, a fim de evitar a onerosidade excessiva (art. 480 do CC).

Além disso, as regras sobre proposta e aceite também podem ser interpretadas à luz da teoria geral dos contratos, pois o texto celetista é omisso, salvo quanto à multa aplicada ao empregado. A respeito do tema temos as seguintes regras do Direito Civil:

> Art. 428. Deixa de ser obrigatória a proposta:
>
> I – se, feita sem prazo a pessoa presente, não foi imediatamente aceita. Considera-se também presente a pessoa que contrata por telefone ou por meio de comunicação semelhante;
>
> II – se, feita sem prazo a pessoa ausente, tiver decorrido tempo suficiente para chegar a resposta ao conhecimento do proponente;
>
> III – se, feita a pessoa ausente, não tiver sido expedida a resposta dentro do prazo dado;
>
> IV – se, antes dela, ou simultaneamente, chegar ao conhecimento da outra parte a retratação do proponente.
> (...)
>
> Art. 430. Se a aceitação, por circunstância imprevista, chegar tarde ao conhecimento do proponente, este comunicá-lo-á imediatamente ao aceitante, sob pena de responder por perdas e danos.
>
> Art. 431. A aceitação fora do prazo, com adições, restrições, ou modificações, importará nova proposta.
>
> Art. 432. Se o negócio for daqueles em que não seja costume a aceitação expressa, ou o proponente a tiver dispensado, reputar-se-á concluído o contrato, não chegando a tempo a recusa.
>
> Art. 433. Considera-se inexistente a aceitação, se antes dela ou com ela chegar ao proponente a retratação do aceitante.
>
> Art. 434. Os contratos entre ausentes tornam-se perfeitos desde que a aceitação é expedida, exceto:
>
> I – no caso do artigo antecedente;
>
> II – se o proponente se houver comprometido a esperar resposta;
>
> III – se ela não chegar no prazo convencionado.
>
> Art. 435. Reputar-se-á celebrado o contrato no lugar em que foi proposto.

A doutrina civilista é ampla quanto aos debates acerca do aceite, retirada de proposta e indenização por perdas e danos quando a resposta chega tarde ao proponente – empregador – vinda do trabalhador – aceitante.

No caso do contrato de emprego intermitente, o empregador – proponente – é obrigado a avisar imediatamente ao empregado que a sua aceitação chegou tardiamente, sob pena de responder ao empregado por perdas e danos, considerando a disposição expressa da lei sobre a permissão da pluralidade contratual. O empregado pode ter deixado de aceitar outra proposta, ainda que menos vantajosa, para realizar o trabalho cuja aceitação chegou tardiamente.

O Brasil volta dois séculos para integrar o seu Direito do Trabalho ao Direito Civil, com a vantagem do novo Código Civil privilegiar a função social dos contratos e da propriedade – construção legislativa que tem origem brasileira no Estatuto da Terra, art. 4º, de 1964, pioneiro nessa regulamentação –, a boa-fé contratual objetiva, a socialidade e a eticidade.

O legislador ordinário permaneceu silente quanto à extinção contratual, e, diante dessa lacuna, aplicam-se as mesmas regras sobre resolução, resilição e rescisão contratual previstas na norma celetista para o empregado a prazo indeterminado, ou mesmo sobre o distrato.

Também, nada observou quanto aos direitos conquistados a partir dos atores sociais – sindicatos – por meio de negociações coletivas. E, nesse ponto, os direitos concedidos aos trabalhadores submetidos ao contrato de emprego indeterminado, aplicam-se integralmente ao contrato de trabalho intermitente – PLR, percentuais de adicional noturno, cesta básica, plano de saúde etc. – seguindo um princípio de coerência interna do sistema, pois extrai-se do art. 7, *caput* e inciso XXVI, da CF conjugado com o art. 611-A da CLT o princípio da primazia da negociação coletiva sobre a legislação, respeitadas as disposições mínimas constitucionais e as vedações decorrentes do art. 611-B da CLT, incluindo os defeitos e nulidades do negócio jurídico, neles incluída regra da não discriminação, salvo a inclusiva.

A alteração da modalidade contratual intermitente para indeterminado contínuo, apesar de não previsto, deve ser observada, por analogia com a legislação espanhola. Abrindo-se uma vaga de trabalho contínuo, o empregado intermitente deve ter a preferência para ocupá-la na medida em que já está amplamente testado para as tarefas cotidianas, não devendo submeter-se ao contrato de experiência.

E, nesse quesito, mesmo que a legislação reformada não tenha previsto essa modalidade de contrato para o vínculo intermitente, por se tratar de um tipo de contrato a prazo indeterminado, cumpre ao intérprete extrair da norma o máximo de possibilidades que ela pode produzir a partir de uma interpretação sistemática.

5. CONCLUSÃO

O conceito de flexissegurança pode ser extraído da Diretiva 21 da União Europeia, que pretende promover a flexibilização das relações de trabalho combinada com a segurança, procurando modernizar o Direito do Trabalho para o Século XXI. A flexissegurança, nesse sentido, seria uma terceira via entre o modelo americano de total desregulamentação e regulamentação protetiva do emprego surgida no modelo de Constitucionalização dos Direitos Sociais, iniciado pela Constituição mexicana de 1917 até a brasileira de 1988.[13]

As reformas da Espanha e Inglaterra foram inspiradas no conceito de flexissegurança da Diretiva Europeia para conter a crise desde 2008, porém, o que se encontra nesses países é a redução paulatina das taxas de desemprego com uma vertiginosa queda da qualidade de vida de seus cidadãos. Nesses termos, a crise econômica que assolou o país desde 2015, seguida pela crise política e legislativa, têm promovido mudanças na legislação trabalhista e tentativa de alteração na legislação previdenciária, motivada pelo mesmo conceito de flexissegurança.

Para que esse conceito não vire sinônimo de desregulamentação pura e simples, haverá necessidade do intérprete concretizá-la da melhor forma possível à luz dos princípios e valores constitucionais, mas também de toda riqueza normativa do ordenamento pátrio – uno e indivisível –, pois a norma já se encontra posta aguardando apenas a *vacatio legis* para ser aplicada (Lei n. 13.467, de 13 de julho de 2017, com provável vigência em 11 de novembro de 2017).

Cerrar os olhos aos fatos não ajuda ao Direito que influencia e sofre ingerência de outros ramos – economia, sociologia, filosofia etc. Essa reforma é fruto do movimento pendular mundial entre as ideologias liberais e sociais, que se alternam nos governos e legislações, ora com maior, ora com menor proeminência. Cumpre ao intérprete, ao jurista e aos operadores do Direito encontrar o equilíbrio dessas duas forças antagônicas para restabelecer a paz social.

6. REFERÊNCIAS BIBLIOGRÁFICAS

BRASIL. Tribunal Superior do Trabalho. Diarista que trabalhou por 12 anos na mesma casa tem vínculo de emprego reconhecido. *Notícias*. Processo: RR-502-08.2012.5.01.0246. 06.04.2015. Disponível em: <http://www.tst.jus.br/noticia-destaque/-/asset_publisher/NGo1/content/diarista-que-trabalhou-por-12-anos-na-mesma-casa-tem-vinculo-de-emprego-reconhecido>. Acesso em: set. 2015.

GOBIERNO DE ESPANHA. Agencia Estatal Boletin Oficial Del Estado [ES]. *Real Decreto Legislativo 2/2015, de 23 de octubre, por el que se aprueba el texto refundido de la Ley del Estatuto de los Trabajadores. Última actualización publicada El 13 mayo 2017*. Disponível em: <https://www.boe.es/buscar/act.php?id=BOE-A-2015-11430>. Acesso em: set. 2017.

GOBIERNO DE ESPANHA. Ministerio de Empleo y Seguridad Social. *Guía Laboral – Los contratos de trabajo:* modalidades e incentivos. Disponível em: <http://www.empleo.gob.es/es/Guia/texto/guia_5/contenidos/guia_5_12_1.htm>. Acesso em: set. 2017.

GOBIERNO DE ESPANHA. Ministerio De Trabajo y Assuntos Sociales. *Estudio introductorio: veinticinco años de vigencia y de cambios*. Disponível em: <http://www.empleo.gob.es/es/sec_leyes/trabajo/estatuto06/Ap1y2Estatuto.pdf>. Acesso em: set. 2017.

DALLEGRAVE NETO, José Affonso. Flexissegurança nas relações de trabalho. Que bicho é esse? *Revista Trabalhista,* Rio de Janeiro, v. 25, p. 49-53, 2008.

HIGA, Flávio da Costa. Reforma trabalhista e contrato de trabalho intermitente. *Consultor Jurídico,* opinião, 8 de junho de 2017. Disponível em: <http://www.conjur.com.br/2017-jun-08/flavio-higa-reforma-trabalhista-contrato-trabalho-intermitente#_ftn13>. Acesso em: set. 2017.

LARIO, Carlos Moradillo. La nueva regulación del contrato a tiempo parcial, los trabajos fijos discontinuos, el contrato de relevo y la jubilación parcial. *Revista del Ministerio de Trabajo e Inmigración,* n. 44, 2003 (Ejemplar dedicado a: Seguridad Social), p. 103-133. ISSN 1137-5868.

Reforma trabalhista: como é o "trabalho intermitente" e quais suas consequências nos países onde já existe – *InfoMoney*. Disponível em: <http://www.infomoney.com.br/carreira/clt/noticia/6785478/reforma-trabalhista-como-trabalho-intermitente-quais-suas-consequencias-nos-paises>. Acesso em: set. 2017.

SALINAS, Mariano. *El contrato del verano:* el fijo discontinuo. *CEREM – Escuela Associada a La Universidad Rey Ruan Carlos*. Disponível em: <https://www.cerem.es/blog/el-contrato-del-verano-el-fijo-discontinuo>. Acesso em: ago. 2017.

---

(13) DALLEGRAVE NETO, José Affonso. Flexissegurança nas relações de trabalho. Que bicho é esse? *Revista Trabalhista,* Rio de Janeiro, v. 25, p. 49-53, 2008.

Capítulo 4

O Assédio Moral no Meio Ambiente do Trabalho: Dano Moral e/ou Dano Existencial? – Incidências da Reforma Trabalhista

Luiz Eduardo Gunther[1]

1. INTRODUÇÃO

O tema do assédio moral no Brasil é novo. Como também é tudo o que se relaciona ao dano moral. Da mesma forma, há pouco tempo iniciaram-se estudos em nosso País sobre o dano existencial.

A Constituição da República Federativa do Brasil, de 05.10.1988, garante, no seu art. 5º, inciso X, a inviolabilidade da intimidade, da vida privada, da honra e da imagem das pessoas. Assegura, em consequência, o direito à indenização pelo dano material ou moral decorrente das violações aos direitos mencionados.

Anteriormente a essa disposição constitucional eram raríssimos os casos de indenizações por dano moral no Direito brasileiro. Sequer havia doutrina sobre o assédio moral, quanto mais decisões dos tribunais.

Em obra pioneira, a Professora Flaviana Rampazzo Soares destacou o surgimento na Itália, na década de 1990, de uma nova categoria jurídica denominada *dano existencial*. Esclarece essa doutrinadora, no entanto, que "a Suprema Corte italiana pronunciou-se, explicitamente, sobre o dano existencial, pela primeira vez, em 7 de junho de 2000, com a Decisão n. 7.713".[2]

Neste breve estudo, que se inicia, buscar-se-á apresentar, com apoio na doutrina e na jurisprudência, o assédio moral como modalidade de dano moral ou de dano existencial.

A Lei n. 13.467, de 13.07.2017, tratou do dano extrapatrimonial, inovando com os arts. 223-A a 223-G, que passarão a integrar a Consolidação das Leis do Trabalho. Aspectos dessa denominada "reforma trabalhista", quando compatíveis com o tema aqui tratado, serão também analisados neste texto.

2. ASPECTOS ESSENCIAIS DO ASSÉDIO MORAL NO MEIO AMBIENTE DO TRABALHO

O ser humano, ao trabalhar, busca não apenas, e tão somente, a sua sobrevivência. Procura, também, realizar-se como pessoa, alcançar consideração e respeito à sua dignidade.

Quando se examina o local do trabalho, sua importância na existência individual e social contemporânea, deve-se compreender sua significação ética. Dois aspectos essenciais devem ser mencionados a esse respeito. Em primeiro lugar, em qualquer hipótese e circunstância, o homem deve afirmar e consolidar, em qualquer época e cultura, na universalidade do tempo, sua condição de ser humano. Por meio do trabalho, em segundo lugar, "o homem também deve realizar-se e revelar-se em sua identidade social e emancipação política".[3]

É preciso compreender a ocorrência psicossocial denominada "desenraizamento operário". Simone Weil utilizou esse conceito a partir de sua experiência de trabalho nas fábricas de Paris, nos anos de 1935 e 1936, para descrever e analisar o sofrimento gerado pela organização do trabalho fabril. Essa autora dedicou diversos estudos à análise das causas de opressão social e sua relação com a forma capitalista de organização do trabalho. Segundo ela, há um problema bem claro:

trata-se de saber se se pode conceber uma organização da produção que, embora impotente para eli-

---

(1) Desembargador do Trabalho do TRT9-PR; Professor do Centro Universitário Curitiba UNICURITIBA; Pós-Doutor pela PUC-PR; Membro da Academia Nacional de Direito do Trabalho e do Instituto Histórico e Geográfico do Paraná; Coordenador do Grupo de Pesquisa que edita a Revista Eletrônica do TRT9 (http://www.mflip.com.br/pub/escolajudicial/).
(2) SOARES, Flaviana Rampazzo. *Responsabilidade civil por dano existencial*. Porto Alegre: Livraria do Advogado, 2009. p. 43.
(3) DELGADO, Gabriela Neves. *Direito fundamental ao trabalho digno*. 2. ed. São Paulo: LTr, 2015. p. 206-207.

minar as necessidades naturais e a pressão social daí resultante, permita, pelo menos, que ela se exerça sem esmagar com a opressão os espíritos e os corpos.[4]

Os textos de Simone Weil oferecem importantes contribuições às atuais pesquisas e reflexões sobre o assédio moral, especialmente: a) sua análise de opressão social, na qual discute a humilhação e o desenraizamento gerados pela organização capitalista da produção; b) suas análises sobre o trabalho fabril não são simplesmente reflexões teóricas, mas informadas por radical proximidade com os trabalhadores. O texto denominado "Diário de vida na fábrica" afirma que o trabalho fabril está intrinsecamente relacionado a uma experiência de humilhação social. Verifica-se esse aspecto humilhante pela pressão de se alcançar uma forte cadência produtiva, pela ameaça constante de demissão caso não se alcance a meta determinada, pela maneira de suportar as ordens, pela contínua simplificação e fragmentação das atividades.[5]

O sofrimento gerado pela organização do trabalho fabril, segundo Simone Weil, deveria ser entendido como uma forma aguda de desenraizamento. Essa figura do "desenraizamento" liga-se ao impedimento de "participação real, ativa e natural numa coletividade que conserva vivos certos tesouros do passado e certos pressentimentos do futuro".[6]

Recentemente, pesquisas realizadas sobre a *humilhação social* retomaram a ideia de *desenraizamento*, revelando que esse acontecimento pode ser compreendido como o impedimento de participação igualitária no governo da cidade ou do trabalho, um encolhimento do campo das iniciativas e das palavras, uma redução de cidadãos e trabalhadores a papéis servis.[7]

Considerando que as relações de trabalho envolvem um sistema no qual o empregador organiza as atividades e o empregado realiza os serviços, tendem a concentrar-se nesse espaço, especialmente, os conflitos e abusos envolvendo a dignidade da pessoa humana.

2.1. *O reconhecimento tardio do fenômeno*

Do ponto de vista histórico, não é possível precisar quando os abusos cometidos nas relações de trabalho passaram a ser reconhecidos e punidos. Registra-se, no entanto, que o assédio moral nas relações de trabalho não é fenômeno recente, podendo-se afirmar "que é tão antigo quanto o próprio trabalho."[8]

Não se trata aqui, porém, de apresentar um percurso histórico do desenvolvimento da doutrina do assédio moral. Qual a razão, no entanto, pela qual a prática do assédio moral só muito recentemente foi reconhecida e tratada no âmbito jurídico? Segundo informam Rodolfo Pamplona Filho, Adriana Wzykowski e Renato da Costa Lino de Goes Barros, essa clandestinidade, ou tardio reconhecimento das atitudes causadoras do assédio moral, ocorreu por duas razões principais: a) não possuir o trabalhador consciência das atitudes que configuravam o assédio moral; e b) o temor das vítimas em denunciar essa violência.[9]

Diferentemente do que se poderia deduzir, o reconhecimento do assédio moral não se deu no âmbito das relações humanas, com seu conceito estabelecido pelo Direito. As pesquisas iniciaram-se no ramo da biologia, com o etologista Konrad Lorenz. Os estudos partiram da análise da conduta de determinados animais de pequeno porte físico que, quando confrontados com invasões de seu território por outros animais, apresentavam comportamento agressivo. O grupo de animais "invadido", nessa situação, tentava expulsar o invasor solitário com intimidações e atitudes agressivas coletivas. O pesquisador denominou essa conduta do grupo animal de *mobbing*, "termo inglês que traduz a ideia de turba ou multidão desordeira".[10]

Somente na década de 1960, Peter Paul Heinemann, um médico sueco, usou a mesma terminologia para descrever a conduta hostil de certas crianças a respeito de outras nas escolas. Em 1972, esse autor publicou o

---

(4) WEIL, Simone. *Simone Weil*: a condição operária e outros estudos sobre a opressão. Seleção e apresentação de Ecléia Bosi. Tradução de Therezinha G. G. Langlada. 2. ed. rev. Rio de Janeiro: Paz e Terra, 1996. p. 298.

(5) WEIL, 1996, p. 89-114.

(6) *Ibidem*, p. 411.

(7) GONÇALVES FILHO, J. M. Humilhação social: um problema político em psicologia. *Revista de Psicologia da USP*, São Paulo, v. 9, n. 2, p. 11-67, 1998.

(8) FERREIRA, Hádassa Dolores Bonilha. *Assédio moral nas relações de trabalho*. Campinas: Russel, 2004. p. 37.

(9) PAMPLONA FILHO, Rodolfo; Wrzykowski, Adriana; BARROS, Renato da Costa Lino de Goes. *Assédio moral laboral e direitos fundamentais*. 2. ed. ampl. e rev. São Paulo: LTr, 2016. p. 115.

(10) FERREIRA, 2004, p. 38.

primeiro livro sobre *mobbing*, abordando "a problemática da violência de grupo entre as crianças".[11]

Na década de 1980, Heinz Leymann, psicólogo de origem alemã estabelecido na Suécia, introduziu o conceito de *mobbing* para descrever as formas severas de assédio nas organizações.[12]

A importância da pesquisa de Heinz Leymann foi descobrir que, como observado nas escolas, também existia certo nível de violência nas relações de trabalho. No processo de assédio moral no ambiente de trabalho, explicou que a violência física raramente é usada, marcando-se, isso sim, por condutas insidiosas, de difícil demonstração, como o isolamento social da vítima. Constatou, também, como "devastadoras as consequências na saúde mental das vítimas do fenômeno."[13]

Por intermédio das pesquisas de Heinz Leymann, conseguiu-se descobrir que "3,5% dos trabalhadores assalariados na Suécia sofriam assédio moral e que 15% dos suicídios o tinham como causa".[14]

Esses estudos revelam, à saciedade, a importância de reconhecer-se o fenômeno, estudá-lo e apresentarem-se caminhos preventivos e punitivos relativamente à sua ocorrência, evitando-se danos materiais e morais à pessoa humana.

2.2. *A concentração das análises na área jurídica*

Embora os primeiros estudos sobre o assédio moral tenham surgido na Biologia e na Psicologia, o Direito e a Sociologia passaram também a se interessar pelo tema. Trata-se, por isso, de uma compreensão que demanda estudo multidisciplinar, não se esgotando apenas em uma área do conhecimento humano. A partir das importantes contribuições da Sociologia e do Direito, buscam-se conhecer "os principais focos originadores do problema, bem como os meios de coibi-los e de solucioná-los".[15]

Somente no final do século XX a psicóloga e vitimóloga francesa Marie-France Hirigoyen, em uma publicação, concentrou a discussão sobre o assédio moral na esfera jurídica. Essa obra, traduzida no Brasil, apresenta o problema baseando-se em casos reais, destacando aspectos relacionados à perversidade do agressor e às condutas que tipificam o assédio, especialmente as graves consequências que podem causar à saúde da vítima.[16]

Embora a expressão *assédio moral* seja a mais conhecida para denominar o fenômeno que ora se examina, também se mencionam outros vocábulos. Na Itália, Alemanha e países escandinavos, utiliza-se a palavra *mobbing*, que deriva do verbo *to mob*, com o significado de cercar, assediar, agredir, atacar. Em países de língua espanhola, usam-se os termos *psicoterror laboral* ou *acoso moral*. Em países de língua portuguesa, verificam-se as expressões *terror psicológico*, *tortura psicológica* ou *humilhações no trabalho*. No Japão, *ijime*; na França, *harcèlement moral*; nos Estados Unidos, *harassment*; e na Inglaterra, *bullying*.[17]

Após os estudos científicos comprovarem a existência do fenômeno que se denomina *assédio moral*, passou-se à regulamentação legal e à análise dos casos concretos pelos Tribunais de diversos países, inicialmente na Suécia e depois na Bélgica, Finlândia e Holanda.[18]

Na França, o conceito jurídico de *mobbing* extrai-se da Lei de Modernização Social, de novembro de 2001, que estabeleceu:

> Nenhum trabalhador deve sofrer condutas repetidas de acosso moral que tenham por objetivo ou

---

(11) HIRIGOYEN, Marie-France. *El acoso moral en el trabajo*: distinguir lo verdadero de lo falso. Traducción de Núria Pujol i Valls. Buenos Aires: Paidós, 2008. p. 69.

(12) *Idem*.

(13) FERREIRA, 2004, p. 39.

(14) HIRIGOYEN, Marie-France. *Mal-estar no trabalho*: redefinindo o assédio moral. Tradução de Rejane Janowitzer. Rio de Janeiro: Bertrand Brasil, 2002. p. 78.

(15) FERREIRA, 2004, p. 39-40.

(16) HIRIGOYEN, Marie-France. *Assédio moral*: a violência perversa do cotidiano. Tradução de Maria Helena Kühner. 4. ed. Rio de Janeiro: Bertrand Brasil, 2002.

(17) PAMPLONA FILHO, Rodolfo. Noções conceituais sobre o assédio moral na relação de emprego. *In:* DELGADO, Mauricio Godinho; DELGADO, Gabriela Neves (Org.). *Direito do trabalho da seguridade social*: direito do trabalho coletivo, administrativo, ambiental e internacional. São Paulo: Revista dos Tribunais, 2012. p. 895. No mesmo sentido mencionam-se as seguintes obras: ALKIMIN, Maria Aparecida. *Assédio moral na relação de trabalho*. 2. ed. rev. e atual. Curitiba: Juruá, 2012. p. 40-41; HIRIGOYEN, 2008, p. 69-78.

(18) SIMM, Zeno. *Acosso psíquico no ambiente de trabalho*: manifestações, efeitos, prevenção e reparação. São Paulo: LTr, 2008. p. 292.

efeito uma degradação das suas condições de trabalho, suscetível de pôr em perigo seus direitos ou sua dignidade, de alterar sua saúde física ou mental ou de comprometer seu futuro profissional.[19]

Enquanto os sociólogos, legisladores e juristas procuravam identificar a ocorrência do fenômeno, de forma naturalmente lenta, o assédio moral continuava a ser praticado sem qualquer punição.

2.3. Os primeiros registros legislativos e doutrinários no Brasil

Do ponto de vista legislativo, segundo Maria Aparecida Alkimin, a primeira iniciativa sobre o tema no Brasil partiu do Município de Iracemópolis, no Estado de São Paulo, ao prever penalidades à prática do assédio moral no âmbito da Administração Pública, com a edição da Lei n. 1.163/2000. Registra essa autora que, na sequência, editou-se a Lei n. 3.921, de 23.08.2002, do Estado do Rio de Janeiro, com o mesmo direcionamento.[20]

A Lei do Município de Iracemópolis, no art. 1º, considera como assédio moral:

> Todo tipo de ação, gesto ou palavra que atinja, pela repetição, a autoestima e a segurança de um indivíduo, fazendo-o duvidar de si e de sua competência, implicando dano ao ambiente de trabalho, à evolução da carreira profissional ou à estabilidade do vínculo empregatício do funcionário (...).[21]

O referido dispositivo esclarece, ainda, quais são os tipos de ações, gestos ou palavras que atingem, pela repetição, a autoestima e a segurança de um indivíduo:

> Marcar tarefas com prazos impossíveis; passar alguém de uma área de responsabilidade para funções triviais; tomar crédito de ideias de outros; ignorar ou excluir um funcionário só se dirigindo a ele através de terceiros; sonegar informações de forma insistente; espalhar rumores maliciosos; criticar com persistência; subestimar esforços.[22]

Do ponto de vista doutrinário, o tema do assédio moral passou a ser reconhecido, e divulgado, em nosso País, a partir de maio de 2000, com a defesa de dissertação de Mestrado da médica do trabalho Margarida Barreto, publicada pelo Departamento de Psicologia Social da Pontifícia Universidade Católica de São Paulo (PUC-SP), com o título "Uma jornada de humilhações".[23]

Ao tratar desse assunto em sua obra, Mauricio Godinho Delgado esclarece tratar-se de figura de apreensão nova na doutrina e na jurisprudência trabalhistas, estimuladas "por percepção mais cuidadosa de potencial dinâmica ilícita vivida na relação de emprego, que não mereceu, no Brasil, a necessária análise e ênfase antes da Constituição de 1988".[24]

Como se percebe, a compreensão do assédio moral é absolutamente recente em nosso País, especialmente na área do Direito.

2.4. O conceito de assédio moral

Pode-se distinguir, juridicamente, a figura da *agressão moral* da do *assédio moral*. A agressão moral restringe-se a um ato único por si, suficiente para causar o dano. Amauri Mascaro Nascimento apresenta, como exemplos dessa prática, o ato lesivo da honra e da boa fama praticada pelo empregador ou superiores hierárquicos contra o empregado, salvo em legítima defesa, e a possibilidade de configurar-se por publicação ofensiva pelos meios de comunicação. Diferencia, esse autor, a agressão moral do assédio moral no aspecto da "reiteração da prática que configura este último e no ato instantâneo que caracteriza aquela".[25]

De que forma poder-se-ia, assim, conceituar a expressão *assédio moral*? Martha Halfeld Furtado de Mendonça Schmidt assevera que a ocorrência da modernização das relações de trabalho e da hierarquia rígida das empresas, em princípio, gera o favorecimento de assédios, que podem ser morais, psicológicos e sexuais. Para essa autora, Magistrada do Trabalho, o assédio moral pode ser considerado como uma espécie de abuso emocional no local de trabalho, de forma maliciosa, com a finalidade de "afastar o empregado das relações

---

(19) ROMERO RODENAS, María José. *Protección frente al acoso en el trabajo*. Albacete: Bomarzo, 2004. p. 9.
(20) ALKIMIN, 2012, p. 41.
(21) *Ibidem*, p. 42.
(22) *Idem*.
(23) *Ibidem*, p. 41.
(24) DELGADO, Mauricio Godinho. *Curso de direito do trabalho*. 15. ed. São Paulo: LTr, 2016. p. 1.363.
(25) NASCIMENTO, Amauri Mascaro. *Ordenamento jurídico trabalhista*. São Paulo: LTr, 2013. p. 344-345.

profissionais, através de boatos, intimidações, descrédito e isolamento".[26]

Pode-se definir, na verdade, o assédio moral como a conduta reiterada

> seguida pelo sujeito ativo no sentido de desgastar o equilíbrio emocional do sujeito passivo, por meio de atos, palavras, gestos e silêncios significativos que visem ao enfraquecimento e diminuição da autoestima da vítima ou a outra forma de desequilíbrio e tensão emocionais graves[27].

Nas palavras de Marie-France Hirigoyen, o assédio moral deve ser compreendido como toda e qualquer conduta abusiva que se manifesta, sobretudo, por "comportamentos, palavras, atos, gestos, escritos que possam trazer dano à personalidade, à dignidade ou à integridade física ou psíquica de uma pessoa, pôr em perigo seu emprego ou degradar o ambiente de trabalho".[28]

Marcelo Rodrigues Prata amplia esse conceito, destacando que o assédio moral se caracteriza por qualquer tipo de atitude hostil, individual ou coletiva, dirigida contra o trabalhador por seu superior hierárquico (ou cliente do qual dependa economicamente), por colega do mesmo nível, subalterno ou por terceiro relacionado com a empregadora, que provoque uma degradação da atmosfera de trabalho, "capaz de ofender à sua dignidade ou de causar-lhe danos físicos ou psicológicos, bem como de induzi-lo à prática de atitudes contrárias à própria ética, que possam excluí-lo ou prejudicá-lo no progresso em sua carreira"[29].

Decompondo-se a expressão, pode-se dizer que a palavra *assédio* deriva do verbo *assediar*, com sentido de perseguir com insistência, importunar, molestar com pretensões insistentes, assaltar. Já a palavra *moral*, em seu aspecto filosófico, refere-se ao agir ético, isto é, "de acordo com as regras morais ou normas escritas que regulam a conduta na sociedade, o ser e dever-ser, visando praticar o bem e evitar o mal para o próximo"[30].

Mobbing ou assédio moral, na acepção de Márcia Novaes Guedes, compreende todos os atos e comportamentos provindos do patrão, gerente ou superior hierárquico ou mesmo dos colegas, que traduzem uma atitude de contínua e ostensiva perseguição que possa acarretar danos relevantes às condições físicas, psíquicas e morais da vítima.[31]

Recentemente, no Brasil, foi publicada a Lei n. 13.185, de 2015, que instituiu o Programa de Combate à Intimidação Sistemática (*Bullying*). Esse diploma normativo, na verdade, não se direciona às situações laborais, mas traz importante conceituação, como a do § 1º do art. 1º, com o seguinte teor:

> No contexto e para os fins desta Lei, considera-se intimidação sistemática (*bullying*) todo ato de violência física ou psicológica, intencional e repetitivo que ocorre sem motivação evidente, praticado por indivíduo ou grupo, contra uma ou mais pessoas, com o objetivo de intimidá-la ou agredi-la, causando dor e angústia à vítima, em uma relação de desequilíbrio de poder entre as partes envolvidas.[32]

Essa recente tipificação da figura do *bullying* (ou intimidação sistemática), porém, não modifica o entendimento das indenizações devidas por danos morais em decorrência de assédio moral. Conforme estabelecido no art. 5º, *caput*, e incisos I, V e X da Constituição da República Federativa do Brasil, essas indenizações garantem a tutela "sobre o patrimônio moral das pessoas humanas, inclusive dos trabalhadores, em vista de lesões à sua higidez físico-psíquica, ao seu bem-estar, à sua segurança pessoal, à sua igualdade, à sua imagem e autoestima e à sua dignidade"[33].

Hoje o fenômeno do assédio moral é debatido globalmente, variando apenas suas denominações, conforme examinado. Utiliza-se, em nosso País, o vocábulo

---

(26) SCHMIDT, Martha Halfeld Furtado de Mendonça. O assédio moral no direito do trabalho. *Revista do TRT da 9ª Região*, Curitiba, v. 27, n. 47, p. 142-143. jan./jul. 2002.

(27) DELGADO, 2016, p. 1.363.

(28) HIRIGOYEN, 2002, p. 65.

(29) PRATA, Marcelo Rodrigues. *Anatomia do assédio moral no trabalho*: uma abordagem transdisciplinar. São Paulo: LTr, 2008. p. 57.

(30) ALKIMIN, 2012, p. 39.

(31) GUEDES, Márcia Novaes. *Terror psicológico no trabalho*. São Paulo: LTr, 2003. p. 33.

(32) BRASIL. Lei n. 13.185, de 6 de novembro de 2015. Institui o Programa de Combate à Intimidação Sistemática (*Bullying*). Disponível em: <http://www.planalto.gov.br/ccivil_03/_Ato2015-2018/2015/Lei/L13185.htm>. Acesso em: 6 jun. 2017.

(33) DELGADO, 2016, p. 1365.

mobbing para designar o assédio moral existente nas relações laborais, e *bullying* para as ocorrências verificadas nas relações escolares.[34]

No Brasil, quanto ao aspecto legislado, verifica-se a existência de normas municipais e estaduais destinadas aos servidores públicos. Além do município de Iracemópolis-SP, que possui a primeira lei brasileira que protege o cidadão contra o assédio moral, vários outros também aprovaram leis nesse mesmo sentido (segundo dados contidos no site "*Assédio moral no trabalho: chega de humilhação!*"[35]): no Estado de São Paulo, 24 municípios ao todo; sete no Paraná; sete no Rio Grande do Sul; quatro em Santa Catarina; quatro em Minas Gerais; dois no Mato Grosso do Sul; um no Rio de Janeiro; um no Rio Grande do Norte; um na Bahia; um no Mato Grosso e um em Rondônia. Além desses, onze projetos de lei de municípios espalhados ao longo do país aguardam aprovação. O Distrito Federal também possui sua própria lei. Quanto aos Estados, o Rio de Janeiro aprovou a primeira lei estadual referente à matéria, publicada em agosto de 2002.[36]

Esses textos de lei apresentam certa uniformidade em seu conteúdo quanto ao conceito de assédio moral e também quanto às sanções decorrentes das condutas abusivas, que obedecem a um critério de gradação, partindo da advertência, chegando à suspensão (eventualmente cumulada com participação em curso de aprimoramento profissional e multa) e até à exoneração-demissão. Tratando-se de leis destinadas aos servidores públicos, há previsão de que "a parte ofendida ou a autoridade que tiver conhecimento da infração possa, de ofício, iniciar procedimento administrativo para apuração daquela, sendo assegurada a ampla defesa".[37]

Importante observação deve ser apresentada quanto a essas leis, municipais e estaduais: não são elas normas trabalhistas, mas, sim, normas administrativas que visam à regulamentação das relações entre a Administração Pública e seus servidores. Como se sabe, a competência para legislar sobre Direito do Trabalho é privativa da União, conforme estabelecido no art. 22, I, da Constituição Federal de 1988.[38]

2.5. Natureza jurídica

Qual seria, então, a natureza jurídica do assédio moral? Pode-se dizer que o assédio moral, do ponto de vista jurídico, ancora-se no princípio da dignidade da pessoa humana, que, no Brasil, constitui fundamento da República, como prevê o art. 1º, inciso III, da Constituição. Decorre, também, do direito à saúde, mais especificamente, da saúde mental, abrangida na proteção conferida pelo art. 6º e o direito à honra, previsto no art. 5º, inciso X, ambos da Carta Magna.[39]

Como fundamentos que se podem agregar à natureza jurídica do assédio moral está o art. 5º, X, da Constituição Federal, que assegura ampla tutela dos valores honra, intimidade, imagem e vida privada, e também o art. 1º, III, da CF/88, que assegura proteção à dignidade da pessoa humana. Pode-se igualmente asseverar, como fundamentação jurídica, que toda prática de assédio moral implica "discriminação negativa e odiosa da vítima, o que é vedado pelo art. 3º, IV, da CF/88 e pelos arts. 1º e 2º da Convenção n. 111 da OIT, a qual restou incorporada em nossa ordem jurídica por meio do Decreto de Promulgação n. 62.150/68".[40]

A definição do que seja *dignidade da pessoa humana* não é muito simples. Principia-se, por dizer, contudo, tratar-se de qualidade intrínseca e distintiva reconhecida em cada ser humano, que o faz merecedor do mesmo respeito e consideração por parte do Estado e da comunidade. Com essa observância, implica um complexo de direitos e deveres fundamentais que assegurem a pessoa contra todo e qualquer ato de cunho degradante e desumano. E que tenham a finalidade, também, de garantir as condições existenciais mínimas "para uma vida saudável, além de propiciar e promover sua participação ativa e corresponsável nos destinos da própria existência e da vida em comunhão com os demais seres humanos".[41]

---

(34) DALLEGRAVE NETO, José Affonso. *Responsabilidade civil no direito do trabalho*. 5. ed. São Paulo: LTr, 2014. p. 285.

(35) ASSÉDIO moral no trabalho. Disponível em: <http://www.assediomoral.org/spip.php?rubrique20>. Acesso em: 11 jun. 2017.

(36) PAMPLONA; WRZYKOWSKI; BARROS, 2016, p. 178.

(37) Idem.

(38) NASCIMENTO, Sônia A. C. Mascaro. Assédio moral no ambiente de trabalho. *Revista LTr*, São Paulo, v. 68, n. 08, p. 929, agosto de 2004.

(39) PEDUZZI, Maria Cristina Irigoyen. Assédio moral. *Revista TST*, Brasília, v. 73, n. 2, p. 26, abr./jun. 2007.

(40) DALLEGRAVE NETO, 2014, p. 288.

(41) SARLET, Ingo Wolfgang. *Dignidade da pessoa humana e direitos fundamentais na Constituição Federal de 1988*. 5. ed. Porto Alegre: Livraria do Advogado, 2007. p. 62.

Consigne-se que o princípio da dignidade da pessoa humana entranhou-se no constitucionalismo contemporâneo, daí partindo e fazendo-se valer em todos os ramos do Direito. Estabeleceu-se, assim, a partir da adoção desse princípio, uma nova forma de pensar e experimentar "a relação sociopolítica baseada no sistema jurídico; passou a ser princípio e fim do Direito contemporaneamente produzido e dado à observância no plano nacional e no internacional".[42]

Quando se estuda o princípio da dignidade da pessoa humana ressalta-se a importância da Carta Encíclica *Rerum Novarum* do Papa Leão XIII, sobre a Condição dos Operários, de 15 de maio de 1891. Destaca-se, esse documento, como instrumento de valorização do trabalhador, no contexto da Revolução Industrial. Completando 125 anos no ano de 2016, essa Encíclica, ao descrever os deveres dos operários e patrões, referiu-se à dignidade: "quanto aos ricos e aos patrões, não devem tratar o operário como escravo, mas respeitar nele a dignidade do homem".[43]

A Constituição da Organização Internacional do Trabalho, aprovada na 29ª Conferência em Montreal, em 1946, inclui em Anexo a Declaração de Filadélfia, que dispõe, no item II, *a*:

> Todos os seres humanos de qualquer raça, crença ou sexo, têm o direito de assegurar o bem-estar material e o desenvolvimento espiritual dentro da liberdade e da dignidade, da tranquilidade econômica e com as mesmas possibilidades.[44]

Na Alemanha, a Carta Fundamental de Bonn, no art. 1º, positivou o princípio: "A dignidade da pessoa humana é inviolável. Respeitá-la e protegê-la é a obrigação de todos os Poderes estatais". Da mesma forma, a Carta dos Direitos Fundamentais da União Europeia, promulgada em dezembro de 2000, em Nice, assegura, em seu art. 1º: "A dignidade do ser humano é inviolável. Deve ser respeitada e protegida".[45]

2.6. *Modalidades de assédio moral*

Verifica-se, frequentemente, no âmbito da relação de emprego, a ocorrência do assédio moral nos sentidos vertical (descendente e ascendente) e horizontal. A modalidade mais comum, no mundo do trabalho, é a vertical descendente, das chefias em direção aos chefiados. Embora não usual, no sentido vertical ascendente, pode ocorrer de chefiados em direção à chefia. Quanto ao assédio no sentido horizontal, deflagra-se por colegas em direção a outros colegas de trabalho.[46]

Pode-se, ainda, registrar um quarto tipo de assédio moral, denominado misto. Nessa hipótese, "o maltrato provém tanto dos superiores quanto dos colegas da vítima".[47] Essa modalidade de assédio exigiria a presença de pelo menos três sujeitos: o assediador vertical, o assediador horizontal e a vítima. Nessa situação, o assediado é atingido "por todos os lados", situação que, em tempo reduzido, torna-se insustentável.[48]

Detecta-se, contudo, na doutrina, posicionamento contrário à existência da modalidade do assédio moral misto. A justificativa para esse entendimento prender-se-ia ao fato de que em uma empresa é grande o número de pessoas envolvidas indiretamente com o assédio moral. Os conformistas seriam os espectadores que não se envolvem diretamente na ação perversa, mas não ficam isentos de responsabilidade porque nada fazem para frear a violência desencadeada pelo sujeito perverso (conformistas passivos). Outras vezes acontece de se manifestarem ativamente, favorecendo claramente a ação do agressor (conformistas ativos). Esses espectadores, embora pratiquem o *mobbing*, não seriam considerados adversários diretos da vítima.[49]

Outros estudos jurídicos, mais recentemente, reconhecem a existência de uma nova modalidade, ou espécie, de abuso patronal, identificada pelas denominações de *assédio moral organizacional*, *assédio moral institucional*, ou, também, *assédio moral empresarial*. Enquanto o *mobbing* tradicional teria como objetivo a exclusão

---

(42) ROCHA, Cármen Lúcia Antunes. O princípio da dignidade da pessoa humana e a exclusão social. *Revista Interesse Público*, n. 4, p. 24, 1999.

(43) LEÃO XIII. *Rerum Novarum*. Tradução de Manuel Alves da Silva, S.J. 10. ed. São Paulo: Paulinas, 1965. p. 23.

(44) ORGANIZAÇÃO INTERNACIONAL DO TRABALHO. *Constituição da Organização Internacional do Trabalho*. Disponível em: <http://www.oitbrasil.org.br/sites/default/files/topic/decent_work/doc/constituicao_oit_538.pdf>. Acesso em: 7 jun. 2017.

(45) PEDUZZI, Maria Cristina Irigoyen. *O princípio da dignidade da pessoa humana na perspectiva do direito como integridade*. São Paulo: LTr, 2009. p. 27.

(46) DELGADO, 2016, p. 1.363.

(47) SIMM, 2008, p. 138.

(48) PAMPLONA FILHO; WRZYKOWSKI; BARROS, 2016. p. 133-134.

(49) GUEDES, 2003, p. 62.

da vítima, de forma individual, do mundo do trabalho, discriminando-a e estigmatizando-a perante o grupo, no assédio moral organizacional o que se visa é a sujeição forçada de um grupo de trabalhadores às agressivas políticas de resultado da empresa. Ambas as situações, contudo, possuem em comum a característica de ofender os direitos fundamentais do cidadão e caracterizar o "dano moral decorrente de insistentes métodos espúrios do empregador".[50]

Nessa linha de raciocínio, também é possível distinguir o assédio moral *interpessoal* do *organizacional*. Para a conceituação dessa última figura, envolve-se um estudo mais amplo do método de gestão utilizado pela empresa. O assédio organizacional relaciona-se a um conjunto de práticas reiteradas, inseridas nas estratégias e métodos de gestão, por meio de pressões, humilhações e constrangimentos, para que sejam alcançados determinadas finalidades empresariais ou institucionais.[51] Esses fundamentos direcionam-se ao controle do trabalhador (seu corpo, comportamento, tempo), custo do trabalho, aumento da produtividade e resultados, ou exclusão ou prejuízo de indivíduos ou grupos com objetivos discriminatórios[52].

Como exemplos de assédio organizacional mencionam-se os seguintes: a) as empresas que trabalham com vendas e se utilizam de técnicas de humilhação e perseguição como estratégia de estímulo para aumentar as vendas; b) as empresas que adotam o assédio moral em substituição à dispensa sem justa causa, para reduzir custos, conseguindo com que o obreiro peça demissão ou seja dispensado por justa causa quando reage ao assédio; c) as empresas que determinam metas exageradas aos trabalhadores, controlando, inclusive, o tempo de banheiro (em cinco minutos, geralmente).[53]

Pode-se diferenciar o assédio *interpessoal* do *organizacional* por alguns aspectos importantes: a) no primeiro, a empresa omite-se, permitindo a ocorrência das práticas, enquanto no segundo, a empresa promove e estimula a ocorrência das práticas; b) na primeira situação, o assediador pode ser hierarquicamente superior ou inferior à pessoa assediada, e na segunda, a empresa promove o assédio por meio de seus prepostos, gestores ou equipes; c) no interpessoal, pretende-se prejudicar, enquadrar, humilhar e/ou excluir do grupo ou da empresa a pessoa assediada, enquanto no organizacional, o propósito é alcançar ou manter determinados objetivos empresariais ou institucionais, controlando os trabalhadores e o custo do trabalho.[54]

Para constatar a amplitude do assédio moral organizacional, é preciso entender que tal modalidade

> não depende da perversidade de um assediador determinado e, na grande maioria das vezes, não objetiva retirar o empregado dos quadros da empresa, mas se configura como o assédio próprio da maneira pela qual o trabalho se organiza para manter a lucratividade do capital. A violência como método de gestão é a essência do assédio moral organizacional.[55]

O assédio organizacional, ou institucional, gerado pelas novas formas de organização de trabalho, desmobiliza e elimina do mercado de trabalho um número imensurável de trabalhadores. O empregado doente psicologicamente pode nunca recuperar-se e ficar descartado para sempre do mercado de trabalho, abalando suas respectivas famílias, "enfim, criando um prejuízo inestimável para a sociedade brasileira".[56]

Análises científicas, em publicações especializadas, utilizam-se das expressões *assédio moral por metas abusivas* e *assédio moral por excesso de trabalho*. Na primeira situação, exemplifica-se com a categoria dos bancários, que seria a classe mais atingida quando submetida a

---

(50) DALLEGRAVE NETO, 2014, p. 292-293.

(51) GOSDAL, Thereza Cristina; SOBOLL, Lis Andrea Pereira; SCHATZMAM, Mariana; EBERLE, André Davi. Assédio moral organizacional: esclarecimentos conceituais e repercussões. *In*: GOSDAL, Thereza Cristina; SOBOLL, Lis Andrea Pereira (Org.). *Assédio moral interpessoal e organizacional*: um enfoque interdisciplinar. São Paulo: LTr, 2009. p. 37.

(52) *Idem*.

(53) *Ibidem*, p. 37-38.

(54) *Ibidem*, p. 39-41.

(55) TELES, Gabriela Caranauru; SANTOS, Luiza Beghetto Penteado dos; COZERO, Paula Talita. Assédio moral organizacional e adoecimento de trabalhadores: o caso do HSBC em Curitiba. *In*: ALLAN, Nasser Ahmad; GIZZI, Jane Salvador de Bueno; COZERO, Paula Talita (Org.). *Assédio moral organizacional*: as vítimas dos métodos de gestão nos bancos. Bauru: Canal 6, 2015. p. 155.

(56) CALVO, Adriana. O assédio moral institucional e a dignidade da pessoa humana (estudo do assédio moral institucional sob a ótica dos direitos fundamentais). *In*: GUNTHER, Luiz Eduardo; ALVARENGA, Rúbia Zanotelli de (Coord.). *Direitos humanos e meio ambiente do trabalho*. São Paulo: LTr, 2016. p. 17.

avaliações de desempenho individual e exposta a situações humilhantes e constrangedoras quando não atinge as metas abusivas.(57) Na segunda situação, o assédio ocorre por excesso habitual da jornada de trabalho do empregado que, em virtude de sua hipossuficiência, a ela se submete reiteradamente.(58)

3. OS DANOS DECORRENTES DA PRÁTICA DO ASSÉDIO MORAL

Sejam quais forem as modalidades, ou tipos, de assédio moral praticados, deve haver sempre uma reação adequada do Direito a essa prática. Não somente com intuito punitivo, mas também pedagógico. A publicidade das decisões judiciais, por exemplo, constitui um importante elemento para coibir o assédio moral. Nas empresas, públicas e privadas, no entanto, reside a maior responsabilidade quanto a essas ocorrências. Atitudes e métodos claros de prevenção são importantes aliados nessa luta infatigável contra as agressões decorrentes do assédio moral.

3.1. A tutela inibitória como medida processual para evitar a ocorrência ou a repetição do dano

Nesse momento, é necessário verificar qual o tipo específico de resposta que o Direito deve dar ao assédio moral já realizado, ou prestes a acontecer. Um importante mecanismo para impedir a ocorrência do assédio moral, ou impedir a sua repetição, é a tutela inibitória. Nesse sentido, para efetivarem-se as garantias consagradas nos arts. 1º, III e IV (dignidade da pessoa humana e valorização social do trabalho); 7º, XXII; 170 e 200, VIII (meio ambiente do trabalho saudável) e 6º, *caput* (direito fundamental ao trabalho decente), todos da Constituição da República Federativa do Brasil, a ação jurisdicional que tenha o condão de inibir o assédio moral organizacional tem o poder de evitar o habitual descumprimento da ordem jurídica e de prevenir eventuais danos – os quais são possíveis frutos do ilícito – à saúde e à dignidade das pessoas trabalhadoras.(59)

O Código de Processo Civil anterior (Lei n. 5.869 de 1973) estabelecia, em seu art. 461:

> Na ação que tenha por objeto o cumprimento de obrigação de fazer ou não fazer, o juiz concederá a tutela específica da obrigação ou, se procedente o pedido, determinará providências que assegurem o resultado prático equivalente ao do adimplemento.(60)

O Novo Código de Processo Civil (Lei n. 13.105 de 2015), que passou a vigorar em março de 2016, tem, no *caput* do art. 497, redação parecida com a norma anterior:

> Na ação que tenha por objeto a pretensão de fazer ou de não fazer, o juiz, se procedente o pedido, concederá a tutela específica ou determinará providências que assegurem a obtenção de tutela pelo resultado prático equivalente.(61)

A diferença está no parágrafo único do art. 497, que não tem correspondência no revogado Código de 1973:

> Para a concessão da tutela específica destinada a inibir a prática, a reiteração ou a continuação de um ilícito, ou a sua remoção, é irrelevante a demonstração da ocorrência de dano ou da existência de culpa ou dolo.(62)

Pode-se afirmar, desse modo, que a tutela inibitória não tem, entre os seus pressupostos, o dano e a culpa,

---

(57) GOLDSCHMIDT, Rodrigo; ZANCO, Andressa. Assédio moral por metas abusivas e direito fundamental ao trabalho digno. *Revista Trabalhista Direito e Processo*, São Paulo, ano 14, n. 54, p. 199. dez. 2015.

(58) SILVA, Leda Maria Messias; WOLOWSKI, Matheus Ribeiro de Oliveira. O assédio moral por excesso de trabalho em face aos direitos de personalidade do empregado. *Revista LTr*, São Paulo, v. 80, n. 05, p. 570-571. maio 2016.

(59) GIZZI, Jane Salvador de Bueno; MENDONÇA, Ricardo Nunes de. Assédio moral organizacional – fator de poluição ambiental – tutela inibitória e tutela de remoção de ilícito. In: ALLAN, Nasser Ahmad; GIZZI, Jane Salvador de Bueno; COZERO, Paula Talita (Org.). *Assédio moral organizacional*: as vítimas dos métodos de gestão nos bancos. Bauru: Canal 6, 2015. p. 93.

(60) BRASIL. Lei n. 5.869, de 11 de janeiro de 1973. Código de Processo Civil. Disponível em: <http://www.planalto.gov.br/ccivil_03/leis/L5869.htm>. Acesso em: 11 jun. 2017.

(61) BRASIL. Lei n. 13.105, de 16 de março de 2015. Código de Processo Civil. Disponível em: <http://www.planalto.gov.br/ccivil_03/_ato2015-2018/2015/lei/l13105.htm>. Acesso em: 11 jun. 2017.

(62) *Idem*.

pois limita-se a exigir a probabilidade da prática de um ilícito, ou sua repetição ou continuação, e a demonstração da imputação desse comportamento a alguém.[63]

Não resta dúvida, portanto, constituir-se a tutela inibitória na medida processual adequada para impedir a ocorrência do assédio moral ou a sua eventual reiteração.

3.2. A tipificação do assédio moral no serviço público como ato de improbidade

Pode-se, desde logo, afirmar que a Justiça do Trabalho possui competência para julgar casos de assédio moral quando o ambiente profissional é privado, ou, melhor ainda, quando o(a) empregado(a) é vinculado ao regime celetista. Ocorrendo o assédio em órgão público, vinculado o(a) trabalhador(a) ao regime estatutário, a competência é da Justiça Comum (estadual ou federal, dependendo do órgão onde o fato ocorreu).

Sabe-se, porém, que apesar de os(as) trabalhadores(as) da iniciativa privada serem mais vulneráveis a esse tipo de abuso, a estabilidade no emprego dos servidores públicos não impede o assédio.

Conforme decisão judicial do Superior Tribunal de Justiça, de relatoria da Ministra Eliana Calmon:

> O assédio moral, mais do que apenas uma provocação no local de trabalho, como sarcasmo, crítica, zombaria e trote, é uma campanha psicológica com o objetivo de fazer da vítima uma pessoa rejeitada. Ela é submetida à difamação, abusos verbais, agressões e tratamento frio e impessoal.[64]

Quando se menciona a prática do ato de improbidade, deve-se recorrer à definição legal do art. 11 da Lei n. 8.429/1992 (Lei de Improbidade Administrativa):

> Constitui ato de improbidade administrativa que atenta contra os princípios da administração pública qualquer ação ou omissão que viole os deveres de honestidade, imparcialidade, legalidade, e lealdade às instituições.[65]

Em pelo menos dois casos, o Superior Tribunal de Justiça reconheceu o assédio moral como ato de improbidade administrativa. No primeiro, um prefeito perseguiu uma servidora que denunciou problema com dívida do município ao Ministério Público. Em represália, o prefeito colocou a servidora "de castigo" em uma sala de reuniões por quatro dias, ameaçando colocá-la em disponibilidade e concedendo-lhe férias forçadas de trinta dias. Reconheceu-se, no julgamento, um caso de assédio moral como ato de improbidade, restabelecendo-se a sentença que havia condenado o prefeito à perda dos direitos políticos e multa equivalente a cinco anos de sua remuneração mensal à época dos fatos. (REsp 1.286.466, Rel. Min. Eliana Calmon).[66]

Em outro caso, manteve-se decisão da Justiça catarinense que condenou um professor de matemática da rede pública estadual à perda do cargo com base na Lei de Improbidade Administrativa. O professor foi acusado de assediar sexualmente suas alunas em troca de boas notas. Para o Relator, no STJ, o dolo foi claramente demonstrado, uma vez que o professor atuou com a intenção de assediar as alunas e obter vantagem indevida em função do cargo que ocupava, "o que subverte os valores fundamentais da sociedade e corrói sua estrutura" (AREsp 51.55, Rel. Min. Humberto Martins).[67]

Por esses dois julgamentos, percebe-se que o assédio moral no serviço público tem merecido firme repúdio perante o Superior Tribunal de Justiça, caracterizando-o, inclusive, como ato de improbidade.

3.3. A prática do assédio moral pode tipificar um crime?

Quando se estudam as hipóteses de assédio, verifica-se também a existência do denominado *assédio sexual*. Essa prática foi tipificada como crime por força da Lei n. 10.224/2001, que incluiu no Código Penal Brasileiro o art. 216-A, com a seguinte redação:

> Constranger alguém com o intuito de obter vantagem ou favorecimento sexual, prevalecendo-se o agente da sua condição de superior hierárquico ou

---

(63) MARINONI, Luiz Guilherme; ARENHARDT, Sergio Cruz; MITIDIERO, Daniel. *Novo curso de processo civil*. A tutela dos direitos mediante procedimento comum. São Paulo: RT, 2015. v. 2, p. 477-480.

(64) Assédio moral no serviço público é considerado improbidade. *Consultor Jurídico*. 19.11.2013. Disponível em: <http://www.conjur.com.br/2013-nov-11/stj-assedio-moral-servico-publico-considerado-ato-improbidade>. Acesso em: 13 jun. 2017.

(65) BRASIL. Lei n. 8.429, de 2 de junho de 1992. Dispõe sobre as sanções aplicáveis aos agentes públicos nos casos de enriquecimento ilícito no exercício de mandato, cargo, emprego ou função na administração pública direta, indireta ou fundacional e dá outras providências. Disponível em: <http://www.planalto.gov.br/ccivil_03/leis/L8429.htm>. Acesso em: 13 jun. 2017.

(66) Consultor Jurídico, 2013.

(67) *Idem*.

ascendência inerentes ao exercício de emprego, cargo ou função. Pena – detenção de 1 (um) a 2 (dois) anos.[68]

Segundo estudo específico sobre a temática, essa norma penal não impede a prática do assédio, consoante estatísticas, ficando os trabalhadores sem proteção contra a violência ocorrida. Não existe lei específica para coibir o assédio sexual ocorrido no âmbito trabalhista, ficando então os trabalhadores prejudicados por caírem no vazio legal. Há, portanto, "carência de norma específica que alcance todos os tipos de assédio e institua mecanismos de prevenção, apuração das denúncias e punição dos assediadores".[69]

Verifica-se na doutrina, também, proposta de criminalização do assédio moral. Teoricamente, os crimes contra a honra (calúnia, difamação e injúria), de lesão corporal (leve, grave, gravíssima), de constrangimento ilegal e de conhecimento indevido de correspondência alheia poderiam dar conta de uma pronta resposta ao assédio moral no âmbito penal. Entretanto, "referidos delitos não têm sido eficazes para coibir com maior eficiência esses atentados aos direitos da personalidade da vítima de assédio".[70]

Quanto à criminalização do assédio moral, argumenta-se, ainda, que o princípio da intervenção mínima deverá ser utilizado em sua justa medida. Não seria possível ignorar sua vigência, arrogando-se o Direito Penal o papel que, nessa matéria, a outros ramos do ordenamento jurídico cabe desempenhar, nem se deve empregar tal princípio como escusa para renunciar a aplicação da lei penal, "sob a alegação de que se trata de condutas que, ao terem lugar no âmbito laboral e infringirem a normas de Direito do Trabalho, deverão ser reguladas exclusivamente por este".[71]

O fundamento é a lacuna constatada na proteção desse bem jurídico no ordenamento penal brasileiro. Assim, a gravidade, habitualidade e intensidade dessa prática, no âmbito laboral, tanto público como privado, destacaria a imperiosa necessidade de intervenção jurídica, "tanto por parte do Direito do Trabalho quanto do Direito Penal, como um intento de reprimir e, se possível, erradicar essa classe de comportamentos".[72]

A projeção do assédio moral, como possibilidade de tipificar crime, ainda merecerá aprofundados estudos. Parece, no entanto, que a tipificação do assédio sexual como crime não reduziu a ocorrência, em concreto, desse tipo de abuso. Melhor será, talvez, seguir o novo Código de Trabalho de Portugal (2003), que em seu art. 24 conceitua o assédio:

1. Constitui discriminação o assédio a candidatos a emprego e a trabalhador. 2. Entende-se por assédio todo o comportamento indesejado relacionado com um dos fatores indicados no n. 1 do artigo anterior, praticado quando do acesso ao emprego ou no próprio emprego, trabalho ou formação profissional, com o objetivo e o efeito de afetar a dignidade da pessoa ou criar um ambiente intimidativo, hostil, degradante, humilhante ou desestabilizador. 3. Constitui, em especial, assédio todo comportamento indesejado de caráter sexual, sob forma verbal, não verbal ou física, com o objectivo e o efeito referidos no número anterior.[73]

Na verdade, o ideal seria a existência de uma norma de âmbito federal, inserida na CLT, combatendo o assédio. Além de estabelecer medidas de prevenção, essa norma deveria coibir o assédio moral com a nulidade da dispensa, da transferência, da demissão ou punição disciplinar nele fundada, "facultando à parte prejudicada a rescisão indireta, tudo isso sem prejuízo da indenização pelos danos ocasionados (material e/ou moral), já que o assunto é tratado de forma incompleta pelo legislador nacional".[74]

---

(68) BRASIL. Lei n. 10.224, de 15 de maio de 2001. Altera o Decreto-Lei n. 2.848, de 7 de dezembro de 1940 – Código Penal, para dispor sobre o crime de assédio sexual e dá outras providências. Disponível em: <http://www.planalto.gov.br/ccivil_03/leis/LEIS_2001/L10224.htm>. Acesso em: 13 jun. 2017.

(69) LEIRIA, Maria de Lourdes. *Assédio sexual laboral, agente causador de doenças do trabalho*: reflexos na saúde do trabalhador. São Paulo: LTr, 2012. p. 163.

(70) BERALDO, Marllon. *Assédio moral e sua criminalização*. São Paulo: LTr, 2012. p. 93-95.

(71) CARVALHO, Gisele Mendes de; CARVALHO, Érika Mendes de; SILVA, Leda Maria Messias da; MACHADO, Isadora Vier. *Assédio moral no ambiente de trabalho*: uma proposta de criminalização. Curitiba: JM, 2013. p. 164.

(72) Idem.

(73) LIPPMANN, Ernesto. *Assédio sexual nas relações de trabalho*: da prática do assédio sexual e assédio moral nas relações de trabalho – como requerer indenização por danos morais e materiais nos tribunais. 2. ed. São Paulo: LTr, 2004. p. 15.

(74) BARROS, Alice Monteiro de. *Curso de direito do trabalho*. 10. ed. atualizada por Jessé Claudio Franco de Alencar. São Paulo: LTr, 2016. p. 609.

No entanto, ainda que ausente legislação a respeito, as negociações coletivas de trabalho (acordos e convenções coletivas) podem (e devem!) ser instrumentos eficazes para "estabelecer o conceito de assédio moral, bem como as infrações e sanções nesse terreno, além das medidas destinadas a evitar essa prática".[75]

3.4. Medidas reparatórias

Quais seriam as medidas reparatórias e/ou indenizatórias nas hipóteses específicas de ocorrência do dano? Do ponto de vista das relações de trabalho, as reparações devidas podem ser distribuídas em quatro possibilidades: a) rescisão indireta do contrato de trabalho; b) indenização por danos materiais; c) indenização por danos morais, psicológicos ou psíquicos; d) indenização pela ocorrência de dano existencial.

3.4.1. Rescisão indireta do contrato de trabalho

É perfeitamente possível enquadrar grande parte das condutas assediadoras, adotadas por alguns empregadores, como hipóteses de justa causa patronal, que levariam à dispensa indireta.[76] Recorde-se que o *caput* do art. 483 da CLT diz que: "o empregado poderá considerar rescindido o contrato e pleitear a devida indenização quando..." e enumera as hipóteses nas alíneas *a* até *g*.[77]

Assim sendo, a repressão legal ao assédio moral, quanto à empresa, tem seu fundamento no art. 483 da CLT, que disciplina a denúncia do contrato individual de trabalho pelo empregado, fundamentando-se na conduta faltosa do empregador, a denominada dispensa indireta. Tomando em conta as características de cada situação concreta, a tipificação de justa causa incidirá: a) na exigência de serviços superiores às suas forças, defesos por lei, ou contrários aos bons costumes, ou alheios ao contrato; b) no rigor excessivo; c) no descumprimento das obrigações do contrato; ou e) nos atos lesivos à honra ou à integridade física do empregado ou de sua família.[78]

Ocorre também a rescisão do contrato de trabalho pelo empregador por justa causa. Embora de restrita ocorrência, é possível enquadrar o empregado assediador em justa causa prevista na CLT. Com efeito, o art. 482, *j*, assevera constituir justa causa para rescisão do contrato de trabalho pelo empregador a hipótese de "ato lesivo da honra ou da boa fama praticado no serviço contra qualquer pessoa, ou ofensas físicas, nas mesmas condições, salvo em legítima defesa, própria ou de outrem".[79] Nessa direção orienta-se a doutrina, explicando que "no assédio moral praticado por empregado contra colega de trabalho, a hipótese é, visivelmente, de justa causa para a extinção do contrato de trabalho, com fundamento no art. 482, alínea *j* da CLT".[80]

3.4.2. Indenização por danos materiais

Considerando o aspecto econômico, o dano pode ser classificado como *patrimonial* (econômico ou material) e *extrapatrimonial* (moral em sentido amplo, extra-econômico, não material ou imaterial). Desse modo, o assédio moral pode provocar uma lesão de ordem patrimonial, isto é, quando, entre seus efeitos, se incluírem despesas com tratamento de saúde, redução dos ganhos em geral, perda de uma promoção, desemprego e outros prejuízos econômicos.[81]

O dano material é todo aquele suscetível de valoração econômica, abrangendo tanto o dano emergente quanto o lucro cessante (art. 402 do Código Civil). Podem ser incluídas nessas hipóteses, exemplificativamente, as seguintes situações:

> desde a incapacidade laboral decorrente de doença ocupacional desencadeada (a exemplo da síndrome de *burn-out*), as despesas que a vítima teve com remédios ou tratamento psicológico ou mesmo o prejuízo salarial demonstrado pela perseguição do assediante (faltas ao serviço, rebaixamento funcional ou frustração de promoção).[82]

---

(75) Idem.

(76) PAMPLONA; WRZYKOWSKI; BARROS, 2016, p. 164-165.

(77) BRASIL. Decreto-lei n. 5.452, de 1º de maio de 1943. Consolidação das Leis do Trabalho. Disponível em: <http://www.planalto.gov.br/ccivil_03/decreto-lei/Del5452.htm>. Acesso em: 11 jun. 2017.

(78) PINTO, José Augusto Rodrigues. *O assédio moral nas relações de trabalho*. Disponível em: <http://docslide.com.br/documents/jose-augusto-rodrigues-pinto-o-assedio-moral-nas-relacoes-de-trabalho.html>. Acesso em: 11 jun. 2017.

(79) BRASIL, 1943.

(80) PAMPLONA, 2012, p. 905.

(81) SIMM, 2008, p. 304. Nesse mesmo sentido, também, PEDUZZI, 2007, p. 44.

(82) DALLEGRAVE NETO, 2014, p. 301.

Podem, portanto, ser objeto de pedido judicial de indenização, por dano material, as despesas com tratamentos médicos ou hospitalares decorrentes do assédio moral. Os arts. 949 e 950 do Código Civil, aplicáveis a essas situações, ao tratarem dos ilícitos civis, são expressos ao determinarem a indenização pelos prejuízos decorrentes do assédio. O ordenamento jurídico brasileiro ampara a busca de compensação pelos transtornos diretamente ligados aos prejuízos à saúde mental ou física causados pelo assédio. Podem, desse modo, a título de indenização por dano material, ser postulados em juízo:

> o reembolso do tratamento psiquiátrico, ou psicológico, que a vítima tenha feito para superar o trauma e a perda de autoestima, e os quadros de ansiedade e angústia, assim como dos remédios receitados em decorrência dessas terapias, como os antidepressivos, calmantes etc., [...] e com pagamento a ser determinado enquanto durar a recomendação médica, de outros utilizados em caráter crônico em decorrência de quadros clínicos decorrentes da tensão, como gastrites, problemas cardíacos, males da coluna etc.[83]

Tendo em vista a reforma trabalhista, deve-se indagar se o art. 223-G, que passará a integrar a CLT, aplica-se, também, aos danos materiais. Nesse dispositivo, em doze incisos, ficam relacionados aspectos que o juiz deve considerar ao apreciar o pedido. No § 1º desse dispositivo gradua-se a indenização por ofensas de natureza leve, média grave e gravíssima, variando o valor de até três vezes (na leve!) o ultimo salário contratual do ofendido, até cinquenta vezes (na gravíssima!). Essa definição relaciona-se à indenização de pessoa física. Tratando-se de pessoa jurídica, devem ser observados os critérios dos doze incisos referidos, mas o valor da indenização toma como parâmetro o salário contratual do ofensor. No § 3º, considera-se que, havendo reincidência "entre partes idênticas, o juízo poderá elevar ao dobro o valor da indenização"[84].

Francisco Meton Marques de Lima e Francisco Péricles Rodrigues Marques de Lima observam que os parâmetros para fixação dos valores estipulados no § 1º do art. 223-G dizem respeito apenas aos danos extrapatrimoniais, isto é: "os danos materiais serão calculados segundo as regras já consolidadas do Direito Civil, interpretadas pelos Tribunais do Trabalho"[85].

No mesmo sentido, Homero Batista Mateus da Silva, ao esclarecer que os arts. 223-A e 223-G se atém aos danos extrapatrimoniais, também chamados de danos morais, de modo que "as indenizações por prejuízos materiais quantificáveis, como remédios, próteses e gastos com profissionais liberais, estão fora da tarifação – conforme, aliás, o art. 223-F alerta expressamente"[86].

A reparação, sob esse ponto de vista, deve ser a mais ampla possível, repondo, ao lesado/assediado, tudo o que perdeu/gastou em decorrência do assédio.

3.4.3. Indenização por danos morais e indenização por dano psicológico e/ou psíquico

O tema da indenização por danos morais ganhou espaço no Brasil a partir de 1988, com o advento da "Constituição Cidadã". Antes disso, eram raros os casos em que essa figura jurídica era debatida.

Levando-se em conta a reparação civil, pode-se dizer que, como categoria jurídica específica

> os danos morais são aqueles suportados na esfera dos valores da moralidade pessoal ou social e, como tais, reparáveis, em sua integridade, no âmbito jurídico. Perceptíveis pelo senso comum – porque ligados à natureza humana – podem ser identificados em concreto pelo juiz, à luz das circunstâncias fáticas, e das peculiaridades da hipótese sub item, respeitado o critério básico da repercussão do dano na esfera do lesado".[87]

Recordam-se, comumente, duas acepções da expressão *dano moral*, ambas envolvendo lesões de na-

---

(83) LIPPMANN, 2004, p. 66.

(84) BRASIL. Lei n. 13.467, de 13 de julho de 2017. Altera a Consolidação das Leis do Trabalho (CLT), aprovada pelo Decreto-Lei n. 5.452, de 1º de maio de 1943, e as Leis ns. 6.019, de 3 de janeiro de 1974, 8.036, de 11 de maio de 1990, e 8.212, de 24 de julho de 1991, a fim de adequar a legislação às novas relações de trabalho. Disponível em: <http://www.planalto.gov.br/ccivil_03/_ato2015-2018/2017/lei/L13467.htm>. Acesso em: 04 set. 2017.

(85) LIMA, Francisco Meton Marques de; LIMA, Francisco Péricles Domingues Marques de. *Reforma trabalhista*: entenda ponto por ponto. São Paulo: LTr, 2017. p. 52.

(86) SILVA, Homero Batista Mateus da. *Comentários à reforma trabalhista*: análise da Lei n. 13.467/2017 artigo por artigo. São Paulo: Revista dos Tribunais, 2017. p. 59.

(87) BITTAR, Carlos Alberto. *Os direitos da personalidade*. Rio de Janeiro: Forense, 1989. p. 17.

tureza não patrimonial. Sob sentido amplo, expressa todas as formas de dano imaterial ou extrapatrimonial, isto é, aqueles que atingem a pessoa e sua integridade psicofísica, causando, por exemplo, dor física e/ou psicológica, vergonha, depressão, sofrimento interior, humilhação, dificuldade de relacionamento social e outras consequências não avaliáveis economicamente. Em sentido estrito, "corresponde ao dano anímico, aquele comumente vinculado à vulneração da dignidade pessoal e dos direitos de personalidade (como a honra, a imagem, a liberdade de expressão e de crença)".[88]

Resulta, sem dúvida, o dano moral, "da violação do direito geral de personalidade, sendo presumida (presunção *hominis*) a dor daí decorrente, geralmente por ofensa à sua honra objetiva e subjetiva, imagem e intimidade".[89]

Há uma correlação entre o princípio da dignidade da pessoa humana e o dano moral, podendo-se registrar de forma enfática que:

> o dano moral tem como causa a injusta violação a uma situação jurídica subjetiva extrapatrimonial protegida pelo ordenamento jurídico através da cláusula geral de tutela da personalidade, que foi instituída e tem sua fonte na Constituição Federal, em particular e diretamente decorrente do princípio (fundante) da dignidade da pessoa humana (também identificado com o princípio geral de respeito à dignidade humana).[90]

Dois aspectos, em princípio, devem ser levados em conta, tratando-se do dano moral e de sua reparação: o indenizatório e o punitivo. No aspecto indenizatório busca-se uma compensação pelo dano que o assediado sofreu. No aspecto punitivo, procura-se uma punição que faça com que a empresa seja atingida em seu aspecto financeiro "de maneira suficientemente grave para que tenha interesse em tomar atitudes concretas para que os casos de assédio não se repitam em seu estabelecimento".[91]

Estabeleceu a Constituição da República de 1988, entre os direitos fundamentais, a indenização por dano moral (art. 5º, incisos V e X), encerrando as discussões doutrinárias e jurisprudenciais sobre sua existência. Nesse sentido, o Código Civil de 2002 atualizou a previsão normativa sobre o assunto, asseverando que o dano moral se configura com a caracterização do ato ilícito. Ainda que exclusivamente moral, o dano recebeu previsão expressa no art. 186 desse diploma legislativo:

> Aquele que, por ação ou omissão voluntária, negligência ou imprudência, violar direito e causar dano a outrem, ainda que exclusivamente moral, comete ato ilícito.[92]

No âmbito trabalhista, a reparação por danos morais visa à proteção da dignidade do trabalhador. Aplica-se, portanto, o disposto no inciso III do art. 932 do Código Civil brasileiro, que considera também responsáveis pela reparação civil "o empregador ou comitente, por seus empregados, no exercício do trabalho que lhes competir, ou em razão dele".[93] Essa disposição justifica "a responsabilização do empregador por atos causados por seus prepostos aos empregados, atribuindo-lhe a obrigação direta de indenizar".[94]

O assédio moral enseja, como consequência, um dano moral. Uma vez que a dignidade da pessoa humana seja ameaçada, violando-se situação subjetiva, caracteriza-se o assédio moral, desde que isso ocorra de forma reiterada e sistemática. Essa violência, reiterada no tempo, causa, sem dúvida, um dano muito maior à autoestima do assediado, à sua consideração pessoal, à sua imagem, à sua respeitabilidade perante os colegas de trabalho e seu grupo social. Desse modo,

> a indenização por dano moral decorrente de assédio, nos termos do art. 964 do Código Civil, será certamente maior do que aquela destinada a responsabilizar o cometimento de uma simples agressão moral, visto que a indenização mede-se pela extensão danosa.[95]

A prova de algumas condutas configuradoras do assédio moral é muito difícil. Cabe à vítima (assediado)

---

(88) SIMM, 2008, p. 305.

(89) DALLEGRAVE NETO, 2014, p. 301.

(90) MORAES, Maria Celina Bodin de. *Danos à pessoa humana*. Rio de Janeiro: Renovar, 2003. p. 132.

(91) LIPPMANN, 2004, p. 60.

(92) BRASIL. Lei n. 10.406, de 10 de janeiro de 2002. Código Civil. Disponível em: <http://www.planalto.gov.br/ccivil_03/leis/2002/l10406.htm>. Acesso em: 14 jun. 2017.

(93) BRASIL, 2002.

(94) PEDUZZI, 2007, p. 41.

(95) MUÇOUÇAH, Renato de Almeida Oliveira. *Assédio moral coletivo nas relações de trabalho*. São Paulo: LTr, 2014. p. 158.

apresentar indícios que levem a uma razoável suspeita, aparência ou presunção da figura em exame. Assim, o demandado (assediador) assumirá o ônus de demonstrar que sua conduta foi razoável, vale dizer, não atentou contra qualquer direito fundamental. Não existindo "adequada distribuição da carga probatória, a normativa a respeito da temática não se tornará efetiva e permanecerá no terreno da declaração de boas intenções".[96]

Para avaliar o aspecto compensatório do dano moral, poderá o juiz determinar uma perícia a ser realizada por psiquiatra ou psicólogo, na qual se verifiquem aspectos do sofrimento individual de cada caso. Pode-se, desse modo, determinar o grau do dano psicológico, a tensão gerada pelo episódio, a perda da autoestima, a intensidade de outros sintomas gerados pela tensão, e ainda

> se há sequelas permanentes como um ataque cardíaco, ou uma úlcera, ou mesmo quadros mais leves como gastrites, dores de cabeça, pescoço, ou na coluna, se o incidente provocou perda ou abalos em um relacionamento estável mantido pelo assediado, se levou a um quadro de depressão, e se há necessidade de tratamento psicológico ou psiquiátrico, bem como a perda de produtividade profissional.[97]

Neste momento pergunta-se: o dano psíquico consiste em uma figura autônoma de indenização, ou está contido no dano moral?

O dano psíquico supõe uma modificação ou alteração da personalidade, que se expressa através de sintomas, inibições, depressões, bloqueios. Essas manifestações permitem avaliar o grau da injúria padecida. O dano psíquico e sua avaliação se inscrevem, assim, em um plano psicopatológico, devendo-se, desse modo, serem descartadas avaliações de tipo moral ou axiológico.[98]

Algumas decisões judiciais na Argentina consideram que o montante a indenizar pelo dano psicológico deve integrar o dano moral. Outras, porém, explicitam que o dano psíquico deve ser indenizado como diferenciado do estético e do moral, se a perícia reconhece a existência de uma alteração emocional como consequência de um acidente ocorrido.[99]

No Direito brasileiro, o reconhecimento do assédio moral está centrado na prática patronal que sistematicamente humilha, denigre a imagem e a honra, causando danos psíquicos ao empregado.[100] A terminologia *dano psíquico* não se encontra positivada em nosso ordenamento jurídico, embora seja por ele protegida na larga e cada vez mais ampliada noção de dano moral.[101]

Reconhecendo o juiz a existência do agravante *dano psicológico* e ou *psíquico*, por laudo pericial apresentado por psiquiatra ou psicólogo, poderá agravar a condenação em dano moral com mais este fundamento. Não se trata, portanto, pelo menos no Brasil, de acrescer um novo tipo de dano, mas incluí-lo no próprio dano moral.

O dano psíquico, em nosso ordenamento jurídico, pois, tem a mesma tutela que o dano moral, sendo visto como verdadeira cláusula geral de tutela da pessoa humana. Considera-se, desse modo, incluído no rol dos chamados direitos extrapatrimoniais, "embora possa refletir-se, dependendo da gravidade do dano psíquico, também em danos materiais".[102] Considere-se, ademais, que o dano patrimonial (perda de emprego, dispêndio com tratamento médico etc.), será sempre "reflexo da lesão extrapatrimonial inicialmente sofrida, que é sempre a gênese do dano psíquico".[103] Registre-se, por derradeiro, sobre este tema, que na dicção da Súmula n. 37 do STJ, os danos morais são autônomos e perfeitamente cumuláveis com eventuais danos materiais em razão da prática do assédio moral.[104]

A reforma trabalhista especifica quais os bens juridicamente tutelados inerentes à pessoa física, mas não menciona de forma expressa o assédio moral, nem o dano existencial. Consigna o art. 223-C: "A honra, a imagem, a intimidade, a liberdade de ação, a autoestima, a sexualidade, a saúde, o lazer e a integridade

---

(96) BARROS, 2016, p. 611.
(97) LIPPMANN, 2004, p. 60.
(98) GHERSI, Carlos A. *Teoría general de la reparación de daños*. Buenos Aires: Editorial Astrea, 1997. p. 68.
(99) *Ibidem*, p. 388-390.
(100) MUÇOUÇAH, 2014, p. 159.
(101) *Idem*.
(102) *Ibidem*, p. 164.
(103) *Idem*.
(104) BRASIL. *Superior Tribunal de Justiça*. Súmulas do STJ. Disponível em: <http://www.stj.jus.br/SCON/sumulas/toc.jsp?livre=@docn&tipo_visualizacao=RESUMO&menu=SIM>. Acesso em: 14 jun. 2017.

física são os bens juridicamente tutelados inerentes à pessoa física"[105].

Pelo artigo anterior, no entanto, é possível inferir que tanto o assédio moral quanto o dano existencial estão contemplados pela reforma trabalhista no título II-A, que trata do dano extrapatrimonial. Com efeito, dispõe o art. 223-B: "Causa dano de natureza extrapatrimonial a ação ou omissão que ofenda a esfera moral ou existencial da pessoa física ou jurídica (...)"[106].

O vocábulo "moral" naturalmente destina-se a contemplar o assédio moral, e a palavra "existencial" a reconhecer o dano existencial.

De qualquer modo, pela natureza dos direitos das pessoas e seus atributos, a lista descrita na reforma trabalhista, contemplando os tipos de danos extrapatrimoniais possíveis, "não é fechada, aí se incluindo qualquer outra situação correlata" [107].

Também, Homero Batista Mateus da Silva questiona a possibilidade de o rol do art. 223-C ser taxativo. Segundo esse autor, foram esquecidos assuntos muito delicados e recorrentes no ambiente de trabalho, tais como: a dispensa de pessoas por idade avançada; a discriminação de gênero; assuntos ligados à nacionalidade do empregado[108].

Segundo Juliana Migot Miglioranzi e Raíra Tuckmantel Habermann, não há como reconhecer rol exaustivo no art. 223-C. Segundo essas autoras, existem outros bens imateriais que podem sofrer lesão e que não estão no artigo (como por exemplo, "o assédio moral e sexual, a autoestima profissional etc.), levando à interpretação que outros não podem ser reparados"[109]. O adequado, segundo elas, seria acrescer a expressão "entre outros"[110].

Outro aspecto que será objeto de intenso debate na Justiça do Trabalho será a possibilidade de ajuizamento das ações de indenização por dano moral coletivo, com a vigência da reforma trabalhista. O fundamento para negar-se esse tipo de demanda judicial estaria no art. 223-B, que estatui: "Causa dano de natureza extrapatrimonial a ação ou omissão que ofenda a esfera moral ou existencial da pessoa física, **as quais são as titulares exclusivas do direito à reparação**" (grifo nosso).[111]

Considerando esse dispositivo legal, isto é, que a reparação por dano extrapatrimonial ocorrerá "reparando individualmente cada vítima", depreendeu-se que "deixa de ser tutelado o dano coletivo no direito do trabalho, justamente porque as pessoas vítimas são determinadas"[112]. Assim se entendendo, deixaria, o dano moral coletivo, "de ser um bem protegido e possível nos termos da nova lei"[113].

Como o tema do dano moral coletivo será exaustivamente debatido, a partir da vigência da reforma trabalhista, em todos os setores que abrangem as relações de trabalho, os leitores já poderão encontrar importantes subsídios a respeito na Revista Eletrônica do Tribunal Regional do Trabalho da 9ª Região, com esse título (Dano Moral Coletivo), publicada em março de 2015, v. 4, n. 38, com 244 páginas de texto[114].

Na dicção de Francisco Meton Marques de Lima e Francisco Péricles Rodrigues Marques de Lima, relativamente ao art. 223-B, "em se tratando de morto, a reparação pode ser postulada em juízo pelo cônjuge ou companheiro e pelos sucessores, cf. art. 12 do Código Civil"[115].

Quanto ao § 1º do art. 223-G, ao estabelecer parâmetros para a fixação do dano extrapatrimonial, há inconstitucionalidade a ser reconhecida?

Para Homero Batista Mateus da Silva, no que tange aos arts. 223-A a 223-G, da Reforma Trabalhista, há inconstitucionalidade na tarifação dos danos morais trabalhistas vinculados ao valor do salário-contratual

---

(105) Lei n. 13.467/2017. *Op. cit.*

(106) *Idem.*

(107) LIMA; LIMA, 2017, p. 53.

(108) SILVA, 2017, p. 60.

(109) MIGLIORANZI, Juliana Migot; HABERMANN, Raíra Tuckmantel. *Comentários à reforma trabalhista*. Leme-SP: Habermann, 2017. p. 75.

(110) *Idem.*

(111) Lei n. 13.467/2017. *Op. cit.*

(112) MELEK, Marlos Augusto. *Trabalhista:* O que mudou?. Curitiba: Estudos Imediato, 2017. p. 197.

(113) *Ibidem*, p. 198.

(114) TRIBUNAL REGIONAL DO TRABALHO DA 9ª REGIÃO. *Revista Eletrônica*, Dano moral coletivo, v. 4, n. 38, mar. 2015. Disponível em: <http://www.mflip.com.br/pub/escolajudicial/?numero=38&edicao=4048>. Acesso em: 06 set. 2017.

(115) LIMA; LIMA, 2017, p. 53.

do empregado, "gerando distinção entre a dor do rico e a dor do pobre, sem nenhuma base cientifica ou lógica (art. 5º, *caput*), e, ainda, ignorando o evento morte e a discriminação racial, dentre outros"[116].

Para Francisco Meton Marques de Lima e Francisco Péricles Rodrigues Marques de Lima, no que diz respeito à graduação do valor a ser indenizado, o Supremo Tribunal já julgou inconstitucional a tarifação do valor dos danos morais prevista na Lei de Imprensa"[117].

O Ministro João Oreste Dalazen, do Tribunal Superior do Trabalho, ao analisar esses dispositivos, ainda quando não transformados em lei, já mencionava a exitência de cinco possíveis inconstitucionalidades: a) contradição intrínseca entre a norma constitucional que não limita o valor da indenização e a norma legal que impõe valor máximo a título de dano moral; b) a tarifação em valor quase vil do montante máximo da indenização; c) a fixação de um valor máximo a título de indenização por dano moral, olvidando de um valor mínimo; d) por negar aplicação ao princípio constitucional da máxima efetividade das normas constitucionais; e) vulneração do princípio constitucional da isonomia, inscrito no art. 5º, *caput*, da Constituição Federal"[118].

Dois aspectos relevantes, e objeto de críticas, mereceram uma explicação de Marlos Augusto Melek. A primeira, explicitando a possível edição de Medida Provisória, alterando o critério da nova lei de "salários contratuais" para a base de cálculo proporcional a "tetos da Previdência Social". A segunda, sobre o evento "morte", que estaria sendo excluído da parametrização máxima estabelecida no texto da lei[119].

Verifica-se, pela exposição de aspectos importantes relacionados à reforma trabalhista, que não se pode, ainda, no Brasil, falar em previsibilidade e segurança jurídica, pelo menos quanto a essa temática.

3.4.4. Indenização por dano existencial

O tema do dano existencial é de recente acolhimento em nosso país. O trabalho da Professora Flaviana Rampazzo Soares, resultante de dissertação de mestrado apresentada perante a Pontifícia Universidade Católica de Porto Alegre, com posterior publicação em livro, propiciou criteriosa análise para os estudiosos do assunto.[120]

Incentivado por essa monografia, o Tribunal Regional do Trabalho da 9ª Região lançou uma Revista Eletrônica especialmente sobre o dano existencial, com artigos, acórdãos, ementas, sentenças nacionais, bem como acórdãos do Tribunal da Relação do Porto-Portugal, e sinopse da obra dessa Professora.[121]

Para que a análise do significado, alcance e aplicação do dano existencial possa ser realizada, necessário, primeiro, examinar-se seu conceito:

> o dano existencial é a lesão ao complexo de relações que auxiliam no desenvolvimento normal da personalidade do sujeito, abrangendo a ordem pessoal ou a ordem social. É uma afetação negativa, total ou parcial, permanente ou temporária, seja a uma atividade, seja a um conjunto de atividades que a vítima do dano, normalmente, tinha como incorporado ao seu cotidiano e que, em razão do efeito lesivo, precisou modificar em sua forma de realização, ou mesmo suprimir de sua rotina.[122]

Esse novo conceito de dano, também chamado de *dano ao projeto de vida*, ou *dano à existência da pessoa*, consiste na violação de qualquer um dos direitos fundamentais da pessoa, tutelados pela Constituição Federal, e que causa "uma alteração danosa no modo de ser do indivíduo ou nas atividades por ele executadas com vistas ao projeto de vida pessoal, prescindindo de qualquer repercussão financeira ou econômica que do fato da lesão possa ocorrer".[123]

O projeto de vida, que se considera o destino escolhido pela pessoa, vale dizer, o que decidiu fazer com a sua vida, pode, em algum momento, ser frustrado. O dano existencial caracteriza-se exatamente pelo "fato injusto que frustra esse destino (impede a sua plena

---

(116) SILVA, 2017, p. 207.
(117) LIMA; LIMA, 2017, p. 52.
(118) DALAZEN, João Oreste. *Lições de direito e processo do trabalho*. São Paulo: LTr, 2017. p. 138-139.
(119) MELEK, 2017, p. 195.
(120) SOARES, 2009, 160 p.
(121) TRIBUNAL REGIONAL DO TRABALHO DA 9ª REGIÃO. *Revista Eletrônica*, Dano existencial, v. 2, n. 22, set. 2013. Disponível em: <http://www.mflip.com.br/pub/escolajudicial/?numero=22&edicao=2303>. Acesso em: 14 jun. 2017.
(122) SOARES, 2009, p. 44.
(123) ALMEIDA NETO, Amaro Alves de. Dano existencial: a tutela da dignidade da pessoa humana. *Revista dos Tribunais*, São Paulo, v., 6, n. 24, p. 68, out./dez. 2005.

realização) e obriga a pessoa a resignar-se com o seu futuro".[124]

Colocadas essas premissas, é o momento de indagar-se: o dano moral absorve o dano existencial, isto é, são considerados em uma só espécie de indenização?

Parte da doutrina alinha-se em posição negativa quanto à viabilidade de existência autônoma do dano existencial, propugnando pelo reconhecimento dessa indenização juntamente com o dano moral. Nesse sentido, manifesta-se José Affonso Dallegrave Neto, asseverando que, a despeito de sua autonomia conceitual, o dano existencial enquadra-se no conceito de dano moral, "na medida em que é ofensivo ao direito geral de personalidade e, algumas vezes, estará dentro do conceito de dano material, máxime quando o dano daí decorrente for suscetível de valoração econômica".[125] Também, assim manifesta-se Renato de Almeida Muçouçah, dizendo que "no âmbito do direito positivo brasileiro, o dano existencial, como espécie de dano não patrimonial, é cuidado como dano moral".[126]

Em sentido contrário, manifestam-se outros autores igualmente destacados. Para Flaviana Rampazzo Soares, o dano moral pertence à esfera interior da pessoa, diferindo do dano existencial, que se caracteriza em todas as alterações nocivas na vida cotidiana da vítima, vale dizer, "em todos os seus componentes relacionais (impossibilidade de agir, interagir, executar tarefas relacionadas às suas necessidades básicas, tais como cuidar da própria higiene, da casa, dos familiares, falar, caminhar etc.)."[127] Considera essa autora que a jurisprudência no Brasil reconhece o dano existencial, apesar da frequente e incorreta classificação como dano moral.[128] Nesse sentido, o dano existencial existiria como espécie autônoma do gênero *danos imateriais*, apresentando "contornos conceituais distintos e próprios."[129]

Outros autores também ressaltam a distinção entre o dano existencial e o dano moral. Para Ilse Marcelina Bernardi Lora, enquanto o dano moral afeta negativamente o ânimo da pessoa, estando relacionado a um sentimento, o dano existencial configura "um não mais poder fazer, um dever de mudar a rotina", vale dizer "frustra projeto de vida da pessoa, prejudicando seu bem-estar e sua felicidade".[130] A distinção, segundo Lorena de Mello Rezende Colnago, se configuraria, entre ambas as figuras (dano existencial e dano moral), na medida em que o dano existencial atinge um aspecto público do indivíduo, isto é, "sua relação com outros seres, com o mundo social, enquanto o dano moral consiste na lesão ao patrimônio imaterial interno da pessoa".[131]

Também, Júlio César Bebber considera que o dano existencial independe de repercussão financeira ou econômica e não diz respeito à esfera íntima do ofendido (dor e sofrimento, características do dano moral). Segundo esse autor, trata-se de um dano que decorre de uma frustração ou de uma projeção que impedem a realização do trabalhador (com perda da qualidade de vida e, por conseguinte, modificação *in pejus* da personalidade).[132]

Alguns exemplos de dano existencial podem ser mencionados, especialmente na área do Direito do Trabalho, onde sua incidência, sem dúvida, é mais frequente: a) assédio moral ou sexual, que implique transtornos psicológicos ou fobias; b) trabalho extenuante, que cause deformação física que afete não só a capacidade profissional, mas iniba o seu projeto de vida idealizado; c) ambiente de trabalho degradante ou insalubre que comprometa a saúde do empregado; d) submissão a permanente e desgastante regime de sobreaviso; e) não concessão de férias durante longos anos; f) não concessão frequente dos repousos semanais remunerados

---

(124) BEBBER, Júlio César. Danos extrapatrimoniais (estético, biológico e existencial) – breves considerações. *Revista LTr*, v. 73, n. 1, p. 28, jan. 2009.

(125) DALLEGRAVE NETO, 2014, p. 179.

(126) MUÇOUÇAH, 2014, p. 168.

(127) SOARES, 2009, p. 99.

(128) *Idem*.

(129) *Ibidem*, p. 153.

(130) LORA, Ilse Marcelina Bernardi. O dano existencial no direito do trabalho. *Revista Eletrônica do Tribunal Regional do Trabalho do Paraná*. v. 2, n. 22, p. 21. set. 2013. Disponível em: <http://www.mflip.com.br/pub/escolajudicial/?numero=22&edicao=2303>. Acesso em: 14 jun. 2017.

(131) COLNAGO, Lorena de Mello Rezende. Dano existencial e a jornada de trabalho. *Revista Eletrônica do Tribunal Regional do Trabalho do Paraná*, v. 2, n. 22, p. 57. set. 2013. Disponível em: <http://www.mflip.com.br/pub/escolajudicial/?numero=22&edicao=2303>. Acesso em: 14 jun. 2017.

(132) BEBBER, 2009, p. 30.

em domingos; g) realização habitual de quantidade excessiva de horas extras com jornada acima do limite de dez horas.[133]

Há estudos que mencionam o assédio moral por excesso de trabalho como dano existencial. Nessa hipótese, há tanta gravidade "que atinge até a integridade física do trabalhador, colocando sua vida em risco".[134] Caracteriza-se, nessa situação, um tipo de dano que cerceia a convivência social e familiar, impedindo o trabalhador de exercer outras atividades, "conceituado pela jurisprudência como dano existencial, pela perda de um projeto de vida".[135]

O assédio moral pode causar dano moral, dano material e dano existencial? E essas três figuras de indenização são acumuláveis no direito brasileiro?

No Direito do Trabalho, segundo Ilse Marcelino Bernardi Lora, o assédio moral, além de causar prejuízos patrimoniais, pelo comprometimento da capacidade laboral (dano material), "pode ensejar sofrimento, angústia, abatimento (dano moral) e também prejuízos ao projeto de vida, às incumbências do cotidiano, à paz de espírito (dano existencial)"[136].

Quando são afetadas as atividades realizadoras do trabalhador, em virtude do dano à sua saúde física ou mental, que se deu pelo excesso de trabalho, "poderá haver a fixação de forma cumulada tanto do dano moral quanto do dano existencial".[137] Essa possibilidade de acumulação, reconhecendo-se o dano existencial ao lado do dano moral, "revela-se imprescindível para a completa reparação do dano injusto extrapatrimonial cometido contra a pessoa".[138]

Consoante entendimento da Professora Teresa Ancona Lopez, "o dano existencial é uma espécie de lesão extrapatrimonial, fundada no princípio da dignidade humana, que ora tem tratamento de dano moral, ora tem tratamento autônomo".[139] Consigna, entretanto, referida professora, a diferença: "o dano moral baseia-se no sentimento da pessoa, no psíquico; a lesão existencial é externa, consistindo no fato da vítima não mais poder seguir sua rotina".[140]

Em decisão unânime, a Sétima Turma do Tribunal Superior do Trabalho, em acórdão que foi Relator o Ministro Vieira de Mello, concluiu pela diferença entre o dano existencial e o dano moral: "o primeiro é um conceito jurídico oriundo do Direito Civil italiano e relativamente recente, que pretende uma forma de proteção à pessoa que transcende os limites classicamente colocados para a noção de dano moral".[141] Nessa situação, os danos refletem-se não apenas no âmbito moral e físico, comprometendo, também, as relações com terceiros. O conceito de dano existencial, na doutrina trabalhista, tem sido aplicado às relações de trabalho "no caso de violações de direitos e limites inerentes ao contrato de trabalho que implicam, além de danos materiais ou morais, danos ao seu projeto de vida ou à chamada vida de relações"[142]. O caso concreto tratava da condenação ao pagamento de indenização por dano existencial a um entregador de jornal, que trabalhava em sobrejornada, realizando cerca de 70 (setenta) horas extraordinárias semanais. O Tribunal Regional do Trabalho da 4ª Região (RS), considerando as situações que compõem o conjunto de necessidade básicas do ser humano, entendeu comprovado o excesso de trabalho, o que cerceou a possibilidade de o empregado conviver com seus familiares, interagir socialmente e realizar atividades destinadas ao lazer ou ao aprimoramento cultural. O aresto do TST ressaltou que uma mesma situação pode

---

(133) DALLEGRAVE NETO, 2014, p. 181.

(134) SILVA; WOLOWSKI, 2016, p. 568.

(135) Idem.

(136) LORA, 2013, p. 21.

(137) BOUCINHAS FILHO, Jorge Cavalcanti; ALVARENGA, Rúbia Zanotelli. O dano existencial e o direito do trabalho. *Revista Eletrônica do Tribunal Regional do Trabalho do Paraná*, v. 2, n. 22, p. 44. set. 2013. Disponível em: <http://www.mflip.com.br/pub/escolajudicial/?numero=22&edicao=2303>. Acesso em: 14 jun.2017.

(138) ALMEIDA NETO, 2005, p. 68.

(139) RODAS, Sérgio. Seminário na Faculdade de Direito da USP debate danos existencial e moral. *Consultor Jurídico*. 26.06.2015. Disponível em: <http://www.conjur.com.br/2015-jun-26/seminario-direito-usp-debate-danos-existencial-moral>. Acesso em: 15 jun. 2017.

(140) Consultor Jurídico, 2015.

(141) CORREIA, Márcio. Turma afirma necessidade de comprovação de dano existencial para deferimento de indenização a trabalhador. *Notícias do TST*. 04.09.2015. Disponível em: <http://www.tst.jus.br/noticias/-/asset_publisher/89Dk/content/turma-afirma-necessidade-de-comprovacao-de-dano-existencial-para-deferimento-de-indenizacao-a-trabalhador>. Acesso em: 15 jun. 2017.

(142) CORREIA, 2015.

gerar, em tese, duas formas de lesão; asseverou, no entanto, que os pressupostos e a demonstração probatória de cada uma são independentes. Entendeu o julgado, no caso em análise, que, embora tenha ficado provada a sobrejornada, não houve demonstração ou indício de que isso tenha comprometido as relações sociais do trabalhador ou o seu projeto de vida, o que era o fato constitutivo do seu direito. Por fim, diz o acórdão, não se pode admitir que "comprovada a prestação de horas extraordinárias, extraia-se daí automaticamente a consequência de que as relações sociais do trabalhador foram rompidas ou que seu projeto de vida foi suprimido do seu horizonte".[143]

Com essa mesma compreensão, sobre a necessidade de prova, afirma-se que "o lesado deve provar o regular desenvolvimento das suas atividades cotidianas, antes do dano, bem como a sua cessação ou modificação prejudicial ocorrida a partir da ofensa".[144] Enfatiza-se essa questão, asseverando-se que, ao autor da ação, sempre incumbe indicar, na petição inicial, todos os elementos e circunstâncias incidentes e necessários à exata compreensão do ocorrido. Exige-se, também, "a indicação precisa e o mais completa possível dos danos experimentados (inclusive da chance perdida, conforme o caso), para auxiliar na compreensão da controvérsia pelo julgador e viabilizar a defesa do réu".[145]

Essas são as principais orientações, de forma sintética, que permitem admitir a figura autônoma do dano existencial no Direito brasileiro, especialmente no ramo trabalhista.

4. CONSIDERAÇÕES FINAIS

O fenômeno do assédio moral foi, inicialmente, reconhecido na biologia, em pesquisas de laboratório com animais pequenos, comprovando-se que as invasões de território por outros animais geravam comportamento agressivo. Os invadidos procuravam expulsar o invasor com atitudes agressivas. A esse tipo de conduta denominou-se *mobbing*.

Essa terminologia foi criada nas décadas de 1960 e 1970, pelo médico sueco Peter Paul Heinemann, para descrever a conduta hostil de certas crianças em relação a outras.

Apenas na década de 1980, Heinz Leymann, psicólogo de origem alemã radicado na Suécia, utilizou o conceito de *mobbing* para denominar as formas de assédio nas organizações. A compreensão do assédio moral, sob o ponto de vista jurídico, ocorreu apenas no final do século XX, com os estudos da psicóloga francesa, Marie-France Hirigoyen.

Além do vocábulo *mobbing*, o assédio moral também é reconhecido em outros países pelas seguintes expressões: psicoterror laboral, acosso moral, terror psicológico, tortura psicológica, humilhação no trabalho, *ijime*, *harcèlement moral*, *harassment* e *bullying*.

Dentre tantos conceitos existentes, o de Márcia Novaes Guedes parece ser o mais didático, que afirma que o *mobbing*, ou o assédio moral, compreende todos os atos e comportamentos provindos do patrão, gerente ou superior hierárquico, ou mesmo dos colegas, que traduzem uma atitude de contínua e ostensiva perseguição, que acarrete danos relevantes às condições físicas, psíquicas e morais da vítima.

Embora o Brasil tenha mais de 5.000 municípios em seu território, não chegam a cem os que reconheceram o fenômeno do assédio moral em suas leis. O Município de Iracemápolis foi o pioneiro no ano de 2000. O Estado do Rio de Janeiro também legislou sobre esse tema em 2002.

Essas leis, municipais e estaduais, não são consideradas normas trabalhistas, mas administrativas, pois visam a regulamentar as relações entre a administração pública e seus servidores, uma vez que somente a União possui competência para legislar sobre Direito do Trabalho (art. 22, I, da CF/88).

O assédio moral, juridicamente, fundamenta-se, especialmente, no princípio da dignidade da pessoa humana e no direito à saúde e à honra (arts. 1º, III, 6º, e 5º, X, da CF/88).

No âmbito das relações de emprego, o assédio moral pode ser identificado nos sentidos vertical (descendente e ascendente), horizontal e misto. O vertical descendente manifesta-se pelas chefias em direção aos chefiados. O vertical ascendente (menos frequente) acontece de chefiados em direção à chefia. O horizontal deflagra-se por colegas em direção a outros colegas de trabalho. No assédio misto, o maltrato ocorre tanto pelos superiores quanto pelos colegas da vítima, compondo-se de três sujeitos: o assediador vertical, o assediador horizontal e a vítima.

Uma nova modalidade de abuso patronal denomina-se assédio moral organizacional, assédio moral

---

(143) *Idem*.
(144) SOARES, 2015, p. 145-146.
(145) *Idem*.

institucional ou assédio moral empresarial. Essa modalidade, ou tipo de assédio, compõe um conjunto de práticas reiteradas, inseridas nas estratégias e métodos de gestão, por meio de pressões, humilhações e constrangimentos, para que sejam alcançados objetivos empresariais ou institucionais.

O dito assédio organizacional difere do assédio interpessoal porque, no primeiro, a empresa promove e estimula a ocorrência das práticas e, no segundo, a empresa omite-se, permitindo a ocorrência das práticas.

Um importante mecanismo, para impedir a ocorrência do assédio moral, ou impedir sua repetição, é a tutela inibitória. Antes prevista no art. 461 do Código de Processo Civil de 1973, e agora no Novo Código de 2015 (art. 497 e parágrafo único), a tutela inibitória não tem, entre os seus pressupostos, o dano e a culpa, limitando-se a exigir a probabilidade da prática de um ato ilícito, ou sua repetição, ou continuação, demonstrando-se a imputação desse comportamento a alguém.

Existem precedentes no Superior Tribunal de Justiça reconhecendo o assédio moral no serviço público como ato de improbidade.

A projeção do assédio moral como possibilidade de tipificar crime ainda merecerá aprofundados estudos. Parece, no entanto, que a tipificação do assédio sexual como crime não reduziu a ocorrência em concreto desse tipo de abuso. O ideal seria a existência de uma norma, de âmbito federal, inserida na CLT, combatendo o assédio moral. De qualquer modo, ainda que ausente legislação a respeito, no âmbito das relações de trabalho, as negociações coletivas (Convenções e Acordos Coletivos) podem ser instrumentos eficazes para conceituar o assédio moral, estabelecendo medidas preventivas e repressivas a respeito.

Quatro medidas reparatórias podem ser identificadas, relativamente à prática do assédio moral. A primeira é a rescisão indireta do contrato de trabalho por falta grave patronal (art. 483 da CLT), ou por justa causa do empregado, quando este for o assediador (art. 482, CLT). A segunda possibilidade verifica-se na indenização por danos materiais, quando o assédio moral provocar lesão de ordem patrimonial, incluindo-se despesas com tratamento de saúde, redução dos ganhos, perda de promoção, desemprego e outros prejuízos econômicos. A terceira possibilidade está contida na indenização por danos morais (e/ou psicológico-psíquicos), levando-se em conta uma compensação pelo dano que o assediado sofrer (caráter indenizatório), e uma punição que faça com que a empresa seja atingida em seu aspecto financeiro, de maneira a ter interesse em tomar atitudes concretas para que os casos de assédio não se repitam. A quarta possibilidade destina-se a verificar a ocorrência do dano existencial, que aconteceria pela frustração ou uma projeção que impede a realização do trabalhador, com perda da qualidade de vida.

Discute-se se o dano existencial deve ser considerado junto com o dano moral ou se tem existência autônoma. Pode-se dizer que, enquanto o dano moral baseia-se no sentimento da pessoa, no psíquico, o dano existencial tem verificação externa, consistindo no fato de a vítima não mais poder seguir sua rotina de vida. Considera-se indispensável, para o reconhecimento do dano existencial, a prova de que o assédio moral tenha comprometido as relações sociais do trabalhador ou o seu projeto de vida.

Os arts. 223-A a 223-G, do Título II-A, denominado "Do Dano Extrapatrimonial", introduzidos na CLT pela Lei n. 13.467/2017, sofreram questionamentos, que podem assim ser sintetizados: a) as figuras do dano moral e do dano existencial estão contempladas nos arts. 223-B e 223-C?; b) a titularidade exclusiva prevista no art. 223-B afasta a configuração do dano moral coletivo e do evento morte?; c) quanto à graduação dos valores fixados a título de indenização, há inconstitucionalidade a ser reconhecida, entre outras, por violação do princípio da isonomia do art. 5º, *caput*, da CF/88?

Como se pode deduzir, e este texto procurou aprofundar-se nisso, há muitas dúvidas pendentes, que só o tempo, e as decisões judiciais, poderão esclarecer e harmonizar, para uma adequação entre o que a lei diz e os fatos da vida revelam. Em outras palavras, o Direito não é apenas o que o legislador quer que ele seja, mas aquilo que se transforma em Justiça com a depuração do Tempo.

5. REFERÊNCIAS BIBLIOGRÁFICAS

ALKIMIN, Maria Aparecida. *Assédio moral na relação de trabalho*. 2. ed. rev. e atual. Curitiba: Juruá, 2012.

ALMEIDA NETO, Amaro Alves de. Dano existencial: a tutela da dignidade da pessoa humana. *Revista dos Tribunais*, São Paulo, v., 6, n. 24, p. 68, out./dez. 2005.

Assédio moral no serviço público é considerado improbidade. *Consultor Jurídico*. 19.11.2013. Disponível em: <http://www.conjur.com.br/2013-nov-11/stj-assedio-moral-servico-publico-considerado-ato-improbidade>. Acesso em: 13 jun. 2017.

Assédio moral no trabalho. Disponível em: <http://www.assediomoral.org/spip.php?rubrique20>. Acesso em: 11 jun. 2017.

BARROS, Alice Monteiro de. *Curso de direito do trabalho*. 10. ed. atualizada por Jessé Claudio Franco de Alencar. São Paulo: LTr, 2016.

BEBBER, Júlio César. Danos extrapatrimoniais (estético, biológico e existencial) – breves considerações. *Revista LTr*, v. 73, n. 1, p. 28, jan. 2009.

BERALDO, Marllon. *Assédio moral e sua criminalização*. São Paulo: LTr, 2012.

BITTAR, Carlos Alberto. *Os direitos da personalidade*. Rio de Janeiro: Forense, 1989.

BOUCINHAS FILHO, Jorge Cavalcanti; ALVARENGA, Rúbia Zanotelli. O dano existencial e o direito do trabalho. *Revista Eletrônica do Tribunal Regional do Trabalho do Paraná*, v. 2, n. 22, p. 44, set. 2013. Disponível em: <http://www.mflip.com.br/pub/escolajudicial/?numero=22&edicao=2303>. Acesso em: 14 jun. 2017.

BRASIL. Decreto-lei n. 5.452, de 1º de maio de 1943. Consolidação das Leis do Trabalho. Disponível em: <http://www.planalto.gov.br/ccivil_03/decreto-lei/Del5452.htm>. Acesso em: 11 jun. 2017.

_____. Lei n. 13.467, de 13 de julho de 2017. Altera a Consolidação das Leis do Trabalho (CLT), aprovada pelo Decreto-Lei n. 5.452, de 1º de maio de 1943, e as Leis ns. 6.019, de 3 de janeiro de 1974, 8.036, de 11 de maio de 1990, e 8.212, de 24 de julho de 1991, a fim de adequar a legislação às novas relações de trabalho. Disponível em: <http://www.planalto.gov.br/ccivil_03/_ato2015-2018/2017/lei/L13467.htm>. Acesso em: 04 set. 2017.

_____. Lei n. 10.224, de 15 de maio de 2001. Altera o Decreto-Lei n. 2.848, de 7 de dezembro de 1940 – Código Penal, para dispor sobre o crime de assédio sexual e dá outras providências. Disponível em: <http://www.planalto.gov.br/ccivil_03/leis/LEIS_2001/L10224.htm>. Acesso em: 13 jun. 2017.

_____. Lei n. 10.406, de 10 de janeiro de 2002. Código Civil. Disponível em: <http://www.planalto.gov.br/ccivil_03/leis/2002/l10406.htm>. Acesso em: 14 jun. 2017.

_____. Lei n. 13.105, de 16 de março de 2015. Código de Processo Civil. Disponível em: <http://www.planalto.gov.br/ccivil_03/_ato2015-2018/2015/lei/l13105.htm>. Acesso em: 11 jun. 2017.

_____. Lei n. 13.185, de 6 de novembro de 2015. Institui o Programa de Combate à Intimidação Sistemática (Bullying). Disponível em: <http://www.planalto.gov.br/ccivil_03/_Ato2015-2018/2015/Lei/L13185.htm>. Acesso em: 6 jun. 2017.

_____. Lei n. 5.869, de 11 de janeiro de 1973. Código de Processo Civil. Disponível em: <http://www.planalto.gov.br/ccivil_03/leis/L5869.htm>. Acesso em: 11 jun. 2017.

_____. Lei n. 8.429, de 2 de junho de 1992. Dispõe sobre as sanções aplicáveis aos agentes públicos nos casos de enriquecimento ilícito no exercício de mandato, cargo, emprego ou função na administração pública direta, indireta ou fundacional e dá outras providências. Disponível em: <http://www.planalto.gov.br/ccivil_03/leis/L8429.htm>. Acesso em: 13 jun. 2017.

_____. *Superior Tribunal de Justiça*. Súmulas do STJ. Disponível em: <http://www.stj.jus.br/SCON/sumulas/toc.jsp?livre=@docn&tipo_visualizacao=RESUMO&menu=SIM>. Acesso em: 14 jun. 2017.

CALVO, Adriana. O assédio moral institucional e a dignidade da pessoa humana (estudo do assédio moral institucional sob a ótica dos direitos fundamentais). In: GUNTHER, Luiz Eduardo; ALVARENGA, Rúbia Zanotelli de (Coord.). *Direitos humanos e meio ambiente do trabalho*. São Paulo: LTr, 2016. p. 11-18.

CARVALHO, Gisele Mendes de; CARVALHO, Érika Mendes de; SILVA, Leda Maria Messias da; MACHADO, Isadora Vier. *Assédio moral no ambiente de trabalho*: uma proposta de criminalização. Curitiba: JM, 2013.

COLNAGO, Lorena de Mello Rezende. Dano existencial e a jornada de trabalho. *Revista Eletrônica do Tribunal Regional do Trabalho do Paraná*, v. 2, n. 22, p. 57, set. 2013. Disponível em: <http://www.mflip.com.br/pub/escolajudicial/?numero=22&edicao=2303>. Acesso em: 14 jun. 2017.

CORREIA, Márcio. Turma afirma necessidade de comprovação de dano existencial para deferimento de indenização a trabalhador. *Notícias do TST*. 04.09.2015. Disponível em: <http://www.tst.jus.br/noticias/-/asset_publisher/89Dk/content/turma-afirma-necessidade-de-comprovacao-de-dano-existencial-para-deferimento-de-indenizacao-a-trabalhador>. Acesso em: 15 jun. 2017.

DALAZEN, João Oreste. *Lições de direito e processo do trabalho*. São Paulo: LTr, 2017.

DALLEGRAVE NETO, José Affonso. *Responsabilidade civil no direito do trabalho*. 5. ed. São Paulo: LTr, 2014.

DELGADO, Gabriela Neves. *Direito fundamental ao trabalho digno*. 2. ed. São Paulo: LTr, 2015.

DELGADO, Mauricio Godinho. *Curso de direito do trabalho*. 15. ed. São Paulo: LTr, 2016. p. 1363.

FERREIRA, Hádassa Dolores Bonilha. *Assédio moral nas relações de trabalho*. Campinas: Russel, 2004.

GHERSI, Carlos A. *Teoría general de la reparación de daños*. Buenos Aires: Editorial Astrea, 1997.

GIZZI, Jane Salvador de Bueno; MENDONÇA, Ricardo Nunes de. Assédio moral organizacional – fator de poluição ambiental – tutela inibitória e tutela de remoção de ilícito. In: ALLAN, Nasser Ahmad; GIZZI, Jane Salvador de Bueno; COZERO, Paula Talita (Org.). *Assédio moral organizacional*: as vítimas dos métodos de gestão nos bancos. Bauru: Canal 6, 2015. p. 75-95.

GOLDSCHMIDT, Rodrigo; ZANCO, Andressa. Assédio moral por metas abusivas e direito fundamental ao trabalho digno. *Revista Trabalhista Direito e Processo*, São Paulo, ano 14, n. 54, p. 189-202, dez. 2015.

GONÇALVES FILHO, J. M. Humilhação social: um problema político em psicologia. *Revista de Psicologia da USP*, São Paulo, v. 9, n. 2, p. 11-67, 1998.

GOSDAL, Thereza Cristina; SOBOLL, Lis Andrea Pereira; SCHATZMAM, Mariana; EBERLE, André Davi. Assédio moral organizacional: esclarecimentos conceituais e repercussões. In: GOSDAL, Thereza Cristina; SOBOLL, Lis Andrea Pereira (Org.). *Assédio moral interpessoal e organizacional:* um enfoque interdisciplinar. São Paulo: LTr, 2009. p. 37.

GUEDES, Márcia Novaes. *Terror psicológico no trabalho.* São Paulo: LTr, 2003.

HIRIGOYEN, Marie-France. *Assédio moral:* a violência perversa do cotidiano. Tradução de Maria Helena Kühner. 4. ed. Rio de Janeiro: Bertrand Brasil, 2002.

_____. *El acoso moral en el trabajo:* distinguir lo verdadeiro de lo falso. Traducción de Núria Pujol i Valls. Buenos Aires: Paidós, 2008.

_____. *Mal-estar no trabalho:* redefinindo o assédio moral. Tradução de Rejane Janowitzer. Rio de Janeiro: Bertrand Brasil, 2002.

LEÃO XIII. *Rerum Novarum.* Tradução de Manuel Alves da Silva, S.J. 10. ed. São Paulo: Paulinas, 1965.

LEIRIA, Maria de Lourdes. *Assédio sexual laboral, agente causador de doenças do trabalho:* reflexos na saúde do trabalhador. São Paulo: LTr, 2012.

LIMA, Francisco Meton Marques de; LIMA, Francisco Péricles Domingues Marques de. *Reforma trabalhista:* entenda ponto por ponto. São Paulo: LTr, 2017.

LIPPMANN, Ernesto. *Assédio sexual nas relações de trabalho:* da prática do assédio sexual e assédio moral nas relações de trabalho – como requerer indenização por danos morais e materiais nos tribunais. 2. ed. São Paulo: LTr, 2004.

LORA, Ilse Marcelina Bernardi. O dano existencial no direito do trabalho. *Revista Eletrônica do Tribunal Regional do Trabalho do Paraná*, v. 2, n. 22, p. 21, set. 2013. Disponível em: <http://www.mflip.com.br/pub/escolajudicial/?numero=22&edicao=2303>. Acesso em: 14 jun. 2017.

MARINONI, Luiz Guilherme; ARENHARDT, Sergio Cruz; MITIDIERO, Daniel. *Novo curso de processo civil.* A tutela dos direitos mediante procedimento comum. São Paulo: RT, 2015. v. 2.

MELEK, Marlos Augusto. *Trabalhista:* O que mudou?. Curitiba: Estudos Imediato, 2017.

MIGLIORANZI, Juliana Migot; HABERMANN, Raíra Tuckmantel. *Comentários à reforma trabalhista.* Leme-SP: Habermann, 2017.

MORAES, Maria Celina Bodin de. *Danos à pessoa humana.* Rio de Janeiro: Renovar, 2003.

MUÇOUÇAH, Renato de Almeida Oliveira. *Assédio moral coletivo nas relações de trabalho.* São Paulo: LTr, 2014.

NASCIMENTO, Amauri Mascaro. *Ordenamento jurídico trabalhista.* São Paulo: LTr, 2013.

NASCIMENTO, Sônia A. C. Mascaro. Assédio moral no ambiente de trabalho. *Revista LTr*, São Paulo, v. 68, n. 08, p. 929, ago. 2004.

ORGANIZAÇÃO INTERNACIONAL DO TRABALHO. *Constituição da Organização Internacional do Trabalho.* Disponível em: <http://www.oitbrasil.org.br/sites/default/files/topic/decent_work/doc/constituicao_oit_538.pdf>. Acesso em: 7 jun. 2017.

PAMPLONA FILHO, Rodolfo. Noções conceituais sobre o assédio moral na relação de emprego. In: DELGADO, Mauricio Godinho; DELGADO, Gabriela Neves (Org.). *Direito do trabalho da seguridade social:* direito do trabalho coletivo, administrativo, ambiental e internacional. São Paulo: Revista dos Tribunais, 2012. p. 893-916.

PAMPLONA FILHO, Rodolfo; Wrzykowski, Adriana; BARROS, Renato da Costa Lino de Goes. *Assédio moral laboral e direitos fundamentais.* 2. ed. ampl. e rev. São Paulo: LTr, 2016.

PEDUZZI, Maria Cristina Irigoyen. Assédio moral. *Revista TST*, Brasília, v. 73, n. 2, p. 26, abr./jun. 2007.

_____. *O princípio da dignidade da pessoa humana na perspectiva do direito como integridade.* São Paulo: LTr, 2009.

PINTO, José Augusto Rodrigues. *O assédio moral nas relações de trabalho.* Disponível em: <http://docslide.com.br/documents/jose-augusto-rodrigues-pinto-o-assedio-moral-nas-relacoes-de-trabalho.html>. Acesso em: 11 jun. 2017.

PRATA, Marcelo Rodrigues. *Anatomia do assédio moral no trabalho:* uma abordagem transdisciplinar. São Paulo: LTr, 2008.

ROCHA, Cármen Lúcia Antunes. O princípio da dignidade da pessoa humana e a exclusão social. *Revista Interesse Público*, n. 4, p. 24, 1999.

RODAS, Sérgio. Seminário na Faculdade de Direito da USP debate danos existencial e moral. *Consultor Jurídico.* 26.06.2015. Disponível em: <http://www.conjur.com.br/2015-jun-26/seminario-direito-usp-debate-danos-existencial-moral>. Acesso em: 15 jun. 2017.

ROMERO RODENAS, María José. *Protección frente al acoso en el trabajo.* Albacete: Bomarzo, 2004.

SARLET, Ingo Wolfgang. *Dignidade da pessoa humana e direitos fundamentais na Constituição Federal de 1988.* 5. ed. Porto Alegre: Livraria do Advogado, 2007.

SCHMIDT, Martha Halfeld Furtado de Mendonça. O assédio moral no direito do trabalho. *Revista do TRT da 9ª Região*, Curitiba, v. 27, n. 47, p. 142-143. jan./jul. 2002.

SILVA, Homero Batista Mateus da. *Comentários à reforma trabalhista:* análise da Lei n. 13.467/2017 artigo por artigo. São Paulo: Revista dos Tribunais, 2017.

SILVA, Leda Maria Messias; WOLOWSKI, Matheus Ribeiro de O. O assédio moral por excesso de trabalho em face aos direitos de personalidade do empregado. *Revista LTr*, São Paulo, v. 80, n. 05, p. 561-573. maio 2016.

SIMM, Zeno. *Acosso psíquico no ambiente de trabalho:* manifestações, efeitos, prevenção e reparação. São Paulo: LTr, 2008.

SOARES, Flaviana Rampazzo. *Responsabilidade civil por dano existencial*. Porto Alegre: Livraria do Advogado, 2009.

TELES, Gabriela Caranauru; SANTOS, Luiza Beghetto Penteado dos; COZERO, Paula Talita. Assédio moral organizacional e adoecimento de trabalhadores: o caso do HSBC em Curitiba. In: ALLAN, Nasser Ahmad; GIZZI, Jane Salvador de Bueno; COZERO, Paula Talita (Org.). *Assédio moral organizacional*: as vítimas dos métodos de gestão nos bancos. Bauru: Canal 6, 2015. p. 51-74.

TRIBUNAL REGIONAL DO TRABALHO DA 9ª REGIÃO. *Revista Eletrônica*, Dano existencial, v. 2, n. 22, set. 2013. Disponível em: <http://www.mflip.com.br/pub/escolajudicial/?numero=22&edicao=2303>. Acesso em: 14 jun. 2017.

_____. *Revista Eletrônica*, Dano moral coletivo, v. 4, n. 38, mar. 2015. Disponível em: <http://www.mflip.com.br/pub/escolajudicial/?numero=38&edicao=4048>. Acesso em: 06 set. 2017.

WEIL, Simone. *Simone Weil*: a condição operária e outros estudos sobre a opressão. Seleção e apresentação de Ecléia Bosi. Tradução de Therezinha G. G. Langlada. 2. ed. rev. Rio de Janeiro: Paz e Terra, 1996.

Capítulo 5

A Inconstitucionalidade da Tarifação da Indenização por Dano Extrapatrimonial no Direito do Trabalho[1]

Roberto Dala Barba Filho[2]

Os pedidos envolvendo a indenização por dano extrapatrimonial decorrente de relações de trabalho estão entre os temas mais recorrentes na rotina forense trabalhista. Seja em razão, para alguns, do estímulo a uma "indústria" indenizatória, seja, para outros, em razão do desenvolvimento de uma maior conscientização e sensibilidade quanto ao tema, a verdade é que se trata de pretensão recorrente em significativa quantidade de processos perante a Justiça do Trabalho. Não admira, assim, que a introdução, pela Lei n. 13.467/2017 de todo um título destinado ao tema no direito do trabalho tenha sido alvo de bastante atenção e controvérsia.

Existem diversos pontos da reforma trabalhista neste particular que ensejaram debates importantes, mas certamente um dos mais polêmicos é a tarifação da indenização por dano extrapatrimonial, disciplinada nos parágrafos que acompanham o art. 223-G, inseridos na CLT.

É curioso notar que uma das principais críticas dirigidas à reforma trabalhista é precisamente a sua propensão "desregulamentadora". Ironicamente, em face da presente reforma, a ausência de qualquer limitação ou predefinição objetiva de valores anteriormente era objeto de elogios da doutrina. José Affonso Dallegrave Neto destacava que "a legislação positiva é omissa na tarifação dos danos morais e assim o faz de forma acertada, vez que, pela própria natureza dos direitos imateriais de personalidade, não é possível aplicar valores nominais e imutáveis a todas as situações concretas, indiscriminadamente"[3].

Lamentavelmente, ao procurar dar sua contribuição ao tormentoso tema, o legislador da Reforma adotou a sempre criticável (e já declarada inconstitucional em situações similares) opção pela tarifação da indenização, introduzindo com o art. 223-G os §§ 1º, 2º e 3º:

§ 1º Se julgar procedente o pedido, o juízo fixará a indenização a ser paga, a cada um dos ofendidos, em um dos seguintes parâmetros, vedada a acumulação:

I — ofensa de natureza leve, até três vezes o último salário contratual do ofendido;

II — ofensa de natureza média, até cinco vezes o último salário contratual do ofendido;

III — ofensa de natureza grave, até vinte vezes o último salário contratual do ofendido;

IV — ofensa de natureza gravíssima, até cinquenta vezes o último salário contratual do ofendido.

§ 2º Se o ofendido for pessoa jurídica, a indenização será fixada com observância dos mesmos parâmetros estabelecidos no § 1º deste artigo, mas em relação ao salário contratual do ofensor.

§ 3º Na reincidência entre partes idênticas, o juízo poderá elevar ao dobro o valor da indenização.

Com a Medida Provisória n. 808/2017 foi alterada a redação do § 1º e do § 3º, que passaram a contar com o seguinte texto:

§ 1º Ao julgar procedente o pedido, o juízo fixará a reparação a ser paga, a cada um dos ofendidos, em um dos seguintes parâmetros, vedada a acumulação;

I — para ofensa de natureza leve — até três vezes o valor do limite máximo dos benefícios do Regime Geral de Previdência Social;

II — para ofensa de natureza média — até cinco vezes o valor do limite máximo dos benefícios do Regime Geral de Previdência Social;

III — para ofensa de natureza grave — até vinte vezes o valor do limite máximo dos benefícios do Regime Geral de Previdência Social; ou

---

(1) Artigo originalmente publicado em 27.09.2017. Disponível em: <http://www.migalhas.com.br/dePeso/16,MI266105,21048-A+inconstitucionalidade+da+tarifacao+da+indenizacao+por+dano>.
(2) Bacharel em Direito pela UFPR. Mestre em Direito pela PUC-PR. Juiz do Trabalho no TRT da 9ª Região.
(3) DALLEGRAVE NETO, José Affonso. *Responsabilidade civil no direito do trabalho*. 5. ed. São Paulo: LTr, 2014. p. 185.

IV — para ofensa de natureza gravíssima — até cinquenta vezes o valor do limite máximo dos benefícios do Regime Geral de Previdência Social.

§ 3º Na reincidência de quaisquer das partes, o juízo poderá elevar ao dobro o valor da indenização.

A redação trazida pela Medida Provisória n. 808/2017 melhora o disposto em alguns aspectos, mas continuam a existir diversas deficiências nos parágrafos em exame.

A primeira delas consiste na suposição de que a indenização deve ser arbitrada segundo o pedido, e não conforme a causa de pedir. Não coincidem, nem há litispendência entre demandas, quando embora o pedido seja o mesmo (e.g. indenização por danos morais), a causa de pedir seja distinta (i.e. um pedido de danos morais em razão de humilhações e um pedido de danos morais decorrente de violência física). Se um trabalhador, em determinada situação, foi ofendido verbalmente ou humilhado por ato do seu empregador, tal circunstância pode justificar o ajuizamento de uma demanda em razão desse fato, com pedido indenizatório. Se, alguns meses depois, ele for agredido fisicamente, tal circunstância também pode ensejar um pedido indenizatório por esse fundamento, e evidentemente se estará tratando de situações distintas. Se o mesmo pedido pode possuir diferentes causas de pedir, e se cada causa de pedir justificaria, por si só, pretensões autônomas em diferentes ações, evidentemente quando há um pedido de indenização por danos morais fundamentado em diferentes causas de pedir, cada uma delas bastaria para justificar uma indenização específica, sem que isso implique acumulação de indenizações, já que decorrerão de violações distintas. A vedação de acumulação, nesse caso, só pode ser interpretada como se referindo ao mesmo fato e a mesma causa de pedir, portanto.

A segunda deficiência é a tarifação segundo a gravidade de ofensa. É a típica solução que, na prática, cria mais dificuldades do que resolve. Não existe como definir em caráter objetivo o que seria uma ofensa moral de natureza "leve" e uma ofensa de natureza "média", e, rigorosamente falando, tampouco a norma procura as fixar, sabendo que isso seria inócuo. Se o art. 223-G já havia definido quais elementos deveriam ser sopeados pelo magistrado, cada um com sua respectiva influência na formação do convencimento do magistrado a respeito dos agravantes, atenuantes e gravidade do caso, parece indene de dúvidas que a fixação do valor (e, por conseguinte, da gravidade da lesão), deveria ser deixada ao razoável arbítrio judicial, não auxiliando em nada a tarifação segundo a suposta natureza da lesão exceto para estabelece um limite total que o magistrado deve observar, e criar uma discussão deveras inócua e vazia de conteúdo a respeito do fato da ofensa ser leve ou média, por exemplo.

A legislação pressupõe, erroneamente, que o raciocínio jurídico do magistrado o leva a um enquadramento mental, geral e abstrato de uma determinada lesão num quadro predeterminado de gravidade da ofensa, para, com base nesse enquadramento, chegar a um determinado horizonte de valores, quando na verdade com base na aferição de elementos — tais como aqueles consignados nos incisos do *caput* — o magistrado já valora o dano a ser reparado e lhe atribui uma importância pecuniária, se for o caso. Na prática, portanto, o que ocorrerá é que o valor fixado pelo magistrado é que acabará definindo o enquadramento da lesão de acordo com seu suposto grau de ofensa, e não o contrário. Na prática, assim, o único limitador efetivo que a lei impõe é o valor máximo a ser indenizado, de 50 vezes o último salário contratual do ofendido, que pode ser dobrado em caso de reincidência entre as mesmas partes.

No que se refere à base de cálculo da indenização, assim como a possibilidade de majoração por reincidência, entendo que a Medida Provisória n. 808/2017 melhorou a orientação legal que fora fixada pela redação original dos artigos.

Com efeito, uma das principais polêmicas na redação original dos incisos do § 1º consistia na fixação de um limite de valor com base no salário do ofendido, como se a honra, a imagem, a intimidade, a liberdade de ação, a autoestima, a sexualidade, a saúde, o lazer e a integridade física de um ser humano — para ficar apenas nos bens expressamente tutelados pela norma — variasse de acordo com o seu contracheque. Tais bens da vida, assim como todos os direitos fundamentais, possuem pretensão de universalidade, e, como tais, devem ser tutelados para todos os seres humanos pelo simples fato de serem seres humanos, sendo irrelevante, para fins de valoração da indenização por dano extrapatrimonial, a situação socioeconômica do ofendido. Aliás, a própria natureza dos direitos extrapatrimoniais reside precisamente na sua absoluta indiferença ao patrimônio do seu titular. Acompanho, assim, em parte, a crítica de Mauro Cezar Martins Souza quando sublinha que:

> Alguns doutrinadores fixam como elemento balizador a condição social e econômica da própria vítima. Admitir isto, porém, seria o mesmo que dizer que o pobre não tem honra. Seria abrir-se aos poderosos, aos ricos, o direito de satisfazer-se à custa do sofrimento alheio, de tratar com escárnio e desprezo a honra de um desafeto de parco poder econômico, ou, como no caso presente, de um empregado,

hipossuficiente por natureza, sabendo que o preço a ser pago em nada lhe afetaria o patrimônio[4].

Não é possível entendo que o que procurasse o legislador, tampouco os doutrinadores que eventualmente defendam este critério, ao indicar que a honra ou a dignidade das pessoas varia segundo sua remuneração. O que se verificava, sim, é uma preocupação exagerada na tentativa de "matematização" jurídica, procurando definir critérios objetivos para a fixação de valores, sem atentarem para o fato de que o critério sugerido efetivamente culmina em injustificável — e inconstitucional — privilégio e prestígio monetário a direitos que não devem guardar nenhuma relação com a situação econômica pessoal do ofendido[5].

Com a nova redação o critério passa a independer da circunstância econômica pessoal do trabalhador, já que se desvincula o valor da indenização de seu salário, e passa a ser observado o limite máximo dos benefícios do Regime Geral da Previdência Social, critério que, pelo menos, torna mais abstrato, geral e impessoal a indenização para todas as pessoas, independentemente de sua condição remuneratória.

A segunda opção criticável na redação original, e que efetivamente foi melhorada pela redação da Medida Provisória n. 808/2017 era a de se exigir, como condição para elevação da indenização, a reincidência do dano entre as mesmas partes. O caráter educacional e preventivo da reparação por danos morais visa sempre ao futuro. Visa servir de fator de estímulo à correção da conduta e inibitório de sua prática. Ao limitar em sua redação original o acréscimo de valor indenizatório apenas à reincidência entre as mesmas partes a norma solapa o caráter preventivo e pedagógico da sanção, deixando de visualizar o fato de que a reiteração da conduta que já foi considera ilegal em um determinado caso é por si só antijurídica e ofende a direitos fundamentais, e por isso mesmo deve ser tolhida e não tolerada toda a vez que o ato ilícito atinge mais vítimas em razão da manifesta insuficiência de eventual valor indenizatório fixado em demandas anteriores como elemento de dissuasão da conduta.

Não se ignora que esse caráter "pedagógico" da sanção ainda é controvertido. João de Lima Teixeira Filho, por exemplo, entende que "precisamente porque sua função é satisfatória, descabe estipular a indenização como forma de "punição exemplar", supostamente inibidora de reincidência ou modo de eficaz advertência a terceiros para que não incidam em práticas símiles"[6].

A seu turno Vólia Bomfim Cassar entende que a natureza da indenização decorrente do dano moral é de punição educativa ao agressor, de forma a inibir a repetição do mesmo ato no futuro[7].

Pessoalmente, entendo que o caráter educacional e preventivo da sanção moral é indissociável de sua finalidade, o que está em consonância inclusive com o fato de que a existência da sanção comprova o reconhecimento do dano e do ato ilícito que o gerou, e não se obtém, neste aspecto, qualquer pacificação social ou efetiva melhora das condições das relações laborais se a sanção ficar sempre adstrita ao caso concreto, sem a compreensão óbvia de que, em vários casos, não se trata de um caso isolado, tampouco o processo é uma ilha, devendo ser observada a reincidência e reiteração da conduta lesiva como componente da fixação da indenização, independentemente do fato de não se tratar das mesmas partes.

Como assinala Caio Mário da Silva:

> ...na reparação por dano moral estão conjugados dois motivos, ou duas concausas: 1) punição ao infrator pelo fato de haver ofendido um bem jurídico da vítima, posto que imaterial; II) pôr nas mãos do ofendido uma soma que não é o *pretium doloris*, porém o meio de lhe oferecer a oportunidade de conseguir uma satisfação de qualquer espécie, seja de ordem intelectual ou moral, seja mesmo de cunho material"[8].

---

(4) SOUZA, Mauro Cesar Martins. *Responsabilidade civil decorrente do acidente do trabalho*. Campinas: Agá Juris, 2000.p. 195.

(5) Observe-se nesse sentido a sugestão de João Luiz Vieira Teixeira: "uma regra, de nossa autoria, e que vem cada vez mais conquistando adeptos e sendo replicado, país afora, e que nos parece um pouco mais acertada, é aquela que determina, no caso de pequenas empresas, o pagamento de 1 a 10 remunerações por ano de trabalho (dependendo da gravidade do dano), limitada a um máximo (teto) de 20 vezes a maior remuneração do trabalhador. No caso de empresa de porte médio, o valor obtido seria multiplicado por 1,5 e, no caso de grandes empresas, por 2". (TEIXEIRA, João Luís Vieira. *O assédio moral no trabalho*. 3. ed. São Paulo: LTr, 2016. p. 104). É o típico caso em que se observa uma preocupação válida com o balizamento da sanção em face da capacidade econômica do ofensor (já que de forma diversa seria inócuo pela incapacidade de pagamento), mas se cai na armadilha de objetivar o valor em face da condição econômica do ofendido.

(6) SÜSSEKIND, Arnaldo; MARANHÃO, Délio; *et alli*. *Instituições de direito do trabalho*. v. 1. 21. ed. São Paulo: LTr, 2003. p. 632.

(7) CASSAR, Vólia Bomfim. *Direito do trabalho*. 12. ed. Rio de Janeiro: Forense, 2016. p. 922.

(8) PEREIRA, Caio Mário da Silva. *Responsabilidade civil*. 9. ed. Rio de Janeiro: Forense, 2001. p. 317.

Devem-se se unir na indenização, portanto, não apenas o caráter puramente compensatório da vítima como também, quando constatada a reincidência e reiteração do comportamento ofensivo em face de outras vítimas, a manifesta necessidade do caráter punitivo e pedagógico.

Chama a atenção clamorosa o fato de que o legislador, uma vez mais, opte por uma tentativa de tarifação que já fora inserida anteriormente, por exemplo, na Lei n. 5.250/67 (lei de imprensa), a respeito da qual já havia a Súmula n. 281, do STJ, expressamente assinalando que "a indenização por dano moral não está sujeita à tarifação prevista na Lei de Imprensa" e houve pronunciamento expresso do STF, por meio da ADPF 130/2009, no sentido desta lei não ter sido recepcionada pela Constituição Federal de 1988, e não por critérios puramente formais, mas inclusive materiais, entre eles, a questão relativa à tarifação por danos morais, que era prevista nos arts. 51 e 52 da lei em exame.

Conforme já criticava João de Lima Teixeira Filho a respeito da tentativa legislativa de tarifação de valores, perfeitamente aplicável à norma em comento:

> Essa predeterminação do ressarcimento, ou tarifação, trata de igual modo lesões essencialmente desiguais. O juiz fica adstrito a valores indenizatórios não raro inadequados ou desproporcionais à lesão perpetrada. A intensidade do dano moral grave necessariamente não encontra correspondência no limite máximo tarifado. E, quanto mais estreita esta faixa de reparabilidade, mais avulta a desconformidade da transgressão praticada com a compensação pecuniária capaz de satisfazê-la. Por isso, o método se nos afigura incapaz de permitir que a dor sofrida seja reparada na devida medida, por uma condigna compensação[9].

Mesmo antes da ADPF 130/2009 o STF já possuía diversos precedentes indicando que a tarifação da reparação por danos morais prevista na Lei de Imprensa não fora recepcionada pela Constituição Federal. É exemplificativo nesse sentido a seguinte ementa da lavra do Ministro Carlos Velloso:

> Ementa: Constitucional. Civil. Dano moral: Ofensa praticada pela imprensa. Indenização: Tarifação. Lei n. 5.250/67 — Lei de Imprensa, art. 52: Não recepção pela CF/88, artigo 5º, incisos V e X. RE interposto com fundamento nas alíneas a e b. I. — O acórdão recorrido decidiu que o art. 52 da Lei n. 5.250, de 1967 — Lei de Imprensa — não foi recebido pela CF/88. RE interposto com base nas alíneas a e b (CF, art. 102, III, a e b). Não conhecimento do RE com base na alínea b, por isso que o acórdão não declarou a inconstitucionalidade do art. 52 da Lei n. 5.250/67. É que não há falar em inconstitucionalidade superveniente. Tem-se, em tal caso, a aplicação da conhecida doutrina de Kelsen: as normas infraconstitucionais anteriores à Constituição, com esta incompatíveis, não são por ela recebidas. Noutras palavras, ocorre derrogação, pela Constituição nova, de normas infraconstitucionais com esta incompatíveis. II. — A Constituição de 1988 emprestou à reparação decorrente do dano moral tratamento especial — C.F., art. 5º, V e X — desejando que a indenização decorrente desse dano fosse a mais ampla. Posta a questão nesses termos, não seria possível sujeitá-la aos limites estreitos da lei de imprensa. Se o fizéssemos, estaríamos interpretando a Constituição no rumo da lei ordinária, quando é de sabença comum que as leis devem ser interpretadas no rumo da Constituição. III. — Não recepção, pela CF/88, do art. 52 da Lei n. 5.250/67 — Lei de Imprensa. IV. — Precedentes do STF relativamente ao art. 56 da Lei n. 5.250/67: RE 348.827/RJ e 420.784/SP, Velloso, 2ª Turma, 1º.6.2004. V. — RE conhecido — alínea a —, mas improvido. RE — alínea b — não conhecido.

Pelo entendimento do STF, qualquer tentativa de tarifação ou restrição à reparação por danos morais, prevista em lei ordinária, padeceria de inconstitucionalidade, por ofender o disposto no art. 5º, V e X, sendo bastante contundente a observação contida na ementa no sentido de que "estaríamos interpretando a Constituição no rumo da lei ordinária, quando é de sabença comum que as leis devem ser interpretadas no rumo da Constituição".

Significativas também as palavras do Ministro Ricardo Lewandowski, ao acompanhar o volto do Ministro Celso de Mello, relator da ADPF n. 130/2009:

> o princípio da proporcionalidade, tal como explicitado no referido dispositivo constitucional, somente pode materializar-se em face de um caso concreto. Quer dizer, não enseja uma disciplina legal apriorística, que leve em conta modelos abstratos de conduta, visto que o universo da comunicação social constitui uma realidade dinâmica e multifacetada, em constante evolução.
>
> [...]
>
> Já, a indenização por dano moral — depois de uma certa perplexidade inicial por parte dos magistrados — vem sendo normalmente fixada pelos juí-

---

(9) SÜSSEKIND, Arnaldo; MARANHÃO, Délio; et alli. Instituições de direito do trabalho. v. 1. 21. ed. São Paulo: LTr, 2003. p. 630.

zes e tribunais, sem quaisquer exageros, aliás, com muita parcimônia, tendo em vista os princípios da equidade e da razoabilidade, além de outros critérios como o da gravidade e a extensão do dano; a reincidência do ofensor; a posição profissional e social do ofendido; e a condição financeira do ofendido e do ofensor. Tais decisões, de resto, podem ser sempre submetidas ao crivo do sistema recursal. Esta Suprema Corte, no tocante à indenização por dano moral, de longa data, cristalizou jurisprudência no sentido de que os arts. 52 e 56 da Lei de Imprensa não foram recepcionados pela Constituição, com o que afastou a possibilidade do estabelecimento de qualquer tarifação, confirmando, nesse aspecto, a Súmula n. 281 do Superior Tribunal de Justiça."

A iniciativa da Reforma, quanto a este tema, não ataca rigorosamente nenhum dos elementos que levaram o STF a declarar que a Lei de Imprensa não fora recepcionada pela Constituição Federal, e nenhum dos fundamentos específicos que já haviam sido aventados naquela oportunidade a respeito da inviabilidade da legislação ordinária estabelecer qualquer tarifação relativamente à indenização por danos morais. Nesse cenário, a não ser que o STF de forma surpreendente venha a afrontar a *ratio decidendi* de diversos de seus precedentes a respeito dessa temática, a tendência natural é que se declare a inconstitucionalidade dos §§ 1º, 2º e 3º do art. 223-G introduzidos à CLT pela Lei n. 1.3467/2017.

Isso não significa, é claro, que a questão da valoração da indenização por dano extrapatrimonial seja uma questão superada. Nem elimina a importância de que se construa, jurisprudencialmente, alguns critérios de "tarifação" judicial que sirvam de referência não apenas para julgamentos de casos similares, como também de orientação para as partes que atuam em juízo a respeito do tema. Nesse aspecto, contudo, visa-se a conjugação do respeito ao direito à reparação e o princípio da segurança jurídica e conformidade de expectativas que são inerentes à própria atuação do Poder Judiciário na pacificação social.

É nesse sentido que Sebastião Geraldo de Oliveira destaca como norte da dosimetria da indenização os seguintes elementos: 1) atender às finalidades básicas de compensação da dor e pedagógica de combate à impunidade; 2) centrar na pessoa da vítima a indenização compensatória e na pessoa causadora do dano a finalidade punitiva; 3) avaliar o grau de culpa do agente e a gravidade dos efeitos sobre a vítima; 4) atenuar ou agravar o valor da indenização conforme condição pessoal da vítima; 5) evitar que o valor sirva de enriquecimento ilícito da vítima ou ruína ao agente do ilícito; 6) fugir de extremos irrisórios ou montantes exagerados; 7) observa a situação econômica das partes para que se atenda à repercussão pedagógica e 8) atender à finalidade educacional da pena mesmo que a vítima tenha absorvido bem o dano[10].

Já Mauro Schiavi sugere os seguintes critérios: 1) reconhecer que o dano moral não pode ser valorado economicamente; 2) valorar o dano segundo critérios de tempo e lugar da ocorrência; 3) analisar o perfil da vítima e do ofensor; 4) analisar se a conduta foi dolosa ou culposa e sua intensidade; 5) considerar danos atuais e prejuízos futuros; 6) guiar-se pela razoabilidade, equidade e justiça; 7) proteger a dignidade da pessoa humana; 8) considerar tempo de serviço e remuneração; 9) atender à função social do contrato, da propriedade e da empresa; 10) inibir que o ilícito se repita; 11) chegar ao acertamento da dimensão do dano de forma mais próxima possível; 12) considerar situação econômica do país e o custo de vida da região[11].

A importância da utilização, portanto, de critérios e referenciais teóricos para fins de balizamento e definição da valoração do dano moral, com vistas à construção de parâmetros judiciais mais estáveis, seguros e razoavelmente previsíveis, está posta. A construção judicial através de elementos como os acima expostos, contudo, não se confunde de forma alguma com a tarifação ou limitação tarifada legalmente, e atendem de forma muito mais adequada aos juízos de equidade e reparação integral que formam a essência da reparação dos danos extrapatrimoniais.

REFERÊNCIAS BIBLIOGRÁFICAS

CASSAR, Vólia Bomfim. *Direito do trabalho*. 12. ed. Rio de Janeiro: Forense, 2016.

DALLEGRAVE NETO, José Affonso. *Responsabilidade civil no direito do trabalho*. 5. ed. São Paulo: LTr, 2014.

OLIVEIRA, Sebastião Geraldo. *Indenizações por acidente do trabalho ou doença ocupacional*. 5. ed. São Paulo: LTr, 2009.

PEREIRA, Caio Mário da Silva. *Responsabilidade civil*. 9. ed. Rio de Janeiro: Forense, 2001.

---

(10) OLIVEIRA, Sebastião Geraldo. *Indenizações por acidente do trabalho ou doença ocupacional*. 5. ed. São Paulo: LTr, 2009. p. 227-228.
(11) SCHIAVI, Mauro. *Manual de direito processual do trabalho*. 7. ed. São Paulo: LTr, 2014. p. 392.

SCHIAVI, Mauro. *Manual de direito processual do trabalho.* 7. ed. São Paulo: LTr, 2014.

SÜSSEKIND, Arnaldo; MARANHÃO, Délio; et ali. Instituições de direito do trabalho. v. 1. 21. ed. São Paulo: LTr, 2003.

Parte II
Direito Processual do Trabalho

Capítulo 6

Arbitragem nos Dissídios Individuais de Trabalho dos Altos Empregados[1]

Antônio Álvares da Silva[2]

George Augusto Mendes e Silva[3]

1. A SOLUÇÃO DOS CONFLITOS INDIVIDUAIS DO TRABALHO PELOS SEUS PRÓPRIOS PROTAGONISTAS

O Direito do Trabalho atual apresenta caráter expansionista, de forma a abranger não somente as normas oriundas das diversas fontes que lhe são comuns, mas a fixar novos pontos de interseção com o Direito Civil e demais ramos da Ciência do Direito.

Essa realidade se fez sentir especialmente a partir da Emenda Constitucional n. 45, de 2004, que alargou a competência da Justiça do Trabalho para julgar todos os dissídios oriundos das relações de trabalho, ampliando o escopo de sua atuação para além das fronteiras antes insistentemente delimitadas pelo vínculo de emprego e pelas normas que lhes são comuns.

Esta ampliação, fruto do deslocamento da competência das partes – empregado e empregador – para a natureza da relação jurídica que lhe serve de fundamento, é uma grande conquista e uma positiva evolução para o Direito do Trabalho. Agora, não apenas os conflitos entre empregados e empregadores, mas aqueles que procedem da relação de trabalho, submetem-se a jurisdição do trabalho pelo art. 114 da Constituição. Assim, o Direito do Trabalho brasileiro passa a fazer parte do nome, ou seja, tornou-se efetivamente um Direito do Trabalho e não da relação de emprego, que é um âmbito muito mais limitado e circunscrito. Resta agora à jurisprudência completar a vontade do legislador.

Naturalmente, esse entrecruzamento de normas de diferentes naturezas acaba por romper com conceitos clássicos da dogmática geral, reaproximando o Direito do Trabalho do Direito Civil, criando Direito novo. Afinal, não são poucas as vezes em que a norma trabalhista estatal, escrita e sistemática, cede espaço à autonomia da vontade das partes, não somente no plano coletivo – as normas dos contratos individuais de trabalho são predominantemente negociadas em nível coletivo, pelos sindicatos –, mas também na negociação individual dos contratos de altos empregados, diretores, técnicos e especialistas, para os quais não há falta de vagas no mercado.

Com efeito, o Direito do Trabalho atual inclina-se a maior participação dos seus destinatários (empregados e empregadores) na sua formação. A par desse movimento, nota-se também o crescente interesse do cidadão trabalhador em participar da solução dos conflitos oriundos da sua relação de emprego, ao invés de relegá-la à burocracia do Estado:

> [...] no plano do processo do trabalho, a desregulação de suas normas e a criação de órgãos extrajudiciais de conciliação, mediação e arbitragem vão flexionando a rigidez das normas estatais, para permitir soluções mais rápidas, mais baratas e, principalmente, mais eficazes e imediatas.

Observa-se, nas fontes do moderno Direito do Trabalho, um retorno ou volta à vontade dos agentes, principalmente no plano coletivo, para composição de seus interesses. A origem do fenômeno está na complexidade destas fontes e na impossibilidade

---

(1) Artigo originalmente publicado na *Revista da LTr*, ano 81, n. 7. São Paulo: LTr, jul. 2017. p. 775-779.
(2) Professor titular da Faculdade de Direito da UFMG.
(3) Mestrando em Direito do Trabalho (UFMG). Especialista em Direito do Trabalho (Faculdade de Direito Milton Campos). Advogado no escritório Lima Netto, Carvalho, Abreu, Mayrink Sociedade de Advogados.

de uma regulamentação exauriente por parte do legislador estatal. (ÁLVARES DA SILVA, 2002, p. 150)

Sob essa ótica, em compasso com a moderna tendência de descentralizar a solução de conflitos do sistema estatal – que, sendo binário e formal, oferece opções insuficientes e limitadas –, parece-nos oportuna a utilização da arbitragem em conflitos individuais trabalhistas como alternativa ao processo judicial, cada vez mais moroso e ineficaz. Esta tendência é hoje universal e faz parte do princípio de que o cidadão se tornou parceiro do Estado para a solução de seus problemas. Tudo que a cidadania pode assumir e resolver é um passo à frente no aperfeiçoamento das democracias modernas. Não basta dizer que a democracia é um governo do povo, para o povo e pelo povo, segundo o famoso discurso de Abraham Lincoln, pronunciado em Gettysburg e universalmente conhecido. É preciso que o povo realmente assuma sua função na construtividade dos instrumentos que a lei e a Constituição colocam em suas mãos.

2. A SUPERAÇÃO DOS ARGUMENTOS CONTRÁRIOS À ARBITRAGEM DOS CONFLITOS INDIVIDUAIS TRABALHISTAS

À semelhança de outras leis (*e.g.*, o Código de Defesa do Consumidor, a Lei n. 8.245/1991 e inúmeros artigos da Constituição da República), a Consolidação das Leis do Trabalho visa, em sua essência, à proteção do mais fraco. Não sem motivo, as suas normas são imperativas e incidem mesmo que o contrato celebrado entre as partes preveja de maneira diversa ou nada disponha a respeito. A imperatividade das normas significa que o Estado deseja mudança nos fatos sociais, sem possibilidade de atitudes alternativas dos destinatários da norma, em razão da predominância do interesse público.

No entanto, embora se admita a indisponibilidade de alguns núcleos mínimos de proteção jurídica conferidos pela Consolidação das Leis do Trabalho, com o fito de compensar a desigualdade econômica gerada pela posição histórica do empregado na sociedade capitalista, não são poucos os que advogam que tal proteção não constitui óbice intransponível à arbitragem, e que nem todos os direitos trabalhistas são irrenunciáveis, sobretudo depois de findo o vínculo de emprego, quando boa parte desses direitos assumem feição puramente patrimonial.

Naturalmente, fosse mesmo pacífica a indisponibilidade de todos direitos correlatos à relação de emprego, não teríamos o incentivo à conciliação por parte da CLT (arts. 764, 831, 846 e 852-E), ou pela própria Justiça do Trabalho, mediante a promoção de semanas destinadas à realização de audiências conciliatórias. Do mesmo modo, também não observaríamos o incremento do número de transações ocorridas nos processos judiciais trabalhistas, boa parte delas com a quitação ampla e irrestrita dos direitos oriundos do extinto contrato de trabalho.

É preciso deixar claro que a irrenunciabilidade de direitos trabalhistas significa que não pode haver renúncia prévia a estes direitos, ou seja, as partes não podem excluir a relação de emprego quando ela de fato existe. Porém, ao final, quando há dispensa, podem surgir relações de fato duvidosas, para cuja solução a transação se torna um instrumento proveitoso e razoável. Seria um absurdo que, em tais casos, a conciliação não pudesse ser feita e, ao final, o reclamante perdesse a demanda. A proteção sairia pelo contrário.

A Lei n. 9.307/996, em seu art. 1º, dispõe: "[a]s pessoas capazes de contratar poderão valer-se da arbitragem para dirimir litígios relativos a direitos patrimoniais disponíveis". O empregado é capaz de contratar, e os direitos trabalhistas, nas relações de emprego concretas, são patrimoniais e disponíveis. Caso contrário, teríamos que anular todas as conciliações feitas anos a fio na Justiça do Trabalho.

Nem se diga que, em audiência, há a presença tutelar do Juiz do Trabalho. O fato é que, não havendo instrução, qualquer prognóstico é temerário sobre o resultado de qualquer ação e a conciliação se faz dentro de possibilidades concretas avaliadas na prova documental ou no interrogatório das partes, o que é insuficiente. Mas, entre a possibilidade da demora e a dúvida razoável sobre os direitos das partes, nada mais apropriado do que um acordo. E é isto que normalmente se faz.

Com efeito, se a transação de direitos oriundos da relação de emprego é perfeitamente possível perante o judiciário, não há razão para o impedimento da submissão de conflitos individuais do trabalho ao juízo arbitral sob a justificativa de que aqueles mesmos direitos seriam indisponíveis, imunes a qualquer tipo de transação.

Por fim, também não procede o argumento de que os empregados se veriam pressionados a firmarem cláusulas de compromisso arbitral e que os árbitros não estariam imbuídos da mesma isenção dos magistrados trabalhistas, atuando de forma a chancelar a derrogação de direitos conferidos legal e constitucionalmente aos trabalhadores. A isenção de árbitros envolve a própria honra profissional destes profissionais e, tanto aqui como em outros sistemas jurídicos, têm eles conduta correta, sem a qual não poderiam ter futuro em sua profissão.

Num primeiro momento, é preciso lembrar que o art. 18 da Lei n. 9.307/1996 equipara o árbitro ao "Juiz de fato e de direito", estando suas decisões sujeitas aos mesmos critérios de isenção e idoneidade do judiciário comum. Lado outro, resta claro que a decisão do trabalhador, ao firmar cláusula de compromisso arbitral, deve estar isenta de qualquer vício de consentimento, sob pena de a arbitragem perder sua natureza de foro de eleição,[4] não se mostrando razoável o combate a um instituto jurídico com o argumento acerca da possibilidade de sua deturpação.

Na realidade, é público e notório que a morosidade da Justiça constitui importante fator de pressão para renúncia de direitos perante o processo judiciário. Por essa razão, não há justificativas para se negar ao empregado a possibilidade de, por intermédio de manifestação de vontade isenta de vício ou coação, optar por meios alternativos à Jurisdição do Estado, potencialmente mais céleres e eficientes.

Afinal, "[j]á é tempo de confiar na independência e maturidade do trabalhador brasileiro, mesmo nos mais humildes, principalmente quando sua vontade tem o reforço da atividade sindical, da negociação coletiva, do Ministério Público, que inclusive pode ser árbitro nos dissídios de competência da Justiça do Trabalho – art. 83, XI, da LC n. 75/1993" (MINAS GERAIS, Tribunal Regional do Trabalho, 2009).

Além de tudo isso, os sindicatos podem ser convocados pelo reclamante, para aconselhamento e ajuda. É para este tipo de proteção que eles existem – art. 8º, III, da CF.

3. A POSSIBILIDADE DE ARBITRAGEM NOS CONFLITOS INDIVIDUAIS DO TRABALHO DOS ALTOS EMPREGADOS

Como argumentado em tópicos anteriores, parece-nos razoável admitir-se a aplicabilidade da solução arbitral para pacificação de quaisquer conflitos trabalhistas de índole individual, independentemente do grau hierárquico que os empregados ocupam perante o empregador.

Fato é, no entanto, que a arbitragem nos dissídios individuais entre empregadores e empregados de alta hierarquia é ainda mais plausível, posto que os argumentos tradicionalmente levantados para o impedimento daquela modalidade de solução privada de conflitos mostraram-se mais rarefeitos nos casos desses vínculos especiais de emprego.

Em outras palavras, não é possível defender que os *Chief Executive Officers* (CEOs), *Chief Financial Officers* (CFOs) e diretores de uma forma geral, que detêm maior autonomia na negociação dos seus contratos de trabalho e recebem remunerações substancialmente maiores que a média,[5] gozam da mesma situação de hipossuficiência que a dos demais trabalhadores.

Por outro lado, é sabido que os contratos dos empregados de mais alto gabarito contemplam várias obrigações que mais se aproximam do Direito Civil que do que do Direito do Trabalho propriamente dito, como, por exemplo: os bônus de contratação, as cláusulas de permanência, as opções de compra de ações e as cláusulas de proibição de competição.

Nessa medida, nem sempre envolvendo matéria estritamente trabalhista ou direitos de natureza indisponível, os contratos de trabalho dos altos empregados poderiam ser submetidos à arbitragem (Lei n. 9.307/1996, art. 1º), com consequente alívio para o Judiciário, tal como se observa na experiência norte-americana.[6]

Acredita-se, por fim, que os custos porventura advindos do procedimento arbitral[7] tampouco impediriam a sua implementação, sendo factível pressupor-se que os executivos aceitariam incorrer em maiores gastos

---

(4) ARBITRAGEM POSSIBILIDADE DE UTILIZAÇÃO PARA SOLUÇÃO DE CONFLITOS TRABALHISTAS. HIPÓTESE FÁTICA DE PRESSÃO PARA RECURSO AO JUÍZO ARBITRAL. INTERPRETAÇÃO DA LEI N. 9.307/1996 À LUZ DOS FATOS. SÚMULAS NS. 126 E 221 DO TST. 1. A arbitragem (Lei n. 9.307/1996) é passível de utilização para solução dos conflitos trabalhistas, constituindo, com as comissões de conciliação prévia (CLT, arts. 625-A a 625-H), meios alternativos de composição de conflitos, que desafogam o Judiciário e podem proporcionar soluções mais satisfatórias do que as impostas pelo Estado-juiz. 2. *In casu*, o Regional afastou a quitação do extinto contrato de trabalho por laudo arbitral, reputando-o fruto de pressão para o recurso à arbitragem. 3. Nessas condições, **a decisão regional não viola os arts. 1º da Lei 9.307/96 e 840 do CC, uma vez que, diante da premissa fática do vício de consentimento (indiscutível em sede de recurso de revista, a teor da Súmula n. 126 do TST), a arbitragem perdeu sua natureza de foro de eleição**. Portanto, a revista, no particular, encontrava óbice na Súmula n. 221 do TST. Agravo de instrumento desprovido. (BRASIL, Tribunal Superior do Trabalho, 2008, grifo nosso)

(5) Segundo artigo publicado no jornal Valor Econômico, "[e]m média, um CEO ganha 204 vezes o salário de um trabalhador médio da empresa" (ARCOVERDE, 2016).

(6) A respeito, Regina Maria Vasconcelos Dubugras dá notícia de que "a arbitragem é o meio de solução de conflitos individuais de trabalho entre empregados membros das *unions* e empregadores, mais praticado nos Estados Unidos" (DUBUGRAS, 2003, p. 8).

(7) Antônio Alvares da Silva (2003, p. 24), por sua vez, aponta que "[n]ão há como se esperar que um empregado dispensado, que ganhe um salário mínimo ou um cidadão comum que tenha um problema com o cumprimento de um contrato

a fim de uma resolução mais célere e eficiente de suas demandas trabalhistas, que geralmente envolvem enormes somas em dinheiro.

Daí porque, em reconhecimento à sua maior capacidade de negociar, de seu maior poder aquisitivo e da natureza dos direitos que lhe são conferidos, mostra-se acertado atribuir-se aos empregados que ocupam posições mais elevadas nas sociedades empresariais a opção por uma via alternativa de resolução de litígios oriundos das suas relações de trabalho.

3.1. Breve Reflexão sobre a Razão do Veto Presidencial ao § 4º do Art. 4º do PLS n. 406/2013

O PLS n. 406 de 2013, destinado à alteração da Lei de Arbitragem (Lei n. 9.307/1996), previa expressamente no § 4º do seu art. 4º a possibilidade da adoção da via arbitral para a solução de conflitos bilaterais entre empregadores e empregados, desde que estes últimos exercessem a função de administrador ou diretor estatutário:

> Art. 4º A cláusula compromissória é a convenção através da qual as partes em um contrato comprometem-se a submeter à arbitragem os litígios que possam vir a surgir, relativamente a tal contrato.
>
> [...]
>
> § 4º Desde que o empregado ocupe ou venha a ocupar cargo ou função de administrador ou de diretor estatutário, nos contratos individuais de trabalho poderá ser pactuada cláusula compromissória, que só terá eficácia se o empregado tomar a iniciativa de instituir a arbitragem ou se concordar expressamente com a sua instituição.

O referido parágrafo foi objeto de veto presidencial, sob a justificativa de que "o seu texto acabaria por realizar distinção indesejada entre empregados, além de recorrer a termo não definido tecnicamente na legislação trabalhista".

Todavia, as razões lançadas no veto presidencial, a exemplo dos demais argumentos contrários à aplicação da arbitragem aos conflitos oriundos das relações individuais de trabalho, suscitam a necessidade de um maior aprofundamento e debate por parte da doutrina e jurisprudência trabalhistas.

Inicialmente, vale esclarecer que a definição de um termo legislativo não se dá exclusivamente pela própria lei (intepretação autêntica), mas também pelo seu destinatário (ou aplicador). Desse modo, o fato de uma disposição normativa introduzir termo sem prévia definição técnica na legislação trabalhista não pode – nem deve – importar no veto de seu texto.

A introdução de novos termos e a criação de novos institutos jurídicos são salutares ao desenvolvimento de um Direito do Trabalho que se pretende contemporâneo à realidade cada vez mais mutável dos trabalhadores brasileiros, cabendo, portanto, à comunidade justrabalhista um maior esforço na definição dos seus contornos.

Ao contrário do que deixam entrever as razões presidenciais, a concessão de diferentes prerrogativas a empregados naturalmente diferentes não encontra qualquer óbice na legislação pátria, sendo, ao revés, prestigiada na própria CLT, que relativiza direitos dos altos empregados quando: (i) não tem por irregular o retorno do empregado ao antigo posto ocupado depois de destituído do cargo de confiança (CLT, art. 468, parágrafo único); (ii) excepciona o pagamento de horas extras (CLT, art. 62, inciso II); e (iii) possibilita a transferência para outro local de serviço sem necessidade de anuência (CLT, art. 469, § 1º).

Naturalmente, a realidade do operariado comum não se confunde com a realidade dos altos empregados, que possuem posição privilegiada em face do empregador. Ocupantes de cargos de confiança estrita ou excepcional,[8] eles gozam de elevados poderes de gestão e atuam com maior liberdade de decisão, tendo maiores e melhores condições de negociar a sua contratação com seus empregadores.

A igualdade de que trata a Constituição da República no inciso XXXI do seu art. 7º é a material e não a formal. O tratamento desigual de pessoas naturalmente desiguais por parte da legislação não somente é permitido, como é também desejável, uma vez que configura exigência tradicional do próprio conceito de Justiça.

---

procurem um árbitro para solução do litígio", sugerindo a criação de "órgãos intermediários que instruam e julguem rápido como a arbitragem, mas que sejam patrocinados pelo Estado, pois o cidadão simples não tem condições de arcar com os ônus das soluções particulares".

(8) Alice Monteiro de Barros (2010, p. 273) dispõe que a legislação trabalhista fornece importantes, e progressivos, graus de confiança, assim distinguidos pela doutrina: confiança genérica, presente em todos os contratos de trabalho, que exigem o mínimo de fidúcia; confiança específica, pertinente aos empregados do setor bancário cuja função é enquadrada no tipo previsto no art. 224 da Consolidação das Leis do Trabalho; confiança estrita, para os cargos de diretoria, gerência e outros de confiança imediata do empregador (CLT, art. 499); e confiança excepcional, na qual se enquadra o gerente (CLT, art. 62, II).

Nas palavras de Aristóteles (2007, p. 108-109), ao discorrer sobre justiça distributiva:

> O justo [...] envolve no mínimo quatro termos, pois duas são as pessoas para quem ele é de fato justo, e também duas são as coisas em que se manifesta – os objetos distribuídos. E a mesma igualdade será observada entre as pessoas e entre as coisas envolvidas, pois do mesmo modo que as últimas (as coisas envolvidas) são relacionadas entre si, as primeiras também o são. Se as pessoas não são iguais, não receberão coisas iguais; mas isto é origem de disputas e queixas (como quando iguais têm e recebem partes desiguais, ou quando desiguais recebem partes iguais).

Portanto, se "a grande missão do moderno Direito do Trabalho é sistematizar os diferentes modelos, dar-lhes contorno jurídico adequado e atribuir-lhes direitos e deveres peculiares à sua natureza predominante" (ÁLVARES DA SILVA, 2002, p. 148), parece certa a necessidade de se repensar a legislação trabalhista em vigor, de forma a assegurar ao alto empregado a opção por meios mais céleres, rápidos e eficientes de solução do conflito do que a jurisdição do Estado.

3.2. A Reforma Trabalhista e a Possibilidade de Pactuação de Cláusula Compromissória de Arbitragem

A Lei n. 13.467/2017 que alterou a Consolidação das Leis do Trabalho (CLT) estabelece em seu art. 507-A a possibilidade de pactuação de cláusula compromissória de arbitragem, desde que por iniciativa do empregado ou mediante a sua concordância expressa, nos casos de contratos individuais de trabalho cuja remuneração seja superior a duas vezes o limite máximo estabelecido para os benefícios do Regime Geral de Previdência Social:

> Art. 507-A. Nos contratos individuais de trabalho cuja remuneração seja superior a duas vezes o limite máximo estabelecido para os benefícios do Regime Geral de Previdência Social, poderá ser pactuada cláusula compromissória de arbitragem, desde que por iniciativa do empregado ou mediante a sua concordância expressa, nos termos previstos na Lei n. 9.307, de 23 de setembro de 1996.

Embora referido artigo não faça expressa menção aos altos empregados, é nítida a tentativa de se atribuir maior autonomia aos empregados que recebem remuneração mais elevada, daí se dessumindo a presunção do legislador de que o empregado melhor remunerado possui, em princípio, maior discernimento na fixação das regras individuais que irão disciplinar o seu contrato de trabalho, em especial aquelas destinadas à solução das lides surgidas no contexto laboral.

Ainda deve ser salientado que a arbitragem, enquanto instrumento de solução de litígios, não está sujeita a considerações de valores, nem a condições pessoais do empregado – emprego fiduciário, cargo de confiança. A arbitragem é meio eficiente de solução de litígios entre empregados e empregadores, sem qualquer outra qualificação das partes.

Sem perder de vista as possíveis críticas à Lei n. 13.467/2017, denominada Reforma Trabalhista, é razoável concluir que, ao menos em relação à redação do art. 507-A, andou bem o legislador, uma vez que a tentativa, ainda que de maneira tímida, de se atribuir maior autonomia ao empregado na solução das disputas oriundas da sua relação de trabalho, pode significar importante instrumento para o esvaziamento do judiciário trabalhista, cada vez mais congestionado.[9]

Por suposto, não parece adequado impedir que o empregado, por intermédio de manifestação de vontade isenta de vício ou coação, opte por meios outros de solução do conflito diversos da jurisdição do Estado, sobretudo nos casos de trabalhadores com remuneração mais expressiva, como os altos empregados.

4. CONSIDERAÇÕES FINAIS

O instituto da arbitragem já se encontra inserido no Direito brasileiro e sua aplicação às contendas surgidas no contexto laboral encontra guarida não somente no art. 1º da Lei de Arbitragem – Lei n. 9.9307/1996, mas também no art. 7º da Lei de Greve – Lei n. 7.783/1989, no inciso II do art. 4º da Lei de Participação nos Lucros – Lei n. 10.101/00 e na Convenção sobre o Reconhecimento e a Execução de Sentenças Arbitrais Estrangeiras, ratificada pelo Decreto n. 4.311/2002. Lembre-se ainda do art. 114, §§ 1º e 2º da CF.

A relutância em admitir a arbitragem em conflitos individuais de trabalho é uma prevenção injustificada que merece urgente revisão, sobretudo no caso dos altos empregados, que detêm maior autonomia na negociação dos seus contratos de trabalho e recebem remunerações substancialmente maiores que a média, não gozando da mesma situação de hipossuficiência que a dos demais trabalhadores.

---

(9) Segundo notícia veiculada no Portal R7, "[s]ó em 2016, foram registradas mais de três milhões de novas ações, um número 50 vezes maior que a média mundial" (PORTAL R7, 2017).

Se referido empregado opta livre e soberanamente pela solução arbitral, não se há de impedir esta escolha, principalmente quando se sabe que a solução judicial pode demorar anos, submetendo o crédito do emprego a evidentes desgastes, pois são notórias as insuficiências corretivas dos mecanismos legais.

Queiramos ou não, a arbitragem continuará a seguir seu caminho vitorioso, até se impor como substituta do Judiciário, que ficará relegado a controvérsias grandes e complexas, nas quais são partes pessoas ou instituições de alto poder econômico, para as quais a demora da sentença final não tem significado maior.

5. REFERÊNCIAS BIBLIOGRÁFICAS

ARCOVERDE, Letícia. *Salários altos e cultura fraca prejudicam aprovação de CEOs*, agosto de 2016. Disponível em: <http://www.valor.com.br/carreira/4692421/salarios-altos-e-cultura-fraca-prejudicam-aprovacao-de-ceos>. Acesso em: 18 maio 2017.

ARISTÓTELES. *Ética a Nicômaco*. Tradução de Pietro Nasseti. São Paulo: Martin Claret, 2007.

BARROS, Alice Monteiro de. *Contratos e regulamentações especiais de trabalho*: peculiaridades, aspectos controvertidos e tendências. 6. ed. São Paulo: LTr, 2010.

BARROS, Alice Monteiro de. *Curso de Direito do Trabalho*. 3. ed. São Paulo: LTr, 2008.

BRASIL, Tribunal Superior do Trabalho. Processo: AIRR 254740-37.2002.5.02.0077. Rel. Ministro Ives Gandra Martins Filho. DJ: 08.02.2008.

CARMONA, Carlos Alberto. *Arbitragem e processo*: um comentário à Lei n. 9.307/96. 3. ed. São Paulo: Atlas, 2009.

DUBUGRAS, Regina Maria Vasconcelos. A solução dos conflitos individuais trabalhistas pela arbitragem. *Jornal da magistratura & trabalho*, Ano XII, n. 49, abr./maio. 2003.

FRANCO FILHO, Georgenor de Sousa. *A arbitragem e os conflitos coletivos de trabalho no Brasil*. São Paulo: LTr, 1990.

HAZAN, Helen Ferraz; DE PAULA, Adriano Perácio. *Da arbitragem nas relações de trabalho e de consumo*. Belo Horizonte: RTM, 1998.

MAIOR, Jorge Luiz Souto. Arbitragem em conflitos individuais do trabalho: a experiência mundial. *Revista do TST*, Brasília, v. 68, n. 1, jan./mar. 2002.

MINAS GERAIS, Tribunal Regional do Trabalho. Processo: RO 00259-2008-075-03-00-2. Rel. Des. Antônio Alvares da Silva. DJMG: 31.01.2009.

PORTAL R7. *Brasil é recordista mundial em ações trabalhistas*, abril de 2017. Disponível em: <http://noticias.r7.com/domingo-espetacular/videos/brasil-e-recordista-mundial-em-acoes-trabalhistas-30042017>. Acesso em: 18 maio 2017.

ÁLVARES DA SILVA, Antônio. Da legitimidade do empregado e do empregador na solução de seus conflitos. *Revista do TST*, Brasília, v. 68, n. 3, jul./dez. 2002.

ÁLVARES DA SILVA, Antônio. *Flexibilização das relações de trabalho*. São Paulo: LTr, 2002.

SILVA, Walküre Lopes Ribeiro da. Arbitragem nos conflitos coletivos de trabalho. *Revista de direito do trabalho*, v. 101, p. 151, jan. 2001.

VIDAL, Gustavo. Comentários ao veto presidencial que admitia a arbitragem no Direito do Trabalho para administrador e diretor estatutário (§ 4º do Projeto de Lei do Senado n. 406/2013). *Revista brasileira de arbitragem*, Ano XIII, n. 51, jul./ago./set. 2016.

VILHENA, Paulo Emílio Ribeiro de. *Relação de emprego*: estrutura legal e supostos. 3. ed. São Paulo: LTr, 2005.

Capítulo 7

O Direito Processual do Trabalho em um Paradigma Neoliberal e Neoconservador: a Lei n. 13.467/2017 como proposta de marco normativo de um processo precário e individualista

Nasser Ahmad Allan[1]

Ricardo Nunes de Mendonça[2]

1. INTRODUÇÃO

Os objetivos traçados para este artigo são: i) delimitar o contexto de mudança de racionalidade e paradigma de modelo jurídico que experimenta o Brasil em seguida à ruptura da ordem institucional democrática ocorrida em 2016; ii) demonstrar que o Direito Processual do Trabalho, a exemplo do direito substantivo que instrumentaliza, se transforma e se amolda à essa nova racionalidade e paradigma, perdendo características que o distinguiam como ramo do Direito brasileiro; iii) aportar impressões a respeito das mudanças plasmadas na Lei n. 13.467/2017 no tocante a algumas regras de Direito Processual do Trabalho.

Claro que não se pretende esgotar o tema, mas desenvolver ideias que permitam verificar se o Direito Processual do Trabalho, institucionalizado e constitucionalizado como ferramenta cujo propósito *deveria ser* a efetiva proteção do trabalhador em juízo, se distancia de sua função precípua a partir das reformas apresentadas na Lei n. 13.467/2017.

2. UMA NOVA RACIONALIDADE E UM NOVO PARADIGMA DE DIREITO NO BRASIL

Em outubro de 2014, a maioria da população brasileira, pela quarta vez consecutiva, rechaçou um projeto de governo que tinha como pauta a adoção de medidas neoliberais com o propósito claro de excluir os mais pobres do orçamento e subtrair direitos conquistados pelos trabalhadores e trabalhadoras em seus processos históricos de lutas sociais por dignidade.

Dentre outras coisas, o que a resposta das urnas significou foi uma negativa clara a projetos denominados de "austeridade", que quisessem impor ao povo os ônus da crise – cíclica e conjuntural – gerada pelo mercado financeiro.

Pois bem. O golpe – enquanto processo histórico e contínuo – está permitindo, dia após dia, a subversão da vontade popular e privilegiando, primeiro, os interesses obscuros do denominado "capital especulativo", com medidas que constitucionalizam a austeridade (PEC n. 241 de 2016) e sacralizam a prioridade do pagamento da dívida pública[3] em detrimento dos gastos primários (saúde, educação e seguridade social), e, segundo, os interesses não menos perversos do dito "capital produtivo", que, atingido pela crise financeira, pretende socializar o resultado de sua ineficiência com os mais pobres e, com isso, obter maiores taxas de lucro.

Todo esse processo se dá num contexto global de ampliação da racionalidade neoliberal e neoconservadora[4], que reflete exatamente o contrário do que vati-

---

(1) Pós-Doutorando no Programa de Pós-Graduação em Direito da Universidade Federal do Rio de Janeiro – UFRJ, vinculado ao grupo *Configurações Institucionais e Relações de Trabalho* – CIRT. Mestre e Doutor em Direitos Humanos e Democracia pela Universidade Federal do Paraná – UFPR. Advogado trabalhista e sindical em Curitiba.

(2) Graduado em Direito pela UFPR, pós-graduado em Direito Processual Civil pela PUC-PR, mestre em Direito Econômico e Socioambiental pela PUC-PR, atualmente desenvolvendo projeto de pesquisa no programa de pós-graduação em *Derechos Humanos, Interculturalidad y Desarrollo* na Universidade Pablo de Olavide em Sevilha, na Espanha. Advogado trabalhista e sindical em Curitiba.

(3) Consta no relatório mensal da dívida pública. Disponível em: <http://www.tesouro.fazenda.gov.br/documents/10180/566998/Texto_RMD_Dez_16.pdf/06ee86c7-a8d9-4319-8e3f-2a721d60d2d1>. Acesso em: 29 jan. 2017. Relativo ao mês de dezembro de 2016, que os grandes credores do Estado brasileiro são os Fundos de Previdência, as Instituições Financeiras e os Fundos de Investimento, com 70% (setenta por cento) dos títulos públicos federais, somando mais de R$ 2.000.000.000,00 (dois trilhões de reais).

(4) Ver, a este respeito, DARDOT, Pierre; LAVAL, Christian. *A nova razão do mundo*. São Paulo: Boitempo, 2016.

cinaram alguns em seguida à eclosão da crise de 2008, quando afirmaram que o neoliberalismo havia morrido. Em verdade, o capitalismo está vencendo[5] e o trabalho perdendo sua centralidade na sociedade moderna.

Sabe-se que a estratégia não é nova. É parte de um conjunto de decisões de política econômica pautada num tripé: i) reestruturação produtiva, mercantilização do trabalho humano e fragmentação da solidariedade de classe; ii) desregulamentação financeira e laboral; iii) hegemonização ideológica neoliberal pautada no individualismo e na competitividade.

É a receita proposta como alternativa à crise de demanda da década de 1970. Esse receituário, somado a outras medidas previstas no Consenso de Washington, foi o responsável por 124 crises financeiras sistêmicas (<https://www.imf.org/external/pubs/ft/wp/2008/wp08224.pdf>) em mais de 90 países, no período de 1970 até 2007, conforme denuncia o estudo de Luc Laeven e Fabian Valencia, publicado pelo "insuspeito" Fundo Monetário Internacional. Foi o receituário responsável pela maior crise financeira e monetária que o mundo moderno vivenciou. É a racionalidade que nos condena a uma desigualdade social irreversível acaso triunfe definitivamente.

Paradoxalmente – mas não por acidente – a saída sistêmica para a crise do próprio sistema capitalista tem sido radicalizar esse receituário. Países periféricos como Espanha, Grécia e Brasil, por exemplo, são obrigados por credores ocultos (poder transnacional, difuso e incontrolável), que se valem de políticos ilegítimos e apontados pela própria mídia como corruptos, a: i) desprezar a democracia; ii) privilegiar o pagamento da dívida pública, em detrimento de gastos primários (saúde, educação, seguridade social); iii) desregulamentar as relações de trabalho para reduzir salários diretos, indiretos (direitos sociais atrelados ao trabalho) e diferidos (pensões), bem como aniquilar a representação sindical; iv) ampliar os privilégios de uma classe social em detrimento da maioria da população; v) manter intocada a desregulamentação do mercado financeiro.

Contaminando o Direito com todo esse contexto,[6] o que se observa? Uma inequívoca proposta de mudança de paradigma.

O Direito, tomado como fenômeno cultural, não está imune ao entorno. Ao contrário, é fruto dele.

Didaticamente, a doutrina do Direito na modernidade costuma apontar dois paradigmas normativos distintos que estão espacial e temporalmente atados aos momentos de seus respectivos desenvolvimentos. O paradigma do Direito Liberal ou Privado Clássico[7] – reflexo da proeminência das relações da economia liberal no seio da sociedade burguesa europeia, em detrimento de outras relações étnicas, de gênero, filosóficas, afetivas e culturais que havia no primeiro período da modernidade – e o paradigma do Direito Social[8], que se desenvolve a partir do final do século XIX e início do século XX, e tem como primeiros grandes marcos normativos as Constituições Mexicana de 1917 e de Weimer de 1919, as quais, pela primeira vez, constitucionalizam direitos ditos sociais, como o direito ao trabalho e à seguridade social, e que, adiante são ampliados, especialmente em seguida à segunda guerra mundial, com a normatização de um Direito Internacional dos Direitos Humanos, que emerge como resposta aos horrores da guerra e parte de um grande pacto – desde os países do norte[9] – entre capital e trabalho.

Normas como a Declaração Universal dos Direitos Humanos, de 1948, e, especialmente, o Pacto Internacional dos Direitos Civis e Políticos (PIDCP) e o Pacto Internacional dos Direitos Econômicos, Sociais e Culturais (PIDESC), denunciam, no período da guerra-fria, uma polarização dos Direitos Civis e Políticos, marcadamente individuais, de um lado, e os Direitos Econômicos, Sociais e Culturais, isto é, direitos coleti-

---

(5) Cf. DULCE, María José Fariñas Dulce. *Trabajo, retrocesos sociales y alternativas*. Disponível em: <http://baylos.blogspot.com.es/search?updated-max=2017-02-16T08:39:00%2B01:00&max-results=7&start=7&by-date=false>. Acesso em: 25 mar. 2017, em que afirma que: *"(...) A lo que estamos asistiendo ahora, tras la irrupción del neoliberalismo económico (con sus desregulaciones jurídicas, privatizaciones, externalizaciones laborales, automatización del trabajo etc ...) es la pérdida del trabajo como motor de estructuración de nuestras sociedades. El proceso de desindustrialización, junto con las diferentes oleadas de externalización laboral, y el tránsito del capitalismo productivo al capitalismo financiero, han roto el equilibrio societario entre capital y trabajo en favor de aquél. El capitalismo ha triunfado. (...)"*

(6) Nos termos do que propunha Joaquín Herrera Flores em sua teoria crítica dos Direitos Humanos. A este respeito ver FLORES, Joaquín Herrera. *La Reinvención de los Derechos Humanos*. Andalucía: Atrapasueños. Librería asociativa-editorial-materiales didácticos, 2009. p. 22.

(7) Ver, a este respeito, ABRAMOVICH, Víctor. COURTIS, Christian. Los Derechos Sociales como Derechos Exigibles. Madrid: Editorial Trotta, 2002.

(8) *Idem, ibidem*.

(9) Ver, a respeito dos conceitos de norte e sul geopolítico, as lições de Boaventura de Souza Santos.

vos, de outro. Aqueles exigíveis – como buscou afirmar a doutrina hegemônica dos países ocidentais do norte[10] – e estes – segundo esta doutrina – programáticos e condicionados à existência de recursos para a realização por parte do Estado[11].

No Brasil do capitalismo hipertardio, dependente e colonial[12], ambos os modelos se fizeram presentes em alguma medida, muito embora seja evidente a predominância das regras liberais em detrimento da garantia e promoção dos direitos sociais.

Não nos esqueçamos, todavia, que nos longos anos da ditadura civil e militar que iniciou com o golpe de 1964, nem sequer os direitos civis e políticos serviram para proteger os cidadãos da odiosa violência do Estado[13].

A Constituição Federal de 1988, por sua vez, consagrou no ordenamento jurídico brasileiro um catálogo aberto de Direitos Civis e Políticos e Direitos Econômicos, Sociais e Culturais como Direitos Humanos, como se infere, exemplificativamente, de regras consagradas no Título I, Capítulos I e II, de seu texto.

Durante a década de 1990, todavia, período de grande influência da racionalidade neoliberal[14], um novo paradigma jurídico que se consolidava na Europa desembarca em terras brasileiras[15].

A técnica jurídica da desregulamentação, que, como bem pondera Maria José Fariñas Dulce, marca um paradigma de crise do Direito Estatal, chega ao país. Ao tratar da desregulamentação e o Direito, afirma a professora espanhola:

> (...) *En las últimas décadas estamos asistiendo a un paulatino proceso de desregulación, que está planteando retos importantes al Estado de Derecho moderno y a su monopolio de producción jurídica. Durante mucho tiempo el sistema jurídico estatal ha sido el medio por excelencia de garantizar la regulación de la sociedad, con la consiguiente inflación legislativa en muchos casos. En las últimas décadas se están desarrollando, junto a/o en sustitución de las formas tradicionales de la regulación jurídica, un incremento de formas de regulación que no son las del derecho estatal. Esta es una manera de desregulación, siempre y cuando entendamos por tal el hecho de no regular a través del derecho estatal ciertas relaciones sociales anteriormente reguladas. La actual desregulación es, por lo tanto, anti-pública y, como veremos, antidemocrática.* (...)[16]

Essa técnica não significa falta de regulação ou mera revogação de normas jurídicas existentes. Vai muito além. Em áreas sensíveis como o mercado financeiro, os meios de comunicação, o mundo do trabalho e a política, a

> (...) *desregulación ha consistido, básicamente, en la supresión de mecanismos jurídicos de control, seguida de procesos de privatización de servicios públicos y espacios sociales.* (...) *e* (...) *Cada una de estas desregulaciones por separado, y todas ellas juntas están produciendo una anomia en la protección jurídica de los derechos humanos constitucionalmente reconocidos, así como una desregulación del estatus de ciudadanía.* (...)[17]

No Brasil, no mundo do trabalho particularmente, foram muitos os processos de desregulamentação levados a cabo durante a década perdida[18].

A terceirização, o trabalho a tempo parcial, o banco de horas, a adoção de jornadas para além do limite le-

---

(10) ABRAMOVICH, Víctor; COURTIS, Christian. *Op. cit*, p. 20-21.

(11) Veja-se, por exemplo, as afirmativas de NIKKEN, Pedro. *El concepto de Derechos Humanos*. Disponível em: <http://www.derechoshumanos.unlp.edu.ar/assets/files/documentos/el-concepto-de-derechos-humanos.pdf>. Acesso em: jan. 2017.

(12) Cf. ALVES, Giovanni. *Terceirização e capitalismo no Brasil*: um par perfeito. Disponível em: <https://juslaboris.tst.jus.br/bitstream/handle/1939/71031/005_alves.pdf?sequence=1>. Acesso em: abr. 2017.

(13) A este respeito, ver os doze livros indicados pela Comissão da Anistia, os quais compõem um acervo fundamental para a construção de uma memória histórica, verdade, justiça e reparação no Brasil, relativo ao período da ditadura militar. Disponível em: <http://memorialanistia.org.br/boletim-informativo-da-comissao-de-anistia-mj/>. Acesso em: abr. 2017.

(14) Veja-se a esse respeito BECK, Ulrich. *Un nuevo mundo feliz*: la precariedad del trabajo en la era de la globalización. Tradución de Bernardo Moreno Carrillo. Barcelona: Ediciones Paidós Ibérica, 2000.

(15) Cf. ALVES, Giovanni. *O novo (e precário) mundo do trabalho*. São Paulo: Boitempo, 2000.

(16) DULCE, María José Fariñas. *Desregulación vs Re-regulación*: las aporias del Estado de Derecho. Disponível em: <http://iusfilosofiamundolatino.ua.es/download/DESREGULACION%20VERSUS%20RE.pdf>. Acesso em: 23 maio 2017.

(17) DULCE, María José Fariñas. *Op. Cit*.

(18) Cf. ANTUNES, Ricardo. ALVES, Giovanni. *As mutações no mundo do trabalho na era da mundialização do capital*. Disponível em: <http://www.scielo.br/pdf/es/v25n87/21460.pdf>. Acesso em: 24 maio 2017.

gal, como, por exemplo, as jornadas de 12x36, os contratos precários de trabalho temporário, a proliferação de contratos fraudulentos de estágio, a "pejotização", entre outras formas de precarização e ampliação da mais valia por parte dos empresários brasileiros, emergem por vias de reformas legislativas precarizantes, construções jurisprudenciais de mesmo cariz (veja-se, por exemplo, as Súmulas ns. 85 e 331 do C. TST) e normas coletivas oriundas, por vezes, de negociações conduzidas por entidades sindicais não solidárias com os seus representados[19].

Essa tendência arrefece no início do século XXI, em particular a partir da eleição de Luiz Inácio Lula da Silva, em 2002. A adoção de fomento à política de pleno emprego[20], aliada ao crescimento econômico experimentado ao longo do período, frearam, ao menos no âmbito da regulamentação laboral, processos de desregulamentação, típico desse novo modelo jurídico neoliberal.

Com os efeitos da crise financeira global, a queda do preço das *commodities*[21], a crise fiscal, a crise política fomentada por setores poderosos da elite econômica brasileira e internacional, e o golpe de Estado, a lógica neoliberal e a técnica da desregulamentação voltam com força e põem em crise o sistema jurídico brasileiro.

O Direito do Trabalho, manifestação histórica de espécie de Direito Social, é fortemente atacado em seus fundamentos[22]. Tomado como limite histórico ao poder do capital, sofre com a crise do trabalho a que se referiu Maria José Fariñas Dulce.

O mais recente processo de desregulamentação é a reforma trabalhista, que depois de tramitar em tempo recorde no Congresso Nacional, foi sancionada e publicada como Lei n. 13.467, de 13 de julho de 2017.

Nessa lei uma perspectiva do direito prepondera: a fundada num paradigma neoliberal, que, segundo as lições de Hayek, abjeta o que se convencionou chamar de Diretos Sociais, conquistas que, para o economista austríaco e seus seguidores, não são direitos, mas distorções do mercado[23]. E nessa perspectiva, o Direito Processual do Trabalho, considerado como ferramenta de tutela jurisdicional do Direito do Trabalho, também corre o risco de sucumbir à ação da técnica jurídica da desregulamentação.

É o que se infere da redação das propostas de mudanças processuais que estão no corpo da Lei n. 13.467/2017 e que, adiante, se abordará.

3. UMA BREVE ANÁLISE DAS ALTERAÇÕES PROCESSUAIS INTRODUZIDAS PELA LEI N. 13.467/2017

A despeito do avanço – ora maior, ora menor – da racionalidade neoliberal no Brasil dos últimos trinta anos, em razão das correlações de força existentes, dos processos de luta capitaneados pela sociedade civil organizada em sindicatos, associações etc., e das próprias fissuras do modelo normativo capitalista, houve avanços importantes em matéria processual, não se pode negar.

Ainda que sob a perspectiva neoliberal individualista de devido processo legal – que, em verdade, é ferramenta muito útil às grandes corporações como lembra Chomsky[24], na medida em que lhes garante agir, normalmente, fora da lei – técnicas de tutela individuais e coletivas emergiram e consagraram institucionalmente ferramentas de promoção e satisfação jurisdicional de direitos sociais, especialmente os atrelados ao trabalho.

---

(19) O genuíno movimento sindical brasileiro da década de 1980, simbolizado pela Central Única dos Trabalhadores e o sindicatos a ela afiliados, como esclarece ALVES, Giovanni. *O novo (e precário) mundo do trabalho*. São Paulo: Boitempo, 2000, sofre grave crise a partir da década de 1990 – por diversos fatores – e perde espaço para uma pulverização de entidades sindicais menos representativas e pouco afinadas com os interesses da classe trabalhadora. Para uma maior compreensão do fenômeno de crise do movimento sindical brasileiro, sugere-se a leitura do livro em referência.

(20) Ver, a respeito, a série histórica dos dados da PME (Pesquisa Mensal de Emprego, encerrada em março de 2016) e da PNAD Contínua (Pesquisa Nacional por Amostra de Domicílios Contínua) disponíveis para pesquisa no site oficial do Instituto Brasileiro de Geografia e Estatística – IBGE. Disponível em: <http://www.ibge.gov.br/home/estatistica/indicadores/trabalhoerendimento/pme_nova/default_encerramento.shtm>. Acesso em: 29 maio 2017.

(21) Ver a respeito a seguinte matéria publicada pela BBC Brasil, em 20 de maio de 2013. Disponível em: <http://www.bbc.com/portuguese/noticias/2013/05/130520_commodities_queda_crescimento_america_latina_lgb>. Acesso em: 23 maio 2017.

(22) Ver, a este respeito, SOUTO MAIOR, Jorge Luiz. *Análise do projeto de reforma trabalhista*. Texto publicado no blog do autor. Disponível em: <http://www.jorgesoutomaior.com/blog/analise-do-projeto-de-reforma-trabalhista>. Acesso em: 3 maio 2017.

(23) Ver a este respeito HAYEK, Friedrich August Von. *Direito, Legislação e Liberdade:* uma nova formulação dos princípios liberais de justiça e economia política. São Paulo: Visão, 1985.

(24) Ver a respeito o documentário *Requiem for the American Dream* dos diretores Peter D. Hutchison, Kelly Nyks e Jared P. Scott.

A possibilidade de defesa jurisdicional de interesses de grupos menos favorecidos, de bens materiais, imateriais e difusos da coletividade, a redução legislativa da desigualdade material, característica de relações assimétricas como as de trabalho e consumo, significaram, ainda que insuficientemente, limites ao poder do Capital e do próprio Estado[25].

Mais do que isso, permitiram maior acesso a Ordem Jurídica Justa[26], em particular no tocante à tutela individual e coletiva dos direitos dos trabalhadores.

É certo que não resolveram os conflitos entre capital e trabalho, até mesmo porque nunca tiveram tamanha pretensão e ousadia. Mas não se pode negar que ferramentas processuais como o Mandado de Segurança (art. 5º, LXIX, da CF/88) – criação genuinamente brasileira – o Mandado de injunção (art. 5º, LXXI, da CF/88), Ação Civil Pública (regulamentada pela Lei n. 7.347/1985), as técnicas de antecipação dos efeitos da sentença e tutelas cautelares (plasmada, aquela, pela primeira vez, no antigo art. 273 do CPC), as técnicas de tutela específica de obrigações de fazer ou não fazer (antigo art. 461 do CPC), as Ações Civis Coletivas (regulamentadas no CDC), a tutela inibitória e a tutela de remoção do ilícito (recentemente institucionalizadas e positivadas no CPC de 2015), foram medidas legislativas que elevaram as normas processuais a outro patamar e abriram caminho para o acesso a uma ordem jurídica mais justa.

O Direito Processual do Trabalho foi, sem dúvida, o espaço do direito processual mais adaptado às referidas mudanças, exatamente porque oriundo de uma racionalidade permeada pela tutela dos Direitos Sociais. Em nenhuma outra esfera do Poder Judiciário se desenvolveu, com tanta força, a tutela dos direitos coletivos como na Justiça do Trabalho, por exemplo.

Tais conquistas, todavia, estão ameaçadas. A Lei n. 13.467/2017 rompe com essa tendência e propõe um Direito Processual do Trabalho que ignora a assimetria entre capital e trabalho. E o faz tanto no âmbito do Processo Coletivo do Trabalho como no âmbito do Processo Individual do Trabalho, como adiante se pode perceber.

A primeira mudança está na nova redação do art. 8º, § 2º da CLT. De acordo com a nova regra, os Tribunais, ao editarem súmulas, não poderão restringir direitos legalmente previstos, **nem criar obrigações** que não estejam previstas em lei.

É correto afirmar que historicamente alguns – não muitos – direitos que foram incorporados ao patrimônio jurídico dos trabalhadores nasceram da luta estabelecida no âmbito do Poder Judiciário e, em certa medida, do ativismo judicial ante a inércia legislativa[27]. Com a reforma, há a clara intenção de limitar esse ativismo e restringir a ação do Poder Judiciário diante de eventuais lacunas que existam.

No § 3º do mesmo art. 8º, há uma clara limitação à ação do Poder Judiciário em matéria de Direito Coletivo do Trabalho. O mesmo se vê no novo art. 611-A da CLT. Nesses dispositivos, afirma-se que a Justiça do Trabalho fica limitada à verificação das condições formais de validade dos Acordos Coletivos e Convenções Coletivas de Trabalho, não podendo avaliar o seu conteúdo. Cria um suposto princípio da intervenção mínima na autonomia da vontade coletiva – o que ninguém sabe ao certo o que significa, na medida em que não há paralelo conhecido ou ainda maturação cultural do seu conceito e de suas características – e abre a porta à fraude, especialmente em negociações conduzidas por entidades sindicais pouco representativas.

Afirme-se, por oportuno, que a restrição do Poder Normativo da Justiça do Trabalho e a valorização da negociação coletiva não são medidas necessariamente negativas, antes ao contrário, em ambiente institucional de reforçada e verdadeira liberdade sindical são amplamente desejáveis, o problema é que a Lei n. 13.467/2017 caminha em sentido diametralmente oposto, pois ataca

---

(25) Ver ABRAMOVICH, Víctor; COURTIS, Christian. *Los derechos sociales como derechos exigibles*. Madrid: Editorial Trotta, 2002. p. 46. Que assinalaram, em 2002, a tendência processual à época, de tutela de Diretos Socais como um avanço no sentido de materializar a exigibilidade de alguns dos Direitos Econômicos, Sociais e Culturais plasmados no PIDESC e em boa parte das Constituições ocidentais, inclusive a brasileira.

(26) Para maiores considerações sobre o tema, ver a clássica obra de CAPPELLETTI, Mauro; GARTH, Bryant. *Acesso à Justiça*. Porto Alegre: Sérgio Antonio Fabris Editor, 1988.

(27) Vejam-se, por exemplo, as decisões proferidas pelo E. STF nos autos de Mandados de Injunção n. 708 e n. 943, que respectivamente, tinham por objeto, a regulação do exercício do direito de greve no âmbito do serviço público e a regulação do aviso prévio proporcional ao tempo de serviço, previsto no art. 7º, XXI, da CF/88, ou, no âmbito da Justiça do Trabalho, a evolução histórica dos Precedentes Normativos do C. TST, que, por muito tempo, pautaram negociações coletivas em todo o país, como bem recorda HORN, Carlos Henrique. *Negociações Coletivas e o Poder Normativo na Justiça do Trabalho*. Disponível em: <http://www.scielo.br/scielo.php?script=sci_arttext&pid=S0011-52582006000200006>. Acesso em: 29 maio 2017.

a liberdade sindical e pulveriza a representatividade da classe operária, em benefício do capital[28].

A reforma sistematiza verdadeira tentativa de desconstrução do modelo sindical brasileiro e não há dúvida de que alteração processual predita está atada às propostas de prevalência do "negociado sobre o legislado", num mundo do trabalho em que o risco empresarial será amplamente externalizado por meio de contratos precários como os de trabalho terceirizado.

Ao passo que confere a autonomia privada coletiva às entidades sindicais, permitindo-lhes dispor sobre direitos e garantias previstas em lei, as novas modalidades de contratação e a ampliação das antes existentes, os contratos de emprego precário (terceirização irrestrita, trabalho temporário, trabalho a tempo parcial, teletrabalho e intermitência), tenderão à fragmentação ainda maior da classe trabalhadora e à consequente fragilização da representação sindical.

Para atender aos interesses do capital, norte da reforma, parece evidente que todo esforço despendido para permitir a retirada de direitos, por via da negociação coletiva, seria inútil se a Justiça do Trabalho pudesse julgar a validade material dos Acordos Coletivos e das Convenções Coletivas de Trabalho. Portanto, mostra-se importante restringir a atuação de sindicatos, do Ministério Público do Trabalho e do Judiciário Trabalhista neste sentido.

Consta também na Lei n. 13.467/2017, a aplicação, no âmbito do Direito Processual do Trabalho, do incidente de desconsideração de personalidade jurídica, inspirado e institucionalizado anteriormente pelo novo Código de Processo Civil de 2015 (arts. 133 a 137 do CPC).

Atualmente, a doutrina e a jurisprudência brasileira, pautadas na teoria da despersonalização da figura do empregador, consagrada no art. 2º da CLT, simplificam o procedimento de satisfação dos créditos trabalhistas, bastando, para a desconsideração da personalidade jurídica e a consequente possibilidade de responsabilidade direta e patrimonial do sócio, o inadimplemento das obrigações trabalhistas e a insolvência daquela[29].

Com a reforma, o processo de desconsideração da personalidade jurídica se burocratiza e a simplicidade, a celeridade e a efetividade que deveriam nortear o processo trabalhista, cedem lugar à mora e à proteção patrimonial do devedor, como bem adverte Rodrigo Trindade, presidente da AMATRA-IV[30].

Quando se soma a isso o disposto na nova redação do art. 10-A da CLT, fica evidente a opção legislativa pelo patrimônio do inadimplente em detrimento dos créditos alimentares dos trabalhadores. A regra em referência prevê que o sócio que se retira da sociedade empresarial responderá subsidiariamente pelos créditos trabalhistas havidos "(...) *no período em figurou como sócio (...)*", em ações porventura ajuizadas até dois anos após a averbação contratual de sua retirada da sociedade.

Segundo o dispositivo, a responsabilização principiará pelos bens da "*empresa*", seguida pelos bens dos sócios atuais e só então pelos bens do sócio que se retirou.

Por óbvio, a norma facilita fraudes à execução e fraudes contra credores por meio do uso de "laranjas", sem contar a possibilidade real de prescrição intercorrente da exigibilidade da dívida, como prevê o texto do que será o art. 11-A da CLT.

A única hipótese em que a regra prevê a responsabilidade solidária do sócio retirante com os demais, é a comprovada fraude na alteração societária. O tema, que sempre foi tormentoso na jurisprudência, se resolve por via burocrática, ineficaz e provavelmente inefetiva, do ponto de vista do credor, no caso, o trabalhador, na medida em que lhe exige prova, não raro, demasiadamente

---

(28) É o que se infere da Nota Técnica n. 7, de 9 de maio de 2017, da Secretaria de Relações Institucionais do Ministério Público do Trabalho. Disponível em: <https://portal.mpt.mp.br/wps/wcm/connect/portal_mpt/6e18cf0c-941b-437e-8557-f7554daae5b4/notatecnica07.pdf?MOD=AJPERES>. Acesso em: 29 maio 2017, em que consta o seguinte: "*(...) Nessas condições, mostra-se evidente que fazer prevalecer o negociado sobre o legislado, para permitir a fixação de condições de trabalho e remuneração inferiores às asseguradas por lei, **sem realizar previamente uma ampla reforma sindical**, significará enorme incentivo ao avanço da corrupção nas relações coletivas de trabalho, inclusive à "compra" de acordos e convenções, particularmente nos setores econômicos em que não se fazem presente sindicatos sérios e representativos. (...)*"

(29) Veja-se a este respeito a Orientação Jurisprudencial n. 40, IV, da Seção Especializada do E. TRT da 9ª Região.

(30) Cf. TRINDADE, Rodrigo. *Reforma Trabalhista: 10 novos princípios de Direito Empresarial do Trabalho*. Artigo publicado no site oficial da AMATRA-IV. Disponível em: Mhttp://www.amatra4.org.br/79-uncategorised/1249-reforma-trabalhista-10-novos--principios-do-direito-empresarial-do-trabalho>. Acesso em: 23 maio 2017 (...) em que afirma: "*(...) Pelo art. 855-A pretende-se atravancar ainda mais a desconsideração da personalidade jurídica, trazendo o Incidente de Desconsideração da Personalidade Jurídica par o Processo do Trabalho. Há suspensão do processo, atrasando ainda mais a satisfação de créditos alimentares. Em suma, abandonam-se concepções de autonomia científica, simplificação e celeridade. Tudo em nome da preservação de patrimônio de inadimplentes. (...)*".

difícil ou quase impossível da conduta ilícita praticada pelos sócios atuais e pretéritos.

Ao considerar que o índice de inexigibilidade de créditos reconhecidos em sentenças trabalhistas é astronômico, mesmo com a simplificação histórica do processo de execução, com a burocratização advinda do incidente de desconsideração de personalidade jurídica e a limitação temporal da responsabilidade do sócio que se retira da sociedade, a tendência é de piora da realidade juslaboral. Veja-se, por exemplo, que, segundo o C. TST, *"(...) Em 30 de abril de 2017 o resíduo [de processos] na fase de execução era de 2.568.999 processos, desses 1.765.205 estavam pendentes de execução e 803.794 encontravam-se no arquivo provisório. (...)"*[31].

Ademais disso, segundo o TST, *"(...) De janeiro a abril no ano de 2017, o prazo médio entre o início e o encerramento da execução foi de 955 dias para os processos de ente privado e de 1.094 dias para os processos de ente público. (...)"*[32]. Vale dizer: se com todos os esforços empregados até hoje para satisfação dos créditos trabalhistas o cenário é ruim, com a reforma, não há dúvida, será muito pior.

Outro dispositivo que denuncia a clara opção por um Direito Processual do Trabalho marcadamente neoliberal e individualista é o art. 223-B, que obviamente tenta limitar a legitimação processual de terceiros para ações de reparação de danos extrapatrimoniais. Isto é, só o trabalhador ou a pessoa jurídica vitimados por danos dessa natureza seriam *"(...) titulares exclusivas do direito à reparação (...)"*.

A despeito da técnica legislativa sofrível, na medida em que a regra confunde o direito subjetivo de reparação do dano com o direito subjetivo de ação com pretensão de reparação jurisdicional do dano, o artigo pode dar ensejo a interpretações restritivas que tenham por propósito deslegitimar os sindicatos a, em nome próprio, demandar a reparação do direito alheio.

Pensemos os casos de Ações Civis Coletivas para reparação de danos morais por práticas de assédio moral organizacional, por exemplo.

A tendência jurisprudencial, inclusive a do STF, é de ampliação da legitimidade constitucional das entidades sindicais[33], o que permite amplo espectro de ação doutrinária e jurisprudencial que amenize os efeitos desejados pelo legislador ao editar o referido dispositivo. De toda maneira, fica clara a opção individualista e restritiva da ação sindical.

A nova lei também cria a possibilidade de acordo extrajudicial entre empregado e empregador, individualmente considerados, sem salvaguardas coletivas e sindicais, e atribui competência material à Justiça do Trabalho para a homologação de eventuais composições. É o que se infere do art. 652, *f*, impresso no novo texto.

Embora estabeleça no art. 855-B, que o processo de homologação de acordo extrajudicial terá início com petição conjunta, apresentada pelas partes, que deverão se fazer representar, obrigatoriamente, por advogados distintos, na verdade o que se deseja com tal dispositivo não é criar via alternativa, mais célere e desburocratizada de solução de conflitos trabalhistas, mas sim, legitimar vias privadas de quitação de créditos dos trabalhadores.

É a mesma lógica empregada no conteúdo da redação do art. 477 da CLT, que deixa de obrigar a submissão do ato de homologação das extinções contratuais aos sindicatos ou aos órgãos de fiscalização das relações de emprego, e art. 507-B que prevê a expedição de certidões de quitação anual de obrigações trabalhistas no curso dos contratos de trabalho.

São todas medidas antipúblicas[34] que privatizam o que antes incumbia ao espaço público e agora pertencerá à esfera privada e desigual do mercado de trabalho.

A lei também prevê a possibilidade expressa de modulação dos efeitos de súmulas de jurisprudência que sobrevenham ou que sejam alteradas pelos tribunais (art. 702, *f*), isto é, prevê a possibilidade de fixação, por estes, de marco temporal de validade dos enunciados que criam ou transformam, segundo as motivações de cada caso. Fixa, também, a nosso ver, rol exemplificativo de atores processuais legitimados a realizar sustentação oral em sessões públicas de criação ou alteração dos referidos enunciados de súmula, sem, portanto, excluir outros atores sociais interessados no debate democráti-

---

(31) Dado copiado de publicação estatística oficial do C. TST. Disponível em: <http://www.tst.jus.br/documents/10157/d8a32103-8cb9-fda8-bf75-7c86ee8d8036>. Acesso em: 24 maio 2017.

(32) Idem, ibidem.

(33) Veja-se, por exemplo, o conteúdo da decisão proferida pelo E. STF nos autos de RE 883642 em que afirma a ampla legitimidade dos sindicatos para postular em juízo os direitos e interesses coletivos ou individuais dos integrantes da categoria, ao longo de todo o processo, inclusive nas etapas de liquidação e cumprimento de sentença, independentemente de autorização dos filiados.

(34) Cf. DULCE, María José Fariñas. *Op. cit.*

co que deve orientar cada proposta de cristalização da jurisprudência de um tribunal, num determinado momento histórico.

A tentativa de dissuadir o trabalhador de procurar o Poder Judiciário sob o argumento superficial de que a "Justiça é lenta", será cada vez mais comum, especialmente para convencê-lo a negociar extrajudicialmente os seus direitos. Uma vez mais, o Direito serve à privatização de espaços genuinamente públicos.

A despeito da Constituição da República consagrar, atualmente, o princípio da razoável duração do processo (art. 5º, LXXVIII), e a despeito de ser de conhecimento público que a causa precípua dos males estruturais da Justiça do Trabalho é a lucrativa delinquência patronal[35], a nova lei materializa regras que em nada contribuem com a celeridade e a simplicidade, antes ao contrário, colidem frontalmente com estes princípios.

A nova redação do *caput* do art. 789 da CLT, em que limita o arbitramento das custas processuais em, no máximo, quatro vezes o teto dos benefícios do Regime Geral da Previdência Social, que hoje é de R$ 5.531,31[36]. A regra, por óbvio, privilegia exclusivamente aos grandes grupos financeiros e corporações nacionais e transnacionais, que, por apego a regras elementares de análise econômica do Direito, descumprem a legislação trabalhista e assumem os riscos de grandes condenações em ações individuais ou coletivas, na medida em que é bom negócio pagar a destempo[37].

A maior parte das pretensões deduzidas em reclamatórias trabalhistas "(...) *não são de teses pitorescas, aventuras jurídicas ou testes acadêmicos. A imensa maioria de ações versa sobre rescisão de contrato e verbas rescisórias.* (...)"[38], cujos valores – considerada a média da massa salarial brasileira – não passam nem perto do importe de R$ 1.100.000,00 (um milhão e cem mil reais), valor que precisa ser arbitrado em sentença para que se alcance o teto das custas processuais previstas na proposta de redação do art. 789 da CLT.

Condenações que superam essa monta são incomuns e, não raro, têm como responsáveis os grandes empregadores. Sendo assim, facilita a recorribilidade das decisões judiciais aos que ocupam, historicamente, as primeiras posições no ranking dos mais demandados na Justiça do Trabalho[39]. A regra contida neste artigo beneficia exclusivamente a uma elite privilegiada que é dona do poder econômico no Brasil.

Em sentido diametralmente oposto, os trabalhadores passam a ter o acesso ao Poder Judiciário amplamente dificultado por regras que os oneram econômica e processualmente, como, por exemplo:

i) a limitação da gratuidade da justiça aos que ganham salário igual ou inferior a 40% do teto de benefícios do Regime Geral de Previdência, ou seja, os que ganham, hoje, até R$ 2.212,52 (dois mil, duzentos e doze reais e cinquenta e dois centavos)[40], ressalvadas as hipóteses em que o trabalhador com salário mais alto consiga comprovar a insuficiência de recursos para pagamentos das custas do processo, o que contrasta com a posição atual em que a mera declaração de hipossuficiência, não desconstituída por prova em contrário, garante ao trabalhador o acesso à justiça gratuita;

ii) a possibilidade de condenação obreira no pagamento de honorários periciais, ainda que beneficiária da justiça gratuita, em caso de sucumbência na pretensão deduzida em juízo, salvo se não houver condenação patronal pecuniária nos autos, ou em processo diverso, em valor suficiente a adimplir os honorários periciais, hipótese em que a União arcará com o encargo (art. 790-B);

---

(35) Ver a respeito RAMOS FILHO, Wilson. *Delinquência patronal, repressão e reparação*. Artigo disponível em: <http://www.migalhas.com.br/arquivo_artigo/art20090116-01.pdf>. Acesso em: 24 maio 2015. E TRINDADE, Rodrigo. *Culpar Direito e Justiça do Trabalho por um problema exorbitante não passa de uma mal explicada opção política. A pergunta que precisa ser respondida é por que há tanto descumprimento das obrigações trabalhistas?* Disponível em: <http://www.amatra4.org.br/79--uncategorised/1266-por-que-tantas-acoes-trabalhistas>. Acesso em: 22 maio 2017.

(36) Dado copiado do *site* oficial da Previdência na internet. Disponível em: <http://www.previdencia.gov.br/2017/01/beneficios--indice-de-reajuste-para-segurados-que-recebem-acima-do-minimo-e-de-658-em-2017/>. Acesso em: 24 maio 2017.

(37) Não se olvide que ainda hoje a lei prevê juros simples de 1% ao mês (art. 39, § 1º, Lei 8.177/1991), computados *pro rata die*, e correção monetária pela TR, o que torna os haveres alimentares do trabalhador um dos recursos financeiros mais baratos que há no chamado "mercado".

(38) Cf. TRINDADE, Rodrigo. *Op. cit.*

(39) O *ranking* está disponível no *site* oficial do C. TST. Disponível em: <http://www.tst.jus.br/documents/10157/842691ce-4a60-4 4b8-b1de-8abccfd696a4>. Acesso em: 24 maio 2017.

(40) Valor que decorre da seguinte operação matemática R$ 5.531,31 (teto do benefício previdenciário) x 40% = R$ 2.212,52.

iii) A assunção do princípio da sucumbência recíproca no processo do trabalho, o que admite a condenação obreira no pagamento de honorários devidos ao advogado da parte contrária, atrelando a suspensão da exigibilidade judicial do crédito à inexistência de recursos suficientes na condenação havida nos autos, ou em processo distinto, asseverando, todavia, que "(...) *se, nos dois anos subsequentes ao trânsito em julgado da decisão que as certificou, o credor demonstrar que deixou de existir a situação de insuficiência de recursos que justificou a concessão de gratuidade, (...)*", poderá exigir o pagamento dos valores devidos pelo trabalhador (art. 791-A).

iv) A ausência injustificada do reclamante à audiência inicial ou una, importará condenação em custas processuais, ainda que beneficiário da justiça gratuita, exceto se justificada a ausência no prazo de quinze dias, e, além disso, será condição para o ajuizamento de nova ação, na forma do que consta dos §§ 3º e 4º do art. 844 impresso na Lei n. 13.467/2017.

Os empregadores, por seu turno, poderão "terceirizar" prepostos, na medida em que não precisarão mais ser empregados, na forma da redação do art. 843, § 3º da CLT.

Além disso, em caso de revelia, acaso presente o (a) advogado (a) do reclamado em audiência, serão recebidas a defesa e os documentos a ela acostados, o que colide com o teor da Súmula n. 74 do C. TST[41] que, diante dos efeitos da revelia, consagrou entendimento no sentido de proibir a produção de provas que não tenham sido pré-constituídas nos autos.

A lei, por óbvio, aniquila o caráter protetivo do Direito Processual do Trabalho, retirando-lhe autonomia e cientificidade. Mas as alterações legislativas que denunciam a desconstrução do processo do trabalho protetivo não param por aí.

Até então, na Justiça do Trabalho, a liquidação e a execução forçada sempre foram etapas do processo, que inicia por iniciativa da parte e segue por impulso oficial. Em particular, no tocante à etapa de execução, a CLT é textual em afirmar que incumbe às partes ou ao juiz iniciá-las (art. 878, da CLT).

Com a reforma do referido artigo, a liquidação e a execução não poderão ser iniciadas de ofício pelo juiz, e dependerão de impulso das partes interessadas, exceto nos casos em que a parte não estiver representada por advogado.

Tal regra atrelada à aplicação de prescrição intercorrente (que se dá no curso do processo) dificulta a efetivação do direito violado, especialmente diante de devedores insolventes ou hábeis em fraudes à execução. Caminha, portanto, na contramão dos esforços desenvolvidos pela própria Justiça do Trabalho no sentido de satisfazer, efetivamente, os créditos dos trabalhadores, fomentando, uma vez mais, a delinquência patronal.

O mesmo vale para a regra estampada no art. 883-A da CLT passando a estabelecer que:

> (...) a decisão judicial transitada em julgado somente poderá ser levada a protesto, gerar inscrição do nome do executado em órgãos de proteção ao crédito ou no Banco Nacional de Devedores Trabalhistas, nos termos da Lei, depois de transcorrido o prazo de **quarenta e cinco** dias a contar da citação do executado, se não houver garantia do juízo. (...).

O Código de Processo Civil, que não necessariamente instrumentaliza o pagamento de verbas de natureza alimentar, é menos condescendente com o devedor, na medida em que fixa a possibilidade de protesto da decisão judicial transitada em julgado imediatamente após o transcurso do prazo de quinze dias para pagamento voluntário da dívida, contados da citação (arts. 517 e 523 do CPC).

Em síntese, não há dúvida de que a reforma respeita técnica jurídica distante do paradigma do Direito Social típico do Estado de bem-estar social e se afina à crescente racionalização neoliberal e neoconservadora que toma conta do Estado brasileiro. Transforma o Direito do Trabalho em um Direito Empresarial do Trabalho[42], e o processo, na qualidade de ferramenta de efetivação deste, num Direito Processual Empresarial do Trabalho.

Nessa primeira etapa importa, sobretudo: i) denunciar os riscos e os prejuízos processuais que a reforma impõe aos trabalhadores; ii) demonstrar a opção ideológica neoliberal plasmada na lei, a qual aprofunda as desigualdades materiais entre trabalhadores e empregadores e privilegia um anacrônico processo individualista, ineficiente, essencialmente formalista e que não será capaz de promover a "suposta" pacificação social.

---

(41) Inteiro teor do verbete disponível em: <http://www3.tst.jus.br/jurisprudencia/Sumulas_com_indice/Sumulas_Ind_51_100.html#SUM-74>. Acesso em: 24 maio 2017.

(42) TRINDADE, Rodrigo. *Op. cit.*

Mas o esforço não para por aqui. A luta pela construção de um Direito Processual do Trabalho justo está apenas (re)começando.

4. REFERÊNCIAS BIBLIOGRÁFICAS

ABRAMOVICH, Víctor; COURTIS, Christian. *Los derechos sociales como derechos exigibles*. Madrid: Editorial Trotta, 2002.

ALVES, Giovanni. *O novo (e precário) mundo do trabalho*. São Paulo: Boitempo, 2000.

ALVES, Giovanni. *Terceirização e capitalismo no Brasil*: um par perfeito. Disponível em: <https://juslaboris.tst.jus.br/bitstream/handle/1939/71031/005_alves.pdf?sequence=1>. Acesso em: abr. 2017.

ANTUNES, Ricardo; ALVES, Giovanni. *As mutações no mundo do trabalho na era da mundialização do capital*. Disponível em: <http://www.scielo.br/pdf/es/v25n87/21460.pdf>. Acesso em: 24 de maio de 2017.

BECK, Ulrich. *Un nuevo mundo feliz:* la precariedad del trabajo en la era de la globalización. Traducción de Bernardo Moreno Carrillo. Barcelona: Ediciones Paidós Ibérica, 2000.

CAPPELLETTI, Mauro; GARTH, Bryant. *Acesso à Justiça*. Porto Alegre: Sérgio Antonio Fabris Editor, 1988.

Comissão da Anistia. Acervo disponível em: <http://memorialanistia.org.br/boletim-informativo-da-comissao-de-anistia-mj/>. Acesso em: abr. 2017.

DARDOT, Pierre; LAVAL, Christian. *A nova razão do mundo*. São Paulo: Boitempo, 2016.

DULCE, María José Fariñas Dulce. *Trabajo, retrocesos sociales y alternativas*. Disponível em: <http://baylos.blogspot.com.es/search?updated-max=2017-02-16T08:39:00%2B01:00&max-results=7&start=7&by-date=false>. Acesso em: 25 mar. 2017.

DULCE, María José Fariñas. *Desregulación vs Re-regulación:* las aporias del Estado de Derecho. Disponível em: <http://iusfilosofiamundolatino.ua.es/download/DESREGULACION%20VERSUS%20RE.pdf>. Acesso em: 23 maio 2017.

FLORES, Joaquín Herrera. *La Reinvención de los Derechos Humanos*. Andalucía: Atrapasueños. Librería asociativa-editorial-materiales didácticos, 2009. p. 22.

HAYEK, Friedrich August Von. *Direito, Legislação e Liberdade:* uma nova formulação dos princípios liberais de justiça e economia política. São Paulo: Visão, 1985.

NIKKEN, Pedro. *El concepto de Derechos Humanos*. Disponível em: http://www.derechoshumanos.unlp.edu.ar/assets/files/documentos/el-concepto-de-derechos-humanos.pdf>. Acesso em: jan. 2017.

RAMOS FILHO, Wilson. *Delinquência patronal, repressão e reparação*. Disponível em: <http://www.migalhas.com.br/arquivo_artigo/art20090116-01.pdf>. Acesso em: 24 maio 2015.

REQUIEM *FOR THE AMERICAN DREAM*. Direção: HUTCHISON, Peter D.; Nyks, Kelly; SCOTT, Jared P. Scott. Elenco. Noam Chomsky. Estados Unidos, 2015.

SOUTO MAIOR, Jorge Luiz. *Análise do projeto de reforma trabalhista*. Texto publicado no blog do autor. Disponível em: <http://www.jorgesoutomaior.com/blog/analise-do-projeto-de-reforma-trabalhista>. Acesso em: 3 maio 2017.

TRINDADE, Rodrigo. *Culpar Direito e Justiça do Trabalho por um problema exorbitante não passa de uma mal explicada opção política. A pergunta que precisa ser respondida é por que há tanto descumprimento das obrigações trabalhistas?* Disponível em: <http://www.amatra4.org.br/79-uncategorised/1266-por-que-tantas-acoes-trabalhistas>. Acesso em: 22 maio 2017.

TRINDADE, Rodrigo. *Reforma Trabalhista:* 10 novos princípios de Direito Empresarial do Trabalho. Artigo publicado no site oficial da AMATRA-IV. Disponível em: <http://www.amatra4.org.br/79-uncategorised/1249-reforma-trabalhista-10-novos-principios-do-direito-empresarial-do-trabalho>. Acesso em: 23 maio 2017.

Capítulo 8

Prescrição Intercorrente no Processo do Trabalho após a Lei n. 13.467/2017 [1]

Élisson Miessa [2]

1. INTRODUÇÃO

O instituto da prescrição intercorrente já de longa data provoca discussões no processo do trabalho, especialmente entre os tribunais superiores, vez que o E. STF na Súmula n. 327 admite sua incidência, enquanto o entendimento sumulado pelo C. TST é diametralmente no sentido contrário, obstando sua aplicação na seara laboral (Súmula n. 114 do TST).

De qualquer maneira, a doutrina majoritária já anunciava a necessidade de aplicação da prescrição intercorrente à seara trabalhista, com o objetivo de evitar que a execução se prolongasse por tempo indefinido, especialmente quando os atos executivos dependessem exclusivamente do exequente, garantindo assim, maior segurança jurídica.

A Lei n. 13.467/2017 (Reforma Trabalhista), responsável pela alteração de diversos aspectos da legislação trabalhista, incluiu o art. 11-A à CLT, prevendo, expressamente, a aplicação da prescrição intercorrente ao processo do trabalho no prazo de 2 anos.

Essa aplicação, contudo, será objeto de diversas controvérsias, principalmente no que tange ao prazo prescricional, à suspensão e extinção da execução, à data de início da fluência do prazo prescricional, possibilidade de declaração *ex officio* e momento da declaração da prescrição. Essas controvérsias ocorrerão principalmente devido às particularidades do direito processual do trabalho e do grande impacto que o novo dispositivo exercerá, causando grandes alterações na execução trabalhista.

No presente artigo analisaremos os aspectos controversos desse instituto com o objetivo de delimitar a sistemática de aplicação da prescrição intercorrente ao processo do trabalho, enfrentando as principais discussões relacionadas à interpretação do art. 11-A da CLT.

2. CONCEITO DE PRESCRIÇÃO INTERCORRENTE

Violado o direito, nasce para o titular a pretensão (CC, art. 189), viabilizando que o titular possa exigir o cumprimento o seu direito subjetivo.

No entanto, o ordenamento prevê prazos para que o titular do direito possa exercer seu direito, a fim de não eternizar as relações jurídicas e manter a estabilidade e a segurança jurídica de tais relações.

Caso o titular do direito subjetivo não exercite sua pretensão no prazo estabelecido em lei, surge a prescrição, neutralizando a possibilidade de exigir sua pretensão [3].

A prescrição, como regra, ocorre quando não ajuizada a ação de conhecimento no prazo estabelecido no art. 7º, XXIX da CF/1988.

Proposta a ação, interrompe-se a prescrição (CC, art. 202; Súmula n. 268 do TST e OJ n. 392 da SDI-I do TST).

Assim, interrompida a prescrição e sabendo-se que o processo se desenvolve por impulso oficial, como regra, não há falar em nova prescrição no curso do processo, até porque neste caso não há inércia da parte.

---

(1) Artigo publicado originalmente na *Revista da LTr,* ano 81, n. 9. São Paulo: LTr, set. 2017. p. 1.111-1.120.

(2) Procurador do Trabalho. Professor de Direito Processual do Trabalho do curso CERS *on-line*. Autor e coordenador de obras relacionados à seara trabalhista, entre elas, "CLT comparada", "Súmulas e Orientações Jurisprudenciais do TST comentadas e organizadas por assunto", "Manual dos recursos trabalhistas" e "Impactos do Novo CPC nas Súmulas e Orientações Jurisprudenciais do TST", publicadas pela Editora JusPodivm.

(3) FARIAS, Cristiano Chaves de; ROSENVALD, Nelson. *Curso de direito civil* – parte geral e LINDB. 11. ed. Salvador: JusPodivm, 2013. p. 744.

Contudo, pode ocorrer de o ato ser exclusivo da parte. Nesse caso, ganha destaque o parágrafo único do art. 202 do CC o qual declina que "a prescrição interrompida recomeça a correr da data do ato que a interrompeu, ou do último ato do processo para a interromper".

Vê-se por tal dispositivo que ele tem como finalidade afastar a perpetuação da ação[4], admitindo a existência da prescrição após o seu ajuizamento.

Aliás, essa possibilidade de existir prescrição depois do ajuizamento da ação está embasada no princípio da confiança, derivado do princípio da boa-fé (NCPC, art. 5º), impedindo comportamentos contraditórios das partes. Como bem elucidado pelo ilustre professor Raphael Miziara:

> a inércia deliberada, injustificada e desinteressada do titular do direito (*factum proprium*), por um determinado período de tempo, cria na contraparte uma expectativa de que a posição jurídica de vantagem (*venire*) não mais será exercida, o que suprime do titular a possibilidade de exigência dessa pretensão[5].

Desse modo, passa-se a admitir a prescrição para o início da fase executiva e também durante o curso do processo.

No primeiro caso (início da fase de execução), denomina-se de **prescrição da pretensão executiva**, tendo o mesmo prazo da ação de conhecimento (Súmula n. 150 do STF[6]). O termo inicial é o dia imediato após o trânsito em julgado da sentença líquida ou, na hipótese de sentença ilíquida, do trânsito em julgado da decisão de liquidação[7].

No processo do trabalho, não havia espaço para a incidência da prescrição da pretensão executiva, tendo em vista que a execução se iniciava de ofício. Contudo, com o advento da Lei n. 13.467/2017, o art. 878 da CLT foi alterado para permitir a execução de ofício "apenas nos casos em que as partes não estiverem representadas por advogado", o que significa que para os demais casos passa a ter incidência tal modalidade de prescrição. Esse prazo prescricional será de 2 anos para os contratos extintos na data do ajuizamento da ação, e de 5 anos para os contratos em vigência na data do ajuizamento da ação.

No segundo caso (prescrição no curso do processo), temos a **prescrição intercorrente**, objeto do presente artigo, que é aquela que ocorre no curso do processo, em decorrência da inércia prolongada da parte de realizar ato processual de sua incumbência[8].

Na **fase de conhecimento**, a inércia da parte provoca a extinção do processo sem resolução do mérito, por abandono (CPC, art. 485, III), não se falando em prescrição intercorrente.

Na **fase de execução**, como regra, não ocorrerá a prescrição, porque, como já mencionado, iniciado o processo ele se desenvolve por impulso oficial. Contudo, quando o ato é exclusivo da parte, sua inércia poderá provocar a prescrição intercorrente.

Portanto, percebe-se que a prescrição intercorrente ocorre no curso da fase de execução, como expressamente declinou o legislador no § 1º, do art. 11-A da CLT.

É importante destacar ainda que, na **fase de liquidação**, em regra, não haverá prescrição, vez que pode ser iniciada de ofício. No entanto, na hipótese de liquidação por artigos (procedimento comum), por depender de iniciativa da parte, pensamos que também deverá incidir a prescrição intercorrente[9].

3. POSICIONAMENTO DOS TRIBUNAIS ANTES DA LEI N. 13.467/2017

Antes da Lei n. 13.467/2017, muito se discutia acerca da aplicação da prescrição intercorrente ao processo do trabalho.

O Supremo Tribunal Federal, na época em que julgava matéria infraconstitucional trabalhista, declinou por meio da Súmula n. 327 que:

Súmula n. 327 do STF.

O direito trabalhista admite a prescrição intercorrente.

No entanto, com o advento da Emenda Constitucional n. 16/1965, que alterou o art. 17 da Constituição

---

(4) SUSSEKIND, Arnaldo et al. *Instituições de direito do trabalho*. 21. ed. São Paulo: LTr, 2003. v. 2, p. 1.485.

(5) MIZIARA, Raphael. A tutela da confiança e a prescrição intercorrente na execução trabalhista. In: MIESSA, Élisson (Coord.). *O Novo Código de Processo Civil e seus reflexos no processo do trabalho*. 2. ed. Salvador: JusPodivm, 2016. p. 824.

(6) Súmula n. 150 do STF. Prescreve a execução no mesmo prazo de prescrição da ação.

(7) STJ, AgRg no RESP 1.553.826/RS, rel. Min. Herman Benjamin, Segunda turma, j. 16.02.2016, Dje 30.05.2016.

(8) Parte da doutrina entende que são expressões sinônimas prescrição da pretensão executiva e prescrição intercorrente. SCHIAVI, Mauro. *Execução no processo do trabalho*. 7. ed. São Paulo: LTr, 2015. p. 85.

(9) DIDIER JR., Fredie et al. *Curso de direito processual civil*: execução. 7. ed. Salvador: JusPodivm, 2017. p. 232.

Federal de 1946, as decisões do TST tornaram-se irrecorríveis, salvo na hipótese de matéria constitucional, o que afastou a aplicação das súmulas do STF no que tange à matéria trabalhista de âmbito infraconstitucional.

Desse modo, o TST sedimentou entendimento no sentido de não admitir a prescrição intercorrente na seara trabalhista, como se verifica pela Súmula n. 114 do TST, *in verbis*:

> **Súmula n. 114 do TST. Prescrição intercorrente.**
> É inaplicável na Justiça do Trabalho a prescrição intercorrente.

O C. TST fundamentou seu entendimento no fato de que, no processo do trabalho, há aplicação do princípio do impulso oficial, cabendo ao juiz do trabalho dar andamento ao processo e, na época, iniciar, de ofício, a fase de execução (art. 878 da CLT, antes da reforma trabalhista). Aliás, o art. 40 da Lei n. 6.830/1980 (Lei de Execuções Fiscais) prevê que o juiz suspenderá a execução enquanto não localizados bens do devedor e que durante esse prazo não correrá a prescrição. O Tribunal reafirmou a não aplicação da prescrição intercorrente no art. 2º, VIII, da Instrução Normativa n. 39/2016 ao declinar que não se aplicam ao processo do trabalho os arts. 921, §§ 4º e 5º, e 924, V do NCPC.

De nossa parte, já defendíamos[10] que era aplicável a prescrição intercorrente no processo do trabalho como medida de paz social, quando o ato dependesse exclusivamente do exequente. Aliás, o próprio art. 884, § 1º, da CLT, já tratava da possibilidade de a prescrição intercorrente ser alegada em matéria de defesa.

A Lei n. 13.467/2017 pôs fim à divergência, ao acrescentar à CLT, o art. 11-A, dispondo que "ocorre a prescrição intercorrente no processo do trabalho no prazo de dois anos".

4. PRAZO

Conforme o art. 11-A da CLT, incluído pela Lei n. 13.467/2017, aplica-se o prazo de dois anos à prescrição intercorrente.

Embora o artigo seja expresso sobre o prazo a ser aplicado, pensamos que se faz necessária a análise detida sobre o tema.

É sabido que o prazo prescricional é regulado, em regra, pela norma infraconstitucional. Tanto é assim que a Constituição Federal quando se refere à prescrição para os atos ilícitos dos agentes públicos (art. 37, § 5º) e para os créditos tributários (art. 146, III, b) remeteu o estabelecimento do prazo à lei infraconstitucional.

No entanto, quanto aos créditos trabalhistas a natureza da prescrição é **constitucional**. Isso porque o art. 7º da CF/1988 reconheceu diversos direitos sociais aos trabalhadores urbanos e rurais. Conquanto esse dispositivo tenha como foco a concessão de direitos, o constituinte incluiu o inciso XXIX, que versa sobre o direito à ação trabalhista e especialmente acerca da sua prescrição, a qual, na realidade, não é um direito, mas sim uma restrição de direito. Queremos dizer, dentro de um rol de direitos sociais o constituinte, paradoxalmente, inseriu uma restrição a esses direitos. Vê-se, pois, a preocupação do constituinte em conferir *status* constitucional à prescrição trabalhista, inserindo-a num rol de direitos sociais dos trabalhadores. Nas palavras do doutrinador e magistrado Mauro Schiavi:

> (...) o fato de a prescrição constar no rol dos direitos sociais do trabalhador significa dizer que esse prazo não pode ser reduzido por lei ordinária e até mesmo por emenda constitucional, pois se trata de uma garantia fundamental do trabalhador[11].

Com efeito, incumbe ao legislador infraconstitucional, quando tratar de prescrição trabalhista, observar o disposto no art. 7º, XXIX, da CF, *in verbis*:

> Art. 7º São direitos dos trabalhadores urbanos e rurais, além de outros que visem à melhoria de sua condição social:
> (...)
> XXIX – ação, quanto aos créditos resultantes das relações de trabalho, com prazo prescricional de **cinco anos** para os trabalhadores urbanos e rurais, **até o limite de dois anos** após a extinção do contrato de trabalho (grifo nosso).

Nos termos do referido dispositivo constitucional, o prazo prescricional aplicado aos créditos trabalhistas é de 5 anos (prescrição quinquenal), devendo ser observado o limite de 2 anos após a extinção do contrato (prescrição bienal).

Cria-se, pois, uma modalidade *sui generis* de prazo prescricional, de modo que, não estando o contrato de trabalho extinto, observar-se-á apenas o prazo quinquenal. Por outro lado, já estando o contrato extinto, cumula-se o prazo quinquenal com o bienal.

---

(10) MIESSA, Élisson. *Processo do trabalho para concursos*. 4. ed. Salvador: JusPodivm, 2017. p. 1.001.
(11) SCHIAVI, Mauro. *Execução no processo do trabalho*. 7. ed. São Paulo: LTr, 2015. p. 93.

Nesse contexto, para os contratos ainda não extintos na data do ajuizamento da ação, a prescrição intercorrente deve ser de 5 anos, sendo inconstitucional, nesse aspecto, a limitação estabelecida no art. 11-A da CLT[12].

Por sua vez, já estando o contrato extinto, a prescrição será de 2 anos.

É importante destacar que a diferença do prazo (2 ou 5 anos) leva em conta se o contrato de trabalho estava ou não em vigor **na data do ajuizamento da ação**, sendo indiferente a alteração no curso do processo. Isso ocorre porque, na realidade, a prescrição intercorrente não tem um novo prazo prescricional, mas simplesmente reinicia o prazo prescricional existente para o ajuizamento da ação de conhecimento. É que nos termos do art. 202 do CC: "a prescrição interrompida recomeça a correr da data do ato que a interrompeu, **ou do último ato do processo para a interromper**". Assim, interrompida a prescrição com o ajuizamento da ação, no curso do processo como regra não corre a prescrição. No entanto, ficando o processo paralisado por ato exclusivo do exequente, reinicia a contagem da prescrição, observando exatamente o prazo prescricional da data do ajuizamento da ação, ou seja, 2 ou 5 anos.

Por fim, cabe mencionar que parte da doutrina entende que a prescrição intercorrente sempre será de 5 anos[13], vez que observado o prazo de 2 anos do término do contrato de trabalho, o único prazo prescricional que deve ser observado na seara trabalhista é o de 5 anos, inclusive na fase de execução. Noutras palavras, o prazo de 2 anos tem como termo apenas a extinção do contrato de trabalho, o que não pode ser observado em momentos posteriores como é a fase de execução. Essa interpretação é sedutora e pertinente, mas a nosso juízo retira a natureza de prescrição do prazo bienal, considerando-se como um simples termo para o ajuizamento da ação. Queremos dizer, observada o termo final de entrar com a ação em até 2 anos a contar da extinção do contrato de trabalho, não se verifica mais esse termo e o único prazo prescricional a ser analisado é o de 5 anos. No entanto, a se adotar essa tese, inviabiliza-se qualquer modalidade de interrupção do prazo bienal, vez que ele sempre seria analisado da data da extinção do contrato[14]. Desse modo, como pensamos que o prazo bienal é prescricional e que a prescrição intercorrente é a restauração do prazo para o ajuizamento da ação, nas hipóteses de contratos já extintos, a nosso ver a prescrição intercorrente será de 2 anos.

5. SUSPENSÃO E EXTINÇÃO DA EXECUÇÃO

A prescrição intercorrente é prevista em dois momentos no Código de Processo Civil: 1) após a suspensão do processo por ausência de bens penhoráveis (art. 921, III); 2) como forma de extinção da execução (art. 924, V).

A Lei de Execuções Fiscais (Lei n. 6.830/1980) versa sobre o prescrição intercorrente após a suspensão do processo por ausência de bens penhorados e ainda na hipótese de não ser localizado o devedor.

Por sua vez, o art. 11-A da CLT trata do tema **apenas como forma de extinção da execução**, sendo omissa quanto à suspensão do processo.

5.1. Suspensão

Em determinadas situações, uma vez iniciado o processo, pode ser necessário que o procedimento seja **suspenso**, vedando-se a prática de qualquer ato processual, com exceção de atos urgentes e que causem dano irreparável (NCPC, art. 314). A suspensão do processo, portanto, é diferente da mera paralisação, pois nesta última, permite-se a prática de atos processuais[15].

Na fase de execução, a suspensão é prevista no art. 921 do NCPC, *in verbis*:

Art. 921. Suspende-se a execução:

I – nas hipóteses dos arts. 313 e 315, no que couber;

II – no todo ou em parte, quando recebidos com efeito suspensivo os embargos à execução;

III – quando o executado não possuir bens penhoráveis;

IV – se a alienação dos bens penhorados não se realizar por falta de licitantes e o exequente, em 15 (quinze) dias, não requerer a adjudicação nem indicar outros bens penhoráveis;

---

(12) Em sentido contrário e defendendo o prazo de 2 anos: GUNTHER, Luiz Eduardo; ZORNIG, Cristina Maria Navarro. *Dicionário elementar de Recursos Trabalhistas*. Curitiba: Juruá, 2015. p. 222.

(13) Nesse sentido: CORDEIRO, Wolney de Macedo. *Execução no processo do trabalho*: de acordo com a Lei n. 13.105, de 16 de março de 2015. 2. ed. Salvador: JusPodivm, 2016. p. 354.

(14) Por exemplo: arquivada a reclamação trabalhista e reiniciado o prazo prescricional, para que essa tese seja coerente, apenas poderá permitir o reinício do prazo quinzenal e não o bienal, o que não pode ser admitido, vez que ambos os prazos são prescricionais, viabilizando, portanto, a interrupção dos dois prazos.

(15) DIDIER JR., Fredie *et al*. *Curso de direito processual civil*: execução. 7. ed. Salvador: JusPodivm, 2017. p. 446.

V – quando concedido o parcelamento de que trata o art. 916.

§ 1º Na hipótese do inciso III, o juiz suspenderá a execução pelo prazo de 1 (um) ano, durante o qual se suspenderá a prescrição.

§ 2º Decorrido o prazo máximo de 1 (um) ano sem que seja localizado o executado ou que sejam encontrados bens penhoráveis, o juiz ordenará o arquivamento dos autos.

§ 3º Os autos serão desarquivados para prosseguimento da execução se a qualquer tempo forem encontrados bens penhoráveis.

§ 4º Decorrido o prazo de que trata o § 1º sem manifestação do exequente, começa a correr o prazo de prescrição intercorrente.

§ 5º O juiz, depois de ouvidas as partes, no prazo de 15 (quinze) dias, poderá, de ofício, reconhecer a prescrição de que trata o § 4º e extinguir o processo.

Observa-se no art. 921, III, do NCPC, que a execução deve ser suspensa quando o executado não possuir bens penhoráveis. Nessa hipótese, a doutrina indica que, na verdade, há uma "falsa suspensão" ou "impedimento da execução", pois o juiz e mesmo o exequente podem praticar atos que objetivem a busca de bens penhoráveis como, por exemplo, a requisição de informações à Receita Federal, ao sistema bancário, entre outros[16].

A suspensão, nessa hipótese, é justificada pela impossibilidade de efetivação da execução se não houver bens a serem penhorados, vez que a responsabilidade do executado é patrimonial[17].

A suspensão da execução deve durar no máximo 1 ano, com suspensão da prescrição. Decorrido o prazo de 1 ano, não havendo manifestação do exequente e não encontrados bens penhoráveis, os autos são arquivados, iniciando-se a contagem do prazo da prescrição intercorrente (NCPC, art. 921, §§ 1º, 2º e 4º).

O mesmo procedimento é adotado nos casos em que os bens localizados forem impenhoráveis ou insuficientes ao pagamento das custas processuais, nos termos do art. 836, *caput*, do NCPC[18].

O art. 921 do NCPC, portanto, descreve o procedimento de suspensão do processo de execução quando não encontrados bens penhoráveis, não sendo caso de extinção[19].

De modo semelhante, a Lei de Execuções Fiscais (Lei n. 6.830/1980), no art. 40, trata também da suspensão da execução. O dispositivo declina que o juiz suspenderá o curso da execução, enquanto não for localizado o devedor ou encontrados bens sobre os quais possa recair a penhora, e, nesses casos, não correrá o prazo de prescrição.

Aliás, no caso de não localização do devedor, apenas haverá a suspensão se também não forem encontrados bens penhoráveis. Isso porque, se o devedor não for localizado, mas tiver bens penhoráveis, o devedor poderá ser citado por edital[20].

Portanto, não localizados bens penhoráveis e quando não for localizado o devedor, suspende-se o processo por 1 ano, arquivando-o (NCPC, art. 40, § 2º). Ato contínuo, terá início a prescrição intercorrente (Súmula n. 314 do STJ).

Percebe-se por tais procedimentos que, primeiro suspende-se o processo por 1 ano, para em seguida iniciar a prescrição intercorrente.

Isso ocorre porque a indicação de bens penhoráveis não é ato exclusivo do exequente, a legitimar o imediato início da prescrição intercorrente. Tanto é assim que o próprio executado tem o dever de indicar quais são e onde estão os bens sujeitos à penhora e os respectivos valores, além de exibir a prova de sua propriedade (NCPC, art. 774, V).

Ora, se o próprio executado tem o dever de indicar os bens a serem penhorados, sob pena de praticar ato atentatório à dignidade da justiça, não se pode imputá-lo como ato exclusivo do exequente iniciando imediatamente a prescrição intercorrente. É por isso que o CPC e a Lei de Execuções Fiscais viabiliza a suspensão do processo.

---

(16) DIDIER JR., Fredie *et al*. *Curso de direito processual civil*: execução. 7. ed. Salvador: JusPodivm, 2017. p. 450.

(17) ABELHA, Marcelo. *Manual de direito processual civil*. 6. ed. Rio de Janeiro: Forense, 2016. p. 1.228.

(18) Art. 836. Não se levará a efeito a penhora quando ficar evidente que o produto da execução dos bens encontrados será totalmente absorvido pelo pagamento das custas da execução.

§ 1º Quando não encontrar bens penhoráveis, independentemente de determinação judicial expressa, o oficial de justiça descreverá na certidão os bens que guarnecem a residência ou o estabelecimento do executado, quando este for pessoa jurídica.

§ 2º Elaborada a lista, o executado ou seu representante legal será nomeado depositário provisório de tais bens até ulterior determinação do juiz.

(19) DIDIER JR., Fredie *et al*. *Curso de direito processual civil*: execução. 7. ed. Salvador: JusPodivm, 2017. p. 448.

(20) TEIXEIRA FILHO, Manoel Antônio. *Execução no processo do trabalho*. 9. ed. São Paulo: LTr, 2005. p. 299.

No entanto, para não eternizar o processo, a norma prevê um prazo limite de suspensão: um (1) ano. Depois de decorrido esse prazo sem manifestação do exequente, começa a contar o prazo prescricional.

Pensamos que essa sistemática também deve ser aplicada ao processo do trabalho quando se tratar de ausência de bens penhoráveis e também quando não localizado o devedor (por expressa determinação do art. 40 da Lei n. 6.830/1980), vez que, como dito, a norma celetista é omissa quanto à suspensão do processo. Assim, havendo compatibilidade com o processo do trabalho, aplicável supletivamente as diretrizes do art. 40 da Lei de Execuções Fiscais e do art. 924, V e §§ 1º a 5º, do NCPC.

Aliás, no caso de não localização do devedor, apenas haverá a suspensão se também não forem encontrados bens penhoráveis. Isso porque, se o devedor não for localizado, mas tiver bens penhoráveis, o devedor poderá ser citado por edital[21].

Ressaltamos que, embora o art. 11-A da CLT indique que o início do prazo ocorre quando o exequente deixe de cumprir determinação judicial, essa norma é dirigida aos casos em que o ato é exclusivo do exequente, o que não alcança as hipóteses de insuficiência de bens e não localização do devedor, que o termo inicial será após decorrido o prazo de 1 ano da suspensão do processo.

5.2. Extinção

A suspensão da execução é diferente da **extinção da execução**. A extinção da execução pode ocorrer com ou sem a resolução de mérito, nos termos do art. 924 do NCPC[22].

Conforme a redação do dispositivo (NCPC, art. 924, V), observa-se que uma das causas de extinção de processo, é a prescrição intercorrente. Trata-se de hipótese de extinção da execução com resolução do mérito.

Assim, extrai-se que, paralisado o curso da execução (inclui-se a fase de liquidação) por ato exclusivo do exequente pelo período da prescrição (2 ou 5 anos), opera-se a prescrição intercorrente, extinguindo-se o processo com resolução do mérito.

Esse dispositivo é aplicado diretamente a todos os casos que não estejam ligados à ausência de bens penhoráveis e não localização do devedor. Nesses últimos casos, como já visto, o ordenamento previu um procedimento diferente e com dois momentos sucessivos: 1º) suspende-se o processo por 1 ano, suspendendo o prazo prescricional no período (Lei n. 6.830/1980, art. 40 e NCPC, art. 921, § 4º), findo o qual se arquiva da execução; 2º) após o prazo da suspensão, inicia-se a contagem do prazo da prescrição intercorrente. Exaurido o prazo prescricional extinguir-se-á a execução, depois da oitiva do exequente.

6. INÍCIO DA FLUÊNCIA DO PRAZO PRESCRICIONAL

Nos termos do art. 11-A, § 1º, da CLT, "a fluência do prazo prescricional intercorrente inicia-se quando o exequente deixa de cumprir determinação judicial no curso da execução".

Conforme mencionamos, a aplicação da prescrição intercorrente permite que a pretensão executiva não se prolongue eternamente, importando para a obtenção e manutenção da paz social, desde que o ato dependa de iniciativa exclusiva do exequente.

Desse modo, caso o exequente não cumpra determinação judicial no curso da execução e **desde que o ato lhe seja exclusivo**, imediatamente se inicia o prazo da prescrição intercorrente. Pressupõe, portanto, **intimação pessoal** do exequente para que seja iniciado o prazo prescricional[23] e que o ato seja exclusivo do exequente.

Noutras palavras, o termo inicial pressupõe dois pressupostos cumulativos: intimação pessoal (determinação judicial) e ato exclusivo do exequente.

No entanto, como já dito, esse termo inicial (termo *a quo*) somente tem aplicação quando se tratar de extinção da execução, vez que a CLT não versa sobre as hipóteses de suspensão da execução trabalhista, as quais são aplicáveis ao processo do trabalho em razão da compatibilidade com esta seara (Lei n. 6.830/1980, art. 40 e NCPC, art. 921).

Com efeito, quando o executado não é localizado ou não quando são encontrados bens penhoráveis, o processo, inicialmente, deve ficar suspenso por 1 ano. Apenas depois de decorrido esse tempo, arquiva-se o processo e se inicia, automaticamente, a contagem da

---

(21) TEIXEIRA FILHO, Manoel Antonio. *Execução no processo do trabalho.* 9. ed. São Paulo: LTr, 2005. p. 299.

(22) Art. 924. Extingue-se a execução quando: I – a petição inicial for indeferida; II – a obrigação for satisfeita; III – o executado obtiver, por qualquer outro meio, a extinção total da dívida; IV – o exequente renunciar ao crédito; V – ocorrer a prescrição intercorrente.

(23) Nesse sentido: AgRg. no AREsp. 131.359-GO, relator ministro Marco Buzzi, 4ª Turma, julgado em 20 de novembro de 2014, DJe 26 de novembro de 2014.

prescrição intercorrente. No entanto, para que o prazo prescricional tenha início, é dever do juiz intimar a parte do arquivamento da reclamação, por força do princípio da cooperação.

Em resumo: nas hipóteses de não ser encontrados bens ou não localizado o devedor, o termo inicial da prescrição intercorrente é a data do arquivamento da reclamação. Já nas demais hipóteses, o termo inicial é da data da intimação judicial determinando a prática de ato exclusivo do exequente.

De qualquer maneira, é importante destacar que a prescrição intercorrente é modalidade excepcional, e, como tal, deve ser interpretada de forma restritiva. Nesse contexto, mesmo que iniciada a prescrição intercorrente, mas praticado algum ato pelo exequente capaz de afastar sua inércia, começará a correr novamente o prazo prescricional dos termos *a quo* anteriormente indicados, não incidindo nesse caso a restrição de que a prescrição pode ser interrompida apenas uma vez (CC, art. 202, *caput*). Queremos dizer, a prescrição intercorrente pode ser interrompida por diversas vezes, bastando que haja ato praticado pelo exequente demonstrado que se afastou de sua inércia.

7. EXECUÇÃO FISCAL

A partir da EC n. 45/2004, a qual incluiu o art. 114, VII, à CF/1988, a Justiça do Trabalho passou a ter competência para processar e julgar "as ações relativas às penalidades administrativas impostas aos empregadores pelos órgãos de fiscalização das relações de trabalho".

A fiscalização administrativa, na seara trabalhista, é exercida pelo Ministério do Trabalho e Emprego. Desse modo, se tal órgão aplica multa a determinada empresa, caso ela não pague, o infrator terá sua cobrança inscrita em dívida ativa da União.

A Certidão de Dívida Ativa constitui-se como um título executivo extrajudicial, a ser executado, nesse caso, perante a Justiça do Trabalho, por força do art. 114, VII, da CF/1988. Trata-se, portanto, de execução fiscal de competência da Justiça do Trabalho.

Na execução fiscal, aplica-se o procedimento previsto na Lei n. 6.830/1980 e, subsidiariamente, as regras estabelecidas na CLT e no NCPC.

Desse modo, quando se tratar de execução fiscal, deverão ser observadas as regras de prescrição intercorrente estabelecidas pela Lei n. 6.830/1980, não se aplicando o art. 11-A da CLT, inclusive no tocante ao prazo prescricional e à necessidade de suspensão do processo para que a contagem seja iniciada, como descreve a Súmula n. 314 do STJ:

Em execução fiscal, não localizados bens penhoráveis, suspende-se o processo por um ano, findo o qual se inicia o prazo da prescrição quinquenal intercorrente.

Assim, o prazo da prescrição intercorrente na execução fiscal é de 5 anos.

8. REQUERIMENTO E DECLARAÇÃO *EX OFFICIO* DA PRESCRIÇÃO INTERCORRENTE

Nos termos do art. 11-A, § 2º, da CLT, acrescentado pela Lei n. 13.467/2017, a prescrição intercorrente pode ser requerida ou declarada de ofício em qualquer grau de jurisdição.

Viabiliza, pois, que a prescrição intercorrente possa ser requerida ou declarada de ofício.

No processo do trabalho, o C. TST não admitia a declaração da prescrição de ofício, desde a época do art. 219, § 5º, do CPC/1973 (NCPC, art. 487, II), sob o fundamento de que a ela não se harmoniza com os princípios do direito do trabalho, especialmente o da proteção[24].

De nossa parte, já admitíamos a incidência do art. 487, II e parágrafo único do NCPC ao processo do trabalho, ante a omissão da CLT e sua compatibilidade, pois preza pela segurança das relações jurídicas, além de observar o princípio da celeridade e efetividade processual[25].

De qualquer maneira, considerando-se que a Lei n. 13.467/2017 passou a admitir, expressamente, a possibilidade de aplicação de ofício da prescrição intercorrente, não há como se afastar, nessa hipótese, a atuação *ex officio*. Essa já era a disciplina adotada pela Lei n. 6.830/1980, art. 40, § 4º e pelo art. 921, § 5º, do NCPC.

Contudo, antes de declarar a extinção do processo em razão da fluência do prazo da prescrição intercor-

---

(24) TST-RR – 597-77.2010.5.11.0004, 3ª Turma, Rel. Min. Mauricio Godinho Delgado, data de julgamento: 12.12.2012, data de publicação: 14.12.2012; TST-RR – 30800-30.2006.5.05.0036, 6ª Turma, Rel. Min. Mauricio Godinho Delgado, data de julgamento: 23.03.2011, data de publicação: 01.04.2011; TST-RR-117900-26-2007-5-03-0074, 6ª Turma, Rel. Min. Aloysio Correia da Veiga, DEJT de 26.11.2010; TST-E-EDRR-689699-38-2000-5-22-5555, SBDI-1, Rel. Min. Lélio Bentes Corrêa, DEJT de 21.05.2010.

(25) MIESSA, Élisson. *Processo do trabalho para concursos*. 4. ed. Salvador: JusPodivm, 2017. p. 483.

rente, é necessário que o juiz intime o exequente, como determinam os arts. 40, § 4º, da Lei n. 6.830/1980 e 921, § 5º, do NCPC[26]. No mesmo sentido, dispõe o art. 487, parágrafo único, do NCPC, *in verbis*:

> Parágrafo único. Ressalvada a hipótese do § 1º do art. 332, a prescrição e a decadência não serão reconhecidas sem que antes seja dada às partes oportunidade de manifestar-se.

Essa obrigação de intimação prévia decorre do princípio do contraditório e, consequentemente, da vedação de decisões-surpresa, conforme declinam os art. 9º e 10 do NCPC, aplicáveis subsidiariamente ao processo do trabalho (TST-IN n. 39/2016, art. 4º):

> Art. 9º Não se proferirá decisão contra uma das partes sem que ela seja previamente ouvida.
>
> Parágrafo único. O disposto no *caput* não se aplica:
>
> I – à tutela provisória de urgência;
>
> II – às hipóteses de tutela da evidência previstas no art. 311, incisos II e III;
>
> III – à decisão prevista no art. 701.
>
> Art. 10. O juiz não pode decidir, em grau algum de jurisdição, com base em fundamento a respeito do qual não se tenha dado às partes oportunidade de se manifestar, ainda que se trate de matéria sobre a qual deva decidir de ofício.

Observa-se pelos supracitados dispositivos que, apesar de mantida a possibilidade de o juiz reconhecer de ofício determinadas matérias, antes de reconhecê-las, deverá dar à parte a oportunidade de se manifestar, com o objetivo de influenciar o julgador sobre o tema. Distingue-se, portanto, a atuação de ofício do julgador, ou seja, sem provocação das partes, da atuação sem oitiva das partes, o que não é permitido pelo ordenamento à luz do princípio do contraditório. Assim, em regra, mesmo os casos de atuação de ofício devem ser conjugados com a possibilidade de manifestação prévia das partes, evitando-se, assim, as decisões surpresa.

No reconhecimento da prescrição é de extrema relevância a intimação prévia da parte, para que possa incluísse apresentar casos de interrupção e suspensão da prescrição.

Cabe destacar que o próprio C. TST veda que os juízes profiram decisões-surpresa, no art. 4º da IN n. 39 do TST.

Para o Tribunal, decisão surpresa corresponde à decisão que, "no julgamento final do mérito da causa, em qualquer grau de jurisdição, aplicar fundamento jurídico ou embasar-se em fato não submetido à audiência prévia de uma ou de ambas as partes" (TST-IN n. 39/2016, art. 4º, § 1º), como é o caso da prescrição.

Por outro lado, o C. TST não considera como surpresa a decisão que "à luz do ordenamento jurídico nacional e dos princípios que informam o Direito Processual do Trabalho, as partes tinham obrigação de prever, concernente às condições da ação, aos pressupostos de admissibilidade de recurso e aos pressupostos processuais, salvo disposição legal expressa em contrário" (TST-IN n. 39/2016, art. 4º, § 2º).

O C. TST, portanto, restringe a ideia de decisões surpresas, aplicando-a apenas quando se tratar de decisão de mérito, afastando sua incidência quando a decisão estiver ligada às condições da ação, aos pressupostos de admissibilidade de recurso e aos pressupostos processuais, salvo disposição legal expressa em contrário.

Assim, por representar a decisão que decreta a prescrição intercorrente causa de extinção do processo com resolução do mérito, até mesmo sob a luz do posicionamento restritivo do C. TST faz-se necessária a prévia intimação das partes para o exercício do contraditório, evitando a prolação de decisão-surpresa.

9. MOMENTO DA DECLARAÇÃO DA PRESCRIÇÃO INTERCORRENTE

O art. 11-A, § 2º, da CLT ainda prevê que a prescrição intercorrente possa ser requerida ou declarada de ofício em **qualquer grau de jurisdição**.

Como regra, a decretação da prescrição intercorrente ocorrerá na **instância ordinária**, pois sua análise depende da verificação de elementos fáticos. É esse o entendimento, inclusive, da Súmula n. 153 do TST:

> **Súmula n. 153 do TST.** Prescrição.
>
> Não se conhece de prescrição não arguida na instância ordinária.

Considerando, porém, que o art. 11-A, § 2º, da CLT descreve que a prescrição intercorrente pode ser requerida e declarada em qualquer grau de jurisdição, é possível surgir questionamento acerca da sua incidência na instância extraordinária.

A princípio, não será cabível recurso de revista para se discutir a prescrição intercorrente, uma vez que, na fase de execução, o cabimento desse recurso é admitido

---

(26) Art. 921, § 5º O juiz, depois de ouvidas as partes, no prazo de 15 (quinze) dias, poderá, de ofício, reconhecer a prescrição de que trata o § 4º e extinguir o processo.

apenas quando houver ofensa direta e literal de norma da Constituição Federal (CLT, art. 896, § 2º e Súmula n. 266 do TST).

Desse modo, o não reconhecimento da prescrição intercorrente é caso de violação de lei federal (art. 11-A da CLT), obstando o cabimento do recurso de revista para atacar essa matéria. Por outro lado, na hipótese reconhecimento e incidência da prescrição intercorrente, o C. TST tem entendido que há violação da coisa julgada, prevista no art. 5º, XXXVI, da Constituição Federal[27], viabilizando, nesse caso, a interposição do recurso de revista.

Destaca-se que, tratando-se de execução fiscal, o cabimento do recurso de revista é admitido em três hipóteses: a) por violação à lei federal; b) divergência jurisprudencial; e c) por ofensa à Constituição Federal (CLT, art. 896, § 10). Assim, na execução fiscal, viabiliza-se o recurso de revista para atacar tanto o reconhecimento como a não declaração da prescrição intercorrente, enquanto nas demais execução será cabível apenas no caso de reconhecimento.

Com efeito, admitindo-se o recurso de revista é possível indagar se a prescrição poderá ser analisada pelo C. TST, pois, como dito, ela está ligada a aspectos fáticos.

É sabido que os recursos de natureza extraordinária fundam-se na tutela do direito objetivo, buscando sua exata aplicação, impedindo a verificação fática. Contudo, é necessário registrar que, nesses recursos, o direito subjetivo pode ser tutelado, mas apenas de **modo indireto**, ou seja, a tutela do direito objetivo pode provocar benefícios para o direito subjetivo.

Isso ocorre porque o TST poderá fazer a **qualificação jurídica** dos fatos. Esses fatos, porém, somente **podem ser qualificados se forem incontroversos ou se constarem do acórdão regional**. Desse modo, se a parte pretende aduzi-los no recurso de revista e eles não são incontroversos, incumbe-lhe interpor os embargos de declaração para que todos os fatos **importantes** constem expressamente no acórdão regional, levando-os ao TST para sua qualificação jurídica[28].

Assim, se a parte pretende impugnar a prescrição intercorrente (efeito devolutivo), os fatos relacionados a ela devem estar sedimentados no acórdão ou ser incontroversos, permitindo, portanto, que o C. TST possa, por exemplo, definir se o prazo é de 5 ou 2 anos.

Aliás, nesse caso, mantém-se a exigência do prequestionamento para que a Corte superior possa analisar a matéria.

No entanto, a partir do momento em que se permite que a prescrição possa ser reconhecida de ofício (art. 11-A, § 2º, da CLT), ela ganha facetas de matéria de ordem pública, atraindo a discussão se é aplicável o efeito translativo, o qual permite que se reconheça na instância recursal matéria de ordem pública de ofício. Queremos dizer, mesmo que não haja prequestionamento e impugnação da prescrição intercorrente no recurso, é possível a declaração de ofício da prescrição na instância extraordinária?

Para uns, os recursos extraordinários, por estarem vinculados ao exame do direito objetivo, exigem sempre a presença do prequestionamento. Noutras palavras, nos recursos de natureza extraordinária somente há manifestação do Tribunal Superior sobre as matérias previamente decididas e levantadas expressamente pelo recorrente. Isso quer dizer que, para essa tese, o efeito translativo não tem aplicação nos recursos de natureza extraordinária, como é o caso no processo do trabalho dos recursos de revista, embargos para a SDI e do recurso extraordinário para o STF. Assim, mesmo que se trate de matéria de ordem pública, fato superveniente ou prescrição, o recorrente deverá expressamente demonstrar sua insurgência no recurso de natureza extraordinária, com a finalidade de preencher o pressuposto do prequestionamento capaz de legitimar a atuação do TST.

Para a outra parte da doutrina e da jurisprudência, embora os recursos de natureza extraordinária se submetam ao prequestionamento, exigindo decisão prévia acerca do tema, trata-se de pressuposto recursal específico desses recursos. Desse modo, o prequestionamento

---

(27) Nesse sentido: RECURSO DE REVISTA INTERPOSTO DE DECISÃO PUBLICADA NA VIGÊNCIA DA LEI N. 13.015/2014. EXECUÇÃO DE SENTENÇA. PRESCRIÇÃOINTERCORRENTE. INAPLICABILIDADE AO PROCESSO DO TRABALHO. Nos termos da Súmula n. 114 do TST, a prescrição intercorrente é inaplicável na Justiça do Trabalho. Além disso, esta Corte Superior, responsável pela unidade do sistema jurídico-processual trabalhista, vem adotando posicionamento segundo o qual, em razão da possibilidade de impulso oficial na execução trabalhista (art. 878 da CLT), a pronúncia da prescrição intercorrente ou superveniente por inércia do exequente malfere a coisa julgada. Violação, que se reconhece, do art. 5º, XXXVI, da Constituição Federal. Recurso de revista conhecido e provido. (RR n. 18100-89.2005.5.18.0102, 7ª Turma do TST, Rel. Cláudio Mascarenhas Brandão. j. 08.03.2017, Publ. 17.03.2017).

(28) MIESSA, Élisson; CORREIA, Henrique. *Súmulas e Orientações Jurisprudenciais do TST comentadas e organizadas por assunto*. 8. ed. Salvador: JusPodivm, 2016. p. 1.344.

está ligado ao juízo de admissibilidade, o que significa que, superado este juízo, o tribunal ultrapassa a questão do prequestionamento, podendo, a partir daí, conhecer todos os demais fundamentos relacionados ao capítulo impugnado, inclusive conhecendo de ofício matérias de ordem pública e da prescrição.

Portanto, o requisito do prequestionamento tão somente viabiliza a abertura da instância especial, não impedindo a incidência do efeito translativo após o conhecimento do recurso. Nas palavras do doutrinador Nelson Nery, nesta segunda fase, "incide o regime jurídico da teoria geral dos recursos como um todo, inclusive com a incidência do efeito translativo: exame pelo STF e STJ, *ex officio*, das matérias de ordem pública"[29].

No mesmo sentido, declina Fredie Didier Jr. ao tratar da profundidade do efeito devolutivo:

> (...) poderá o STF/STJ analisar matéria que não foi examinada na instância *a quo*, pois o prequestionamento diz respeito apenas ao juízo de admissibilidade. O juízo de rejulgamento da causa é diferente do juízo de admissibilidade do recurso extraordinário: para que admita o recurso é indispensável o prequestionamento, mas uma vez admitido, no juízo de rejulgamento não há qualquer limitação cognitiva, a não ser a limitação horizontal estabelecida pelo recorrente (extensão do efeito devolutivo). Conhecido o recurso excepcional, a profundidade do efeito devolutivo não tem qualquer peculiaridade. Nada há de especial no *julgamento* de um recurso excepcional; o "excepcional" em recurso excepcional está em seu juízo de admissibilidade, tendo em vista as estritas hipóteses de cabimento.

E arremata:

> Para fins de impugnação (efeito devolutivo), somente e cabe o recurso extraordinário/especial se for previamente questionada, pelo tribunal recorrido, determinada questão jurídica. Para fins de julgamento (efeito translativo ou profundidade do efeito devolutivo), porém, uma vez conhecido o recurso extraordinário/especial, poderá o tribunal examinar todas as matérias que possam ser examinadas a qualquer tempo, inclusive a prescrição, decadência e as questões de ordem pública de que trata o § 3º do art. 485 do CPC, 'porque não é crível que, verificando a nulidade absoluta ou até a inexistência do processo [ou do próprio direito, acrescente-se], profira decisão eivada de vício, suscetível de desconstituição por meio de ação rescisória ou ação declaratória de inexistência de decisão'

O Novo CPC passa a acolher o segundo entendimento, conforme se observa no art. 1.034, parágrafo único:

> Parágrafo único. Admitido o recurso extraordinário ou o recurso especial por um fundamento, devolve-se ao tribunal superior o conhecimento dos demais fundamentos para a solução do capítulo impugnado.

Referido dispositivo é aplicado ao processo do trabalho, nos termos do art. 12, da IN n. 39/2016:

> Art. 12. Aplica-se ao Processo do Trabalho o parágrafo único do art. 1.034 do CPC. Assim, admitido o recurso de revista por um fundamento, devolve-se ao Tribunal Superior do Trabalho o conhecimento dos demais fundamentos para a solução apenas do capítulo impugnado.

Desse modo, o novel dispositivo destaca que o prequestionamento está ligado ao juízo de admissibilidade, o que significa que, uma vez superado, é possível a Corte superior invocar matérias de ordem pública, ainda que não decididas nas instâncias inferiores.

Na realidade, teoricamente, os recursos extraordinários têm três momentos distintos e sucessivos:

1º) análise dos pressupostos recursais;

2º) juízo sobre a alegação de ofensa constitucional ou lei federal;

3º) julgamento da causa, aplicando o direito em espécie[30].

No primeiro momento, faz-se a análise dos pressupostos extrínsecos e intrínsecos, inclusive da presença do prequestionamento. Estando presentes, passa-se a verificar a efetiva violação dos dispositivos indicados como afrontados (2º momento).

Reconhecida a violação constitucional ou de lei federal, o Tribunal Superior pode determinar o retorno dos autos à origem, atuando-se apenas como corte de cassação. No entanto, pode o Tribunal, ao invés de determinar o retorno dos autos à origem, entrar no terceiro momento, agindo como corte de revisão. Nesse caso, rejulgará a causa, podendo analisar todos os fundamentos ligados ao capítulo impugnado, incluindo fatos supervenientes, matérias de ordem pública, prescrição e vícios da decisão, o que significa que, nesse momento, incide o efeito translativo[31].

---

(29) NERY Jr., Nelson. *Teoria Geral dos recursos*. 7. ed. São Paulo: Revista dos Tribunais, 2014. p. 466.

(30) STJ, RE 346736 AgR-ED, Rel. Min. Teori Zavascki, 2ª Turma, DJe 18.06.2013.

(31) MIESSA, Élisson. *Manual dos Recursos Trabalhistas – teoria e prática*: Teoria Geral e Recursos em espécie. 2. ed. Salvador: JusPodivm, 2017. p. 213.

Assim, nos recursos extraordinários, ainda que não haja impugnação da prescrição intercorrente, é cabível a sua declaração de ofício no juízo de revisão (terceiro momento).

Destacamos, novamente, que na hipótese impugnação pelo recorrente da prescrição intercorrente no recurso de natureza extraordinária, mantém-se a exigência do prequestionamento, já que, no caso, o que autoriza a abertura da instância superior é a própria análise da prescrição intercorrente. Nesse sentido, leciona Daniel Assumpção Neves:

> Caso o recurso especial ou extraordinário tenha como objeto somente a pretensa ofensa a uma matéria de ordem pública que não tenha sido discutida e decidida pelo Tribunal, o recurso não deverá ser conhecido, e assim tal matéria jamais chegará a ser analisada. Mas se outra matéria qualquer foi objeto de prequestionamento e é impugnada pelo recorrente, o recurso deve ser conhecido e a partir desse momento admite-se o enfrentamento das matérias de ordem pública (alegadas pelo recorrente ou de ofício)[32].

10. DIREITO INTERTEMPORAL

A prescrição, apesar de possuir reflexos no âmbito do direito processual, corresponde a instituto de direito material. Inclusive, o art. 487 do NCPC determina que quando o juiz decidir, de ofício ou a requerimento, sobre a ocorrência de decadência ou prescrição, haverá resolução do mérito.

Assim, tratando-se de instituto de direito material, a disciplina no tocante à sua aplicação intertemporal é dada pelo art. 6º da Lei de Introdução às Normas do Direito Brasileiro, o qual prevê:

> Art. 6º A Lei em vigor terá efeito imediato e geral, respeitados o ato jurídico perfeito, o direito adquirido e a coisa julgada.

Dessa forma, embora houvesse, antes mesmo de a Lei n. 13.467/2017 ter acrescentado o art. 11-A à CLT, posicionamentos doutrinário (inclusive o nosso) e jurisprudencial favoráveis à aplicação da prescrição intercorrente à seara trabalhista, como o tema não era pacificado, prevalecendo, inclusive, a sua não aplicação (Súmula n. 114 do TST), acreditamos que para as execuções que já estejam em andamento, o início da contagem da prescrição ocorrerá com a entrada em vigor da Lei.

Aplica-se, portanto, a mesma sistemática do art. 1.056 do NCPC o qual determinou que, para as execuções em andamento, considera-se o início da vigência do código para a contagem da prescrição intercorrente.

11. CONCLUSÃO

A partir da Lei n. 13.467/2017 (Reforma Trabalhista), o art. 11-A da CLT passou a prever expressamente a aplicação da prescrição intercorrente ao processo do trabalho, modificando o posicionamento dominante na jurisprudência trabalhista, consolidado na Súmula n. 114 do TST.

Como o dispositivo mencionado alterou significativamente a disciplina vigente no direito processual do trabalho, analisamos, no presente artigo, os principais aspectos do instituto da prescrição intercorrente chegando-se as seguintes conclusões:

1) Prazo: apesar de o art. 11-A, *caput*, da CLT ser expresso no tocante à aplicação do prazo prescricional de 2 anos, realizamos, no presente artigo, uma análise mais detida sobre o tema, principalmente sob o aspecto constitucional. Assim, considerando-se o descrito no art. 7º, XXIX, da CF/88, acreditamos que para os contratos ainda não extintos na data do ajuizamento da ação, o prazo prescricional deve ser de 5 anos, sendo inconstitucional, nesse aspecto, a limitação estabelecida no art. 11-A da CLT. Por sua vez, já estando o contrato extinto na data do ajuizamento da ação, a prescrição será de 2 anos, aplicando-se o disposto no *caput* do art. 11-A da CLT.

2) Suspensão: no que tange à suspensão do processo, a partir da análise do art. 921 do NCPC e do art. 40 da Lei n. 6.830/1980, aplicáveis supletivamente ao processo do trabalho, acreditamos que nas hipóteses em que não forem localizados bens penhoráveis e quando não for localizado o devedor, suspende-se o processo por 1 ano, arquivando-o (NCPC, art. 40, § 2º). Apenas após a suspensão do processo por um ano, se inicia a prescrição intercorrente, tendo em vista que a indicação de bens penhoráveis não é ato exclusivo do exequente, a legitimar o imediato início da prescrição intercorrente. Assim, o art. 11-A da CLT, ao indicar que o início

---

[32] NEVES, Daniel Amorim Assumpção. *Manual de direito processual civil*. 7. ed. Rio de Janeiro: Forense; São Paulo: Método, 2015. p. 685.

do prazo ocorre quando o exequente deixar de cumprir determinação judicial, apenas deverá ser aplicado nos casos em que o ato for exclusivo do exequente.

3) **Extinção**: não sendo os casos ligados à ausência de bens penhoráveis e não localização do devedor, em que se aplica a suspensão descrita no item 2, paralisado o curso da execução (inclui-se a fase de liquidação) por ato exclusivo do exequente pelo período da prescrição (2 ou 5 anos), opera-se a prescrição intercorrente, extinguindo-se o processo com resolução do mérito.

4) **Fluência do prazo prescricional**: o art. 11-A, § 1º, da CLT, determina que a fluência do prazo prescricional intercorrente inicia-se quando o exequente deixa de cumprir determinação judicial no curso da execução. Observa-se, portanto, que o ato deverá ser exclusivo de exequente e que este deverá ser intimado pessoalmente. Contudo, nos casos em que o executado não for localizado ou quando não forem encontrados bens penhoráveis, como deverá haver a suspensão do processo por 1 ano, o juiz deverá intimar a parte do arquivamento da reclamação, respeitando o princípio da cooperação.

Assim, nas hipóteses de não serem encontrados bens ou de não ser localizado o devedor, o termo inicial da prescrição intercorrente é a data do arquivamento da reclamação. Já nas demais hipóteses, o termo inicial é a data da intimação judicial que determina a prática de ato exclusivo do exequente.

5) **Declaração *ex officio***: o art. 11-A, § 2º, da CLT permite que a prescrição intercorrente seja declarada de ofício. Pensamos, contudo, que antes de declarar a extinção do processo em razão da fluência do prazo da prescrição intercorrente, é necessário que o juiz intime o exequente, como determinam os arts. 40, § 4º, da Lei n. 6.830/1980 e 487, parágrafo único e 921, § 5º, do NCPC, em decorrência do princípio do contraditório e da vedação de decisões-surpresa.

6) **Momento da declaração da prescrição intercorrente**: o art. 11-A, § 2º, da CLT prevê que a prescrição poderá ser requerida ou declarada de ofício em qualquer grau de jurisdição. Como regra, a decretação da prescrição intercorrente ocorrerá na instância ordinária, pois sua análise depende da verificação de elementos fáticos (Súmula n. 153 do TST).

Na instância extraordinária, em regra, não será cabível recurso de revista para se discutir a prescrição intercorrente, tendo em vista o cabimento restrito desse recurso na fase de execução (CLT, art. 896, § 2º e Súmula n. 266 do TST). Assim, como o não reconhecimento da prescrição intercorrente é caso de violação de lei federal, especificamente do art. 11-A da CLT, obsta-se o cabimento do recurso de revista. Na hipótese de reconhecimento da prescrição intercorrente, admite-se a interposição do recurso de revista em razão de violação da coisa julgada e, consequentemente, do art. 5º, XXXVI, da CF/1988.

Na execução fiscal, tendo em vista que o recurso de revista é admitido em três hipóteses: a) por violação à lei federal; b) divergência jurisprudencial; e c) por ofensa à Constituição Federal (CLT, art. 896, § 10), viabiliza-se o recurso de revista para atacar tanto o reconhecimento como a não declaração da prescrição intercorrente.

É válido destacar que o TST apenas poderá fazer a qualificação jurídica dos fatos relacionados à prescrição intercorrente, devendo estes ser incontroversos ou constarem do acórdão regional. Destacamos que, na hipótese de impugnação pelo recorrente da prescrição intercorrente no recurso de natureza extraordinária, exige-se o prequestionamento, pois o que autoriza a abertura da instância superior é a própria análise da prescrição intercorrente.

7) **Direito intertemporal**: apesar de a prescrição possuir reflexos no direito processual, ela corresponde a instituto de direito material. Assim, a disciplina de sua aplicação intertemporal é dada pelo art. 6º da Lei de Introdução às Normas do Direito Brasileiro. Desse modo, para as execuções que já estejam em andamento, o início da contagem da prescrição ocorrerá com a entrada em vigor da Lei. Nesse sentido, também declina o art. 1.056 do NCPC.

Capítulo 9

(In)Aplicabilidade Imediata dos Honorários de Sucumbência Recíproca no Processo Trabalhista

José Affonso Dallegrave Neto[1]

1. A REFORMA TRABALHISTA VIROU LEI

Para o desencanto da maioria dos operadores jurídicos, o Projeto de Lei da Reforma Trabalhista foi aprovado em tempo recorde e virou norma legal. Trata-se da Lei n. 13.467, publicada no Diário Oficial da União, em 14 de julho de 2017, com *vacatio legis* de 120 dias.

Nela, há muitas novidades na seara do direito material e algumas no direito processual. A maioria delas constitui verdadeiro retrocesso no campo dos direitos fundamentais, máxime o direito de acesso à jurisdição (art. 5º, XXXV). Mencionem-se aqui duas regras processuais que se sobressaem: a contagem do prazo não mais em dias corridos, mas em dias úteis, *ex vi do* art. 775 da CLT; e os honorários de sucumbência recíproca, previstos no novo art. 791-A, § 3º, da CLT.

Diante dessas inovações, cabe indagar se a lei processual passa a vigorar de forma imediata ou retroativa. Com outras palavras: a nova lei alcança os processos em curso ou somente aqueles cujas ações tenham sido ajuizadas após a sua vigência, em novembro de 2017?

Ora, é cediço que a norma processual tem efeito prospectivo e imediato, valendo lembrar do brocardo *lex prospicit, non respicit*[2]. Contudo, impende sublinhar que as regras de direito intertemporal contêm exceções importantes. São chamadas de regras de sobredireito (ou superdireito) aquelas que não criam situações jurídicas imediatas, mas regulam sua aplicação no tempo, no espaço e na interlocução das fontes do direito.

A aplicação da regra geral e suas exceções visam equacionar dois cânones fundamentais da ordem jurídica, "a lei do progresso e o conceito de estabilidade das relações humanas"[3]. De um lado, o efeito prospectivo da nova lei processual, de outro, a segurança jurídica das relações.

Para Tércio Ferraz, a doutrina da irretroatividade serve ao valor *segurança jurídica*, "o que sucedeu já sucedeu e não deve, a todo momento, ser juridicamente questionado, sob pena de se instaurarem intermináveis conflitos". Essa doutrina, prossegue Ferraz, "cumpre a função de possibilitar a solução de conflitos com o mínimo de perturbação social"[4].

Para Gomes Canotilho, a segurança jurídica se desenvolve em torno dos conceitos de estabilidade e previsibilidade. O primeiro alude às decisões dos poderes públicos: "uma vez realizadas não devem poder ser arbitrariamente modificadas, sendo apenas razoável a alteração das mesmas quando ocorram pressupostos materiais particularmente relevantes". Quanto à previsibilidade, Canotilho alude à "exigência de certeza e calculabilidade, por parte dos cidadãos, em relação aos efeitos jurídicos dos actos normativos"[5].

A primeira exceção ao princípio da aplicação imediata da norma processual encontra-se no próprio texto constitucional, qual seja o seu art. 5º, XXXVI, ao dispor que a lei nova "não prejudicará o direito adquirido, o ato jurídico perfeito e a coisa julgada". Em igual sentido é o art. 6º, § 1º, da Lei de Introdução às Normas do Direito Brasileiro:

> Art. 6º: A Lei em vigor terá efeito imediato e geral, respeitados o ato jurídico perfeito, o direito adquirido e a coisa julgada.

---

(1) Advogado, Mestre e Doutor em Direito pela UFPR; Pós-doutorando pela Universidade de Lisboa (FDUNL); Membro da JUTRA e da Academia Brasileira de Direito do Trabalho.
(2) A lei é prospectiva, não é retrospectiva.
(3) PEREIRA, Caio Mário da Silva. *Instituições de Direito Civil*. 5. ed. Rio de Janeiro: Forense, 1980. v. I, p. 132-133.
(4) FERRAZ JUNIOR, Tércio Sampaio. *Introdução ao estudo do direito:* técnica, decisão, dominação. São Paulo: Atlas, 1991. p. 229.
(5) CANOTILHO, José Joaquim Gomes. *Direito constitucional e teoria da constituição*. 7. ed. Coimbra: Almedina, 2000. p. 264.

§ 1º. Reputa-se ato jurídico perfeito o já consumado segundo a lei vigente ao tempo em que se efetuou.

Trata-se, pois, de garantir a segurança jurídica a fim de evitar surpresas prejudiciais às partes, ou mesmo proteger as situações jurídicas já encetadas sob o pálio da lei velha. Não se ignore que dentro do conceito de segurança jurídica temos a segurança legal e judicial. A propósito, Luiz Fux bem observa:

> Em essência, o problema da eficácia da lei no tempo é de solução uniforme, porquanto toda e qualquer lei, respeitado o seu prazo de *vacatio legis*, tem aplicação imediata e geral, respeitados os direitos adquiridos, o ato jurídico perfeito e a coisa julgada. Muito embora a última categoria pareça ser a única de direito processual, a realidade é que todo e qualquer novel diploma de processo e de procedimento deve respeitar o *ato jurídico-processual perfeito* e os *direitos processuais adquiridos* e integrados no patrimônio dos sujeitos do processo. Assim, v.g., se uma lei nova estabelece forma inovadora de contestação, deve respeitar a peça apresentada sob a forma prevista na lei pretérita.[6]

2. TEMPUS REGIT ACTUM

Na mesma toada, exsurge a segunda exceção que dispõe sobre o sistema de isolamento dos atos processuais. Com efeito, a lei nova não retroage em relação aos atos já consumados, aplicando-se apenas aos atos futuros do processo. Nesse sentido, é a regra do art. 1.046 do CPC/2015:

> Art. 1.046. Ao entrar em vigor este Código, suas disposições se aplicarão desde logo aos processos pendentes, ficando revogada a Lei n. 7.869, de 11 de janeiro de 1973.
> § 1º As disposições da Lei n. 5.869, de 11 de janeiro de 1973, relativas ao procedimento sumário e aos procedimentos especiais que forem revogadas aplicar-se-ão às ações propostas e não sentenciadas até o início da vigência deste Código.

Observe-se que o CPC/2015 fez questão de declarar que as disposições revogadas do CPC/1973, atinentes ao rito sumário e especiais, continuam em vigor para as ações não sentenciadas até a data do novo CPC/2015. Em igual sentido são as regras da CLT:

> Art. 912 – Os dispositivos de caráter imperativo terão aplicação imediata às relações iniciadas, mas não consumadas, antes da vigência desta Consolidação.
> Art. 915 – Não serão prejudicados os recursos interpostos com apoio em dispositivos alterados ou cujo prazo para interposição esteja em curso à data da vigência desta Consolidação.

Aqui cabe invocar a máxima latina: *tempus regit actum*. Esse brocardo apareceu no direito pátrio por força do direito lusitano, nomeadamente o Livro IV das Ordenações Filipinas, que se estendia ao Brasil Colônia, vigendo até o advento do CC/1916. Como sugere o próprio nome, *o tempo rege o ato*. Vale dizer, aplica-se a lei em vigor ao tempo em que o ato processual foi realizado.

Observa-se que as normas antes transcritas reforçam a regra geral de aplicação imediata da lei nova, salvaguardando a segurança jurídica em relação às situações iniciadas, mas ainda não consumadas.

A celeuma recai sobre a ultratividade da lei antiga quando incidente sobre ato processual tido como mero consectário de outro ato anterior. Os efeitos da lei velha se postergam nessa hipótese, sobretudo quando ausente disposição transitória (caso da Lei n. 13.467/2017).

Não se ignore que a relação jurídica processual é dinâmica, implicando uma marcha progressiva que colima a prestação jurisdicional do Estado. Assim, ainda que a realização do ato isolado seja de fácil identificação, os efeitos por ele visados muitas vezes estendem-se no tempo, consolidando-se apenas com a consecução de outros atos ou faculdades processuais imbricadas. Aqui, se encontra o desafio para o aplicador da lei nova.

3. A LEI PROCESSUAL NOVA NÃO PODE SURPREENDER DE FORMA PREJUDICIAL

Para solver essa controvérsia, importa invocar uma terceira exceção à regra geral da aplicação imediata. Trata-se do princípio do não prejuízo aos litigantes pela lei processual nova. Com efeito, a novel legislação somente se aplica às situações em curso, quando para beneficiar as partes, a exemplo da nova contagem em dias úteis prevista no mencionado art. 775 da CLT.

Ao contrário, quando a lei nova sobrevier para acoimar, punir ou restringir direitos processuais a sua apli-

---

(6) FUX, Luiz. *O novo Código de Processo Civil e a segurança jurídica normativa*. Conjur. Opinião publicada em 22.03.2016. Disponível em: <http://www.conjur.com.br/2016-mar-22/ministro-luiz-fux-cpc-seguranca-juridica-normativa>.
Art. 840, § 1º Sendo escrita, a reclamação deverá conter a designação do juízo, a qualificação das partes, a breve exposição dos fatos de que resulte o dissídio, o pedido, que deverá ser certo, determinado e *com indicação de seu valor*, a data e a assinatura do reclamante ou de seu representante.

cação, não poderá afetar situações jurídicas em aberto. Nesse sentido, é a dicção da própria CLT ao ressaltar que o encurtamento do prazo prescricional só poderá se iniciar a partir de sua vigência; ou seja, com efeitos *ex-nunc*:

> Art. 916 – Os prazos de prescrição fixados pela presente Consolidação começarão a correr da data da vigência desta, quando menores do que os previstos pela legislação anterior.

Em igual direção já sinalizou o Supremo Tribunal Federal em *vetusto aresto*:

> No caso em que a lei nova reduz o prazo exigido para a prescrição, a lei nova não se pode aplicar ao prazo em curso sem se tornar retroativa. Daí, resulta que o prazo novo, que ele estabelece, correrá somente a contar de sua entrada em vigor. (STF, 1ª Turma, RE n. 51.706, Rel. Min. Luis Gallotti, julgado em 04.04.1963)

Observa-se que a preocupação do STF não se restringe a elidir o prejuízo advindo do encurtamento da prescrição, mas de qualquer prejuízo que venha surpreender o jurisdicionado, conforme se depreende do ajustamento pontual realizado quando do julgamento[7] do Conflito de Competência n. 7.204:

> O Supremo Tribunal Federal, guardião-mor da Constituição Republicana, pode e deve, em prol da segurança jurídica, atribuir eficácia prospectiva às suas decisões, com a delimitação precisa dos respectivos efeitos, toda vez que proceder a revisões de jurisprudência definidora de competência *ex ratione materiae*. O escopo é preservar os jurisdicionados de alterações jurisprudenciais que ocorram sem mudança formal do Magno Texto.

E aqui vale a lembrança das chamadas normas processuais heterotópicas. São aquelas inseridas geralmente em diplomas processuais penais, mas que apresentam conteúdo híbrido, fixando normas incidentes na relação processual, porém com conteúdo material, cujos efeitos se espraiam para além do processo. Não se ignore, a propósito, a atenta observação de Eduardo Couture, de que a natureza processual de uma lei "não depende do corpo de disposições em que esteja inserida, mas sim de seu conteúdo próprio"[8].

A identificação dessas novas regras processuais híbridas ou heterotópicas é decisiva para determinar seus efeitos, *ex-tunc* ou *ex-nunc*, em relação aos processos em curso. Na esfera penal essa matéria é serena pela aplicação do art. 2º do Código de Processo Penal[9]. Em igual sentido o STF decidiu que, tratando-se "de normas de natureza processual, a exceção estabelecida por lei à regra geral contida no art. 2º do CPP não padece de vício de inconstitucionalidade. Contudo, *as normas de direito penal (leia-se: material) que tenham conteúdo mais benéfico aos réus devem retroagir para beneficiá-los, à luz do que determina o art. 5º, XL da Constituição federal*" [10]. Vale dizer: as *regras do jogo* deverão ser conhecidas desde o início do processo, podendo ser alteradas apenas para beneficiar as partes, jamais para restringir garantias ou criar novos ônus processuais, máxime aqueles que repercutem para além do mundo dos autos. Carlos Maximiliano, acerca do caráter misto destas novas regras, alerta para a correta aplicação do direito intertemporal:

> O preceito sobre observância imediata refere-se a normas processuais no sentido próprio; não abrange casos de diplomas que, embora tenham feição formal, apresentam, entretanto, prevalentes os caracteres do Direito Penal Substantivo; nesta hipótese, predominam os postulados do Direito Transitório Material.[11]

A introdução dos honorários advocatícios de sucumbência recíproca no processo do trabalho se enquadra nessa ordem de regras híbridas e, portanto, devem ser aplicadas apenas aos processos que tiveram início sob a vigência da nova Lei n. 13.467/2017. Observa-se que o STJ analisou idêntica matéria, quando da introdução desse instituto pelo CPC/2015:

> HONORÁRIOS ADVOCATÍCIOS. NATUREZA JURÍDICA. LEI NOVA. MARCO TEMPORAL PARA A APLICAÇÃO DO CPC/2015. PROLAÇÃO DA SENTENÇA. (...) 7. Os honorários advocatícios repercutem na esfera substantiva dos advogados, constituindo direito de natureza alimentar. 8. O Superior Tribunal de Justiça propugna que, em homenagem à natureza processual material

---

(7) O julgamento ocorreu em 29 de junho de 2005.

(8) COUTURE, Eduardo J. *Interpretação das Leis Processuais*. Trad. Gilda Maciel Corrêa Meyer Russomano. 4. ed. Rio de Janeiro: Forense, 2001. p. 36. Mais sobre o tema ver: AVENA, Norberto. *Processo Penal Esquematizado*. 3. ed. Rio de Janeiro: Método, 2011. p. 65.

(9) "Art. 2º. – Ninguém pode ser punido por fato que lei posterior deixa de considerar crime, cessando em virtude dela a execução e os efeitos penais da sentença condenatória. Parágrafo único – A lei posterior, que de qualquer modo favorecer o agente, aplica-se aos fatos anteriores, ainda que decididos por sentença condenatória transitada em julgado."

(10) STF – ADI 1.719-9 – rel. Joaquim Barbosa – DJU 28.08.2007, p. 1.

(11) MAXIMILIANO, Carlos. *Direito Intertemporal*. Rio de Janeiro: Freitas Bastos, 1955. p. 314.

e com o escopo de preservar-se o direito adquirido, AS NORMAS SOBRE HONORÁRIOS ADVOCATÍCIOS NÃO SÃO ALCANÇADAS PELA LEI NOVA. 9. A sentença, como ato processual que qualifica o nascedouro do direito à percepção dos honorários advocatícios, deve ser considerada o marco temporal para a aplicação das regras fixadas pelo CPC/2015. 10. Quando o capítulo acessório da sentença, referente aos honorários sucumbenciais, for publicado em consonância com o CPC/1973, serão aplicadas as regras do antigo diploma processual até a ocorrência do trânsito em julgado. Por outro lado, nos casos de sentença proferida a partir do dia 18.03.2016, as normas do novo CPC regularão a situação concreta. 11. No caso concreto, a sentença fixou os honorários em consonância com o CPC/1973. Dessa forma, não obstante o fato de esta Corte Superior reformar o acórdão recorrido após a vigência do novo CPC, incidem, quanto aos honorários, as regras do diploma processual anterior. (STJ, 4ª Turma, Recurso Especial N. 1.465.535 – SP (2011/0293641-3, Rel. Ministro Luis Felipe Salomão, Publicação DJ Eletrônico: 07.10.2016)

Em suma, a surpresa e o prejuízo são valores vedados na aplicação da lei nova em relação aos feitos pendentes, conforme assinalou Luiz Fux[12]. Esse norte hermenêutico vale também para a questão dos *honorários de sucumbência recíproca*, previstos no art. 791-A, § 3º, da CLT, da recém-chegada Lei n. 13.467/2017.

4. O CARÁTER ESPECÍFICO E COMPLEXO DA SUCUMBÊNCIA RECÍPROCA

Até o surgimento da indigitada Reforma Trabalhista, ao reclamante não recaía qualquer condenação de verba honorária de sucumbência recíproca. Nos casos de insucesso em seus pleitos, ainda que de todos os pedidos formulados na ação trabalhista, o reclamante não respondia por honorários advocatícios da parte *ex-adversa*. Com outras palavras: a Lei n. 13.467/2017 introduziu novo paradigma para este tema. E assim o fez dentro de um sistema complexo e coordenado, que se inicia com a exigência de indicar o valor dos pedidos na petição inicial, conforme a nova regra do art. 840, § 1º, da CLT[13].

Logo, importa que se compreenda que a condenação dos honorários de sucumbência constitui consectário ou reflexo da rejeição dos pedidos valorados na petição inicial. Há três novidades relacionadas entre si: pedidos líquidos; valor da causa; e honorários de sucumbência recíproca. Assim, pelo novo sistema a Reclamatória deverá conter pedidos com valores mensurados, que somados revelam o valor da causa, os quais servirão de base de cálculo dos honorários de sucumbência a serem fixados em sentença.

Com efeito, se no momento do ajuizamento da ação aplicava-se a regra antiga, a qual prescindia de quantificação dos pedidos e exigia valor da causa apenas para fixar o rito, não poderá a sentença, ainda que publicada ao tempo da lei nova, surpreender as partes com a novidade dos honorários de sucumbência recíproca. Qualquer tentativa de forçar essa aplicação retroativa às ações ajuizadas sob a égide da lei velha será ilícita, por flagrante ofensa ao regramento de direito intertemporal e aos valores por ela tutelados (segurança jurídica, vedação da aplicação retroativa da lei nova *in pejus*). Nesse sentido, colhem-se as atentas observações de Medina, Wambier e Alvim:

> Muito embora acentuem os processualistas enfaticamente que a lei processual se aplica imediatamente, assim mesmo devemos entender o princípio com determinadas limitações, a saber: aos atos processuais, praticados na vigência de lei anterior, desde que devam produzir efeitos no futuro e ocorra mudança de lei, é a lei anterior que deverá ser aplicada, porque ela continua legitimamente a reger aqueles efeitos ulteriores. [14]

Em igual direção Maia Nunes e Pupe Nóbrega enunciam que a postergação dos efeitos da lei velha (ultratividade) funciona como proteção ao ato jurídico perfeito, ao direito adquirido e à norma processual punitiva, não alcançando os atos realizados antes da entrada em vigor da nova lei. O mesmo silogismo vale para o ato processual praticado como consectário de ato processual anterior, sob a vigência da lei velha[15].

---

(12) FUX, Luiz. O novo Código de Processo Civil e a segurança jurídica normativa. Conjur. Opinião publicada em 22.03.16. Disponível em: <http://www.conjur.com.br/2016-mar-22/ministro-luiz-fux-cpc-seguranca-juridica-normativa>.

(13) Art. 840, § 1º Sendo escrita, a reclamação deverá conter a designação do juízo, a qualificação das partes, a breve exposição dos fatos de que resulte o dissídio, o pedido, que deverá ser certo, determinado e *com indicação de seu valor*, a data e a assinatura do reclamante ou de seu representante.

(14) MEDINA, José Miguel Garcia; WAMBIER, Luiz Rodrigues; WAMBIER, Teresa Arruda Alvim. Segurança jurídica e irretroatividade da norma processual. *Revista Jurídica da Seção Judiciária de Pernambuco*, p. 328. Disponível em: <https://revista.jfpe.jus.br/index.php/RJSJPE/article/view/80>.

(15) NUNES, Jorge Amaury Maia; NÓBREGA, Guilherme Pube. Direito intertemporal e lei processual no tempo: anotações sobre o (ainda) novo Código que desponta no alvorecer de sua aguardada vigência. *Revista Migalhas*, publicado em 27 de julho de

Nesta esteira, pode-se asseverar que o julgador só poderá aplicar os honorários advocatícios de sucumbência recíproca para as ações ajuizadas após a vigência da Lei n. 13.467/2017. Do contrário, haverá flagrante ofensa à segurança jurídica e ao princípio que veda surpreender de forma prejudicial os litigantes que iniciaram a relação processual sob a égide da lei velha. Ressalte-se que a ordem jurídica não permite a retroatividade lesiva da lei nova, *ex vi do* art. 5º, XXVI, da Constituição Federal.

Novas leis atingem processos em curso. Mas, dentro do processo, também há um passado, um presente, um futuro. O passado há de ser preservado, sob pena de inaceitável irretroatividade. O presente é que será disciplinado. Assim, vê-se que incide, também, no processo, o princípio do *tempus regit actum*: a lei que incide é a que está (ou estava) em vigor à época em que o ato processual é (ou foi) praticado. Esta é a lei que rege o ato em si e seus efeitos, ainda que estes se prolonguem no tempo. [16]

5. CONCLUSÃO

Em tom de arremate, pode-se afirmar que, via de regra, a lei processual nova se aplica de imediato às ações em andamento. Contudo, os novos dispositivos jamais poderão surpreender e prejudicar as partes, sob pena de ofensa ao princípio da segurança jurídica.

Com efeito, haverá regras processuais novas que se aplicarão desde logo aos processos em curso, a exemplo da contagem em dias úteis, introduzida pelo art. 775 da CLT, a partir da Lei n. 13.467/2017. Outras regras heterotópicas, como os honorários de sucumbência recíproca, previstos no art. 791-A, § 3º, da CLT, somente incidirão sobre as ações ajuizadas a partir da vigência da nova lei, vez que se reportam aos atos processuais complexos, com efeitos diferidos e além da órbita processual.

Não se pode aplicar honorários de sucumbência em ações trabalhistas iniciadas sob o pálio da lei velha, a qual regulava de forma diversa os requisitos da petição inicial e do valor da causa, sobretudo quando (a lei velha) nada determinava acerca dos encargos de sucumbência às partes.

O cabimento de honorários advocatícios na Justiça do Trabalho é novidade que afeta atos processuais complexos e desdobrados, iniciando-se pela quantificação dos pedidos da inicial, fixação de rito, contestação e sentença. Logo, os honorários de sucumbência somente se aplicam aos processos cujas ações iniciaram sob a égide do regramento novo.

Em igual sentido, Garcia Medina, Wambier e Teresa Arruda Alvim advertem, com acerto, que é insuportável a ideia de que as partes possam ser legitimamente "surpreendidas" com lei nova incidente em processo pendente:

> Se ao abrigo de uma lei – que vem a ser revogada – ocorreram todos os fatos normativamente previstos para a incidência dessa lei, é ela que deve incidir até que ocorra no mundo empírico o último reflexo ou efeito do ato inicial. Revogada essa lei, tem-se que regerão, no futuro, os fatos acontecidos no passado, e para os quais essa lei revogada previa uma consequência. [17]

Com isso, os aludidos doutrinadores pretendem esclarecer que a lei que disciplina o ato "é aquela que estava em vigor à época em que este tenha sido praticado, e, mesmo que seja revogada em seguida, será esta lei e não a posterior que disciplinará os efeitos do ato anteriormente praticado". Isso porque, quando se concebe um ato processual, "deve-se ter presente não o ato em sentido estrito, mas as condições para que ele seja praticado e os efeitos que dele derivam" [18]. Pensamos de forma igual.

6. REFERÊNCIAS BIBLIOGRÁFICAS

AVENA, Norberto. *Processo Penal Esquematizado*. 3. ed. Método, 2011.

CANOTILHO, José Joaquim Gomes. *Direito constitucional e teoria da constituição*. 7. ed. Coimbra: Almedina, 2000.

COUTURE, Eduardo J. *Interpretação das Leis Processuais*. Trad. Gilda Maciel Corrêa Meyer Russomano. 4. ed. Rio de Janeiro: Forense, 2001.

2017. Disponível em: <www.migalhas.com.br/ProcessoeProcedimento/106,MI235786,81042-Direito+intertemporal+e+lei+processual+no+tempo+anotacoes+sobre+o>.

(16) MEDINA, José Miguel Garcia; WAMBIER, Luiz Rodrigues; WAMBIER, Teresa Arruda Alvim. Segurança jurídica e irretroatividade da norma processual. *Revista Jurídica da Seção Judiciária de Pernambuco*, p. 336. Disponível em: <https://revista.jfpe.jus.br/index.php/RJSJPE/article/view/80>.

(17) MEDINA, José Miguel Garcia; WAMBIER, Luiz Rodrigues; WAMBIER, Teresa Arruda Alvim. Segurança jurídica e irretroatividade da norma processual. *Revista Jurídica da Seção Judiciária de Pernambuco*, p. 335. Disponível em: <https://revista.jfpe.jus.br/index.php/RJSJPE/article/view/80>.

(18) *Idem, Ibidem*.

FERRAZ JUNIOR, Tércio Sampaio. *Introdução ao estudo do direito:* técnica, decisão, dominação. São Paulo: Atlas, 1991. p. 229.

FUX, Luiz. *O novo Código de Processo Civil e a segurança jurídica normativa.* Conjur. Opinião publicada em 22.03.2016. Disponível em: <http://www.conjur.com.br/2016-mar-22/ministro-luiz-fux-cpc-seguranca-juridica-normativa>.

MAXIMILIANO, Carlos. *Direito Intertemporal.* Rio de Janeiro: Freitas Bastos, 1955. p. 314.

MEDINA, José Miguel Garcia; WAMBIER, Luiz Rodrigues; WAMBIER, Teresa Arruda Alvim. Segurança jurídica e irretroatividade da norma processual. *Revista Jurídica da Seção Judiciária de Pernambuco*, p. 336. Disponível em: <https://revista.jfpe.jus.br/index.php/RJSJPE/article/view/80>.

NUNES, Jorge Amaury Maia; NÓBREGA, Guilherme Pube. Direito intertemporal e lei processual no tempo: anotações sobre o (ainda) novo Código que desponta no alvorecer de sua aguardada vigência. *Revista Migalhas*, publicado em 27 de julho de 2017. Disponível em: <www.migalhas.com.br/ProcessoeProcedimento/106,MI235786,81042-Direito+intertemporal+e+lei+processual+no+tempo+anotacoes+sobre+o>.

PEREIRA, Caio Mário da Silva. *Instituições de Direito Civil.* 5. ed. Rio de Janeiro: Forense, 1980. v. I.

Capítulo 10

Uniformização da Jurisprudência dos Tribunais e as Modificações Introduzidas pela Lei n. 13.467/2017 – Lei da Reforma Trabalhista

Marlene T. Fuverki Suguimatsu[1]

Thais Hayashi[2]

1. INTRODUÇÃO

Entre as modificações promovidas pela Lei n. 13.467/2017 – Lei da Reforma Trabalhista – destaca-se a revogação dos §§ 3º a 6º do atual art. 896 da CLT[3], que a partir da Lei n. 13.015/2014 passou a contemplar a obrigatoriedade de os Tribunais Regionais do Trabalho uniformizar a sua jurisprudência, de acordo com o procedimento instituído nos parágrafos revogados. A uniformização da jurisprudência já estava prevista na CLT, mas na prática apresentava pouca efetividade por não dispor de um procedimento regular, não impor aos magistrados a sua observância nem projetar qualquer resultado positivo na contenção do número de recursos de revista. A partir da Lei n. 13.015/2014, esse mecanismo ganhou impulso, e desde então os incidentes de uniformização passaram a ocupar as pautas dos Tribunais Regionais e as súmulas e/ou teses prevalecentes aprovadas passaram a balizar os julgamentos nas Turmas e Seções quanto às matérias uniformizadas.

Na data da edição da Lei n. 13.015, em 2014, ainda estava em vigor o Código de Processo Civil de 1973, que também previa o incidente de uniformização de jurisprudência, mas que, diante da edição de norma específica para a Justiça do Trabalho, remanesceu como instituto de aplicação supletiva[4]. Nos §§ 4º, 5º e 6º acrescidos ao art. 896 da CLT, essa Lei estabeleceu os procedimentos para instauração e julgamento dos Incidentes, o que foi complementado pela Instrução Normativa TST n. 37/2015.

Com a entrada em vigor do Código de Processo Civil de 2015, o tratamento destinado ao Incidente de Uniformização de Jurisprudência – IUJ, na Justiça do Trabalho, restringiu-se basicamente ao art. 896 e parágrafos da CLT e à Instrução Normativa n. 37/2015, considerados suficientes, destacando-se que o novo Código de Processo Civil não contemplou procedimento específico aos trâmites desse instituto.

A promulgação da Lei da Reforma Trabalhista, no entanto, abalou esse cenário. Os §§ 3º a 6º do art. 896 da CLT foram revogados. Quando a nova Lei entrar em vigor, a uniformização da jurisprudência terá novo tratamento. Sustenta-se, por um lado, a revogação do próprio Incidente de Uniformização e sua substituição pelo Incidente de Resolução de Demandas Repetitivas – IRDR ou pelo Incidente de Assunção de Competência – IAC, estes disciplinados de forma mais exaustiva no novo CPC. Em contraposição, defende-se a permanência do Incidente de Uniformização e sua aplicação no Direito do Trabalho, agora com fundamento no novo CPC e no art. 702, ƒ, da CLT[5], a sua convivência com os demais incidentes tratados na norma processual civil

---

(1) Desembargadora Federal do Trabalho no TRT 9ª Região. Pós-graduada em Direito Público pela UFPR e em Filosofia-ênfase em Ética pela PUC-PR. Mestre em Direito Econômico e Social e Doutora em Direito Econômico e Socioambiental pela PUC-PR. Professora de Direito Material do Trabalho nos Cursos de Pós-Graduação e Graduação do Centro Universitário Curitiba – UNICURITIBA.

(2) Assessora da Vice-Presidência do Tribunal Regional do Trabalho da 9ª Região. Bacharel em Direito pela Faculdade de Direito de Curitiba. Pós-graduada em Direito, com especialidade em Direito e Processo do Trabalho pela Universidade Anhanguera – Uniderp.

(3) De acordo com o art. 6º da Lei, sua entrada em vigor ocorrerá após 120 (cento e vinte) dias da data de sua publicação, que se verificou em 14.07.2017 no DOU.

(4) O § 3º do art. 896 estabeleceu que os Tribunais Regionais do Trabalho deveriam aplicar o CPC de 1973 "no que couber".

(5) O atual art. 702, *caput*, dispõe: "Ao Tribunal Pleno compete" (...) I – em única instância: (...) f) "estabelecer súmulas de jurisprudência uniforme, na forma prescrita no Regimento Interno (...)".

e a necessidade de apenas se regulamentar o seu procedimento para os Tribunais do Trabalho.

Pretende-se, neste artigo, sustentar a subsistência do Incidente de Uniformização nos moldes criados pela Lei n. 13.015/2014 após a entrada em vigor da Lei n. 13.467/2017. Será objeto de análise o tratamento destinado à matéria nos arts. 926 e 927 do CPC de 2015, nos arts. 8º, § 2º e 702, ƒ da CLT modificada pela Reforma, e a doutrina acerca das finalidades da uniformização da jurisprudência pelo mecanismo do IUJ e pelos demais institutos correlatos. Serão consideradas, também, as consequências jurídicas e os procedimentos diversos desses mecanismos correlatos, que possivelmente não se ajustem perfeitamente aos objetivos da uniformização introduzida pela Lei n. 13.015/2014.

Para fundamentar a linha argumentativa adotada, serão abordados: algumas considerações históricas sobre o sistema judicial adotado no País; a uniformização da jurisprudência e os procedimentos de uniformização antes e depois da Lei n. 13.015/2014; a possibilidade de aplicação subsidiária do novo CPC no processo do trabalho; o tratamento atual no CPC a respeito da uniformização e a análise comparativa dos institutos correlatos; e a defesa da preservação desse instituto.

2. A JURISPRUDÊNCIA NO SISTEMA JUDICIAL BRASILEIRO – INFLUÊNCIAS E CONSIDERAÇÕES HISTÓRICAS

Para restringir o campo de análise e adotar a classificação identificada por René David[6] quanto aos modos de manifestação do direito nos sistemas jurídicos adotados nas diversas sociedades atuais, pode-se afirmar que o sistema judicial brasileiro assimilou, desde longa data, a forte influência do *civil law*, oriundo da família romano-germânica e que reconhece destacado papel às normas legisladas, escritas, e coloca em um plano inferior outras fontes de direito. Por outro lado, surge no sistema nacional cada vez mais nítida a aproximação do sistema *civil law* com o *commow law*, este de tradição anglo-saxônica, que foi criado pelos próprios juízes para solucionar alguns litígios e baseia-se em "leis costumeiras e não escritas da Inglaterra, que se desenvolveu a partir da doutrina do precedente"[7] pelas decisões dos tribunais[8].

A tendência de aproximação dos dois sistemas implicou que a jurisprudência nacional passasse a assumir papel de maior relevância na construção e na pacificação dos conflitos decorrentes da vida em sociedade. A utilização dos instrumentos que são típicos da tradição anglo-saxônica ganhou destaque porque as leis brasileiras impuseram e impõem a atuação uniforme das Cortes Judiciárias, principalmente a trabalhista, como uma das formas de se garantir isonomia e segurança jurídica aos cidadãos.

Desde o ano de 1943, a Justiça do Trabalho, criada inicialmente como instância administrativa, passou a adotar súmulas, anteriormente designadas de prejulgados. Previstos no art. 902 da CLT, esses prejulgados surgiram com natureza vinculante para os demais órgãos da Justiça do Trabalho e editados no julgamento do caso concreto ou anteriormente aos fatos, quando se pudesse antever a divergência de interpretações de uma mesma norma jurídica.

Com a Constituição Federal de 1946, a Justiça do Trabalho passou a integrar o Poder Judiciário[9]. A partir de então, a utilização dos prejulgados passou a ser impugnada em razão da sua função de criar, de forma prévia e abstrata, normas de caráter cogente. Em 1977, o Supremo Tribunal Federal – STF declarou a inconstitucionalidade do art. 902 da CLT devido a sua força vinculante; em 1982 a Lei n. 7.033 afastou a possibilidade de se utilizar os prejulgados e aqueles que já existiam se mantiveram, pois foram transformados em súmulas[10]. A criação de súmulas como mecanismo para uniformizar a jurisprudência foi inaugurada pelo

---

O art. 702, modificado pela Lei da Reforma, na alínea ƒ terá a seguinte redação: "(...) f) estabelecer ou alterar súmulas e outros enunciados de jurisprudência uniforme, pelo voto de pelo menos dois terços de seus membros, caso a mesma matéria já tenha sido decidida de forma idêntica por unanimidade em, no mínimo, dois terços das turmas em pelo menos dez sessões diferentes em cada uma delas, podendo, ainda, por maioria de dois terços de seus membros, restringir os efeitos daquela declaração ou decidir que ela só tenha eficácia a partir de sua publicação no Diário Oficial".

(6) DAVID, René. *Os grandes sistemas do Direito Contemporâneo*. Tradução de Hermínio A. Carvalho. 4. ed. São Paulo: Martins Fontes, 2002.

(7) DWORKIN, Ronald. *Levando os direitos a sério*. Tradução e Notas de Nelson Boeira. São Paulo: Martins Fontes, 2002. p. 129.

(8) Em nota de rodapé (p. 37) do livro *Levando os Direitos à serio*, o tradutor Nelson Boeira explica que Dworkin utiliza o termo *common law* para "designar o sistema de direitos de leis originalmente baseadas em leis costumeiras e não escritas na Inglaterra, que se desenvolveu a partir da doutrina do precedente. De maneira geral, a expressão refere-se ao conjunto de leis que deriva e se desenvolve a partir das decisões dos tribunais, em oposição às leis promulgadas através de processo legislativo."

(9) A Justiça do Trabalho foi criada como órgão integrante do Poder Executivo, por força do Decreto-Lei n. 1.237/1939.

(10) Súmulas ns. 130 a 179 do TST, conforme Resolução Administrativa n. 102/1982.

STF no Regimento Interno de 1963. Na época, o STF editou súmulas, inclusive em matéria trabalhista, que só deixaram de ser aplicadas quando as decisões do TST passaram a ser irrecorríveis, salvo em se tratando de matéria constitucional[11].

Em 1969, o TST criou a súmula de jurisprudência uniforme, inspirado no Decreto-Lei n. 229/1967, que autorizou o indeferimento dos embargos para o Pleno daquela Corte e o recebimento do recurso de revista quando a decisão recorrida estivesse em consonância com prejulgados ou com a sua jurisprudência uniforme. As súmulas foram chamadas de enunciados e novamente súmulas a partir de 2005.

As orientações jurisprudenciais, por sua vez, surgiram depois que o TST, por meio da Súmula n. 42 (substituída pela de número 333), criou mais um requisito de admissibilidade do recurso de revista, incluindo também as decisões superadas por iterativa, notória e atual jurisprudência da SBDI-1. As OJs foram introduzidas na legislação do trabalho por meio da Lei n. 9.756/1998, que alterou o § 4º do art. 896 da CLT, o que realçou a importância da jurisprudência consolidada na Justiça do Trabalho.

Pela análise do sistema judicial brasileiro, em especial na Justiça do Trabalho, é fácil perceber a construção de um sistema de precedentes, que iniciou com a elaboração dos prejulgados, prosseguiu com as súmulas e orientações jurisprudenciais e foi solidificado e reconhecido pelas importantes introduções feitas pela Lei n. 13.015/2014.

A adoção de normas codificadas e a valorização da jurisprudência dos Tribunais pelos diversos mecanismos inspirados no *common law*, que aos poucos foram introduzidos no sistema nacional e culminaram com a adoção da teoria dos precedentes pelo novo Código de Processo Civil[12], confirmam a influência dos dois sistemas, a necessidade de se superar o modelo de aplicação estrita da lei, e a imposição de avanços no sentido de se preservar e estimular os espaços de interpretação da lei e do direito pelos juízes[13].

3. A UNIFORMIZAÇÃO DA JURISPRUDÊNCIA NOS TRIBUNAIS REGIONAIS DO TRABALHO

Na Justiça do Trabalho, antes da edição da Lei n. 13.015/2014, a obrigatoriedade de se uniformizar a jurisprudência já estava prevista no art. 896, § 3º, da CLT, com a redação dada pela Lei n. 9.756/1998, nos seguintes termos:

> Art. 896 (...)
>
> § 3º Os Tribunais Regionais do Trabalho procederão, obrigatoriamente, à uniformização de sua jurisprudência, nos termos do Livro I, Título IX, Capítulo I do CPC, não servindo a súmula respectiva para ensejar a admissibilidade do Recurso de Revista quando contrariar Súmula da Jurisprudência Uniforme do Tribunal Superior do Trabalho.

Esse dispositivo, todavia, por mais de uma década produziu pouco efeito prático. Embora fosse obrigatório uniformizar a jurisprudência, pelos Tribunais, não se avançou ao ponto de tornar obrigatória ou vinculante a observância, pelos Juízes e Tribunais, dos julgados paradigmas ou das súmulas de julgamentos modelos. A CLT também não disciplinou o procedimento, fazendo remissão ao previsto no CPC então em vigor, que não se firmou como modelo propulsor nem projetou qualquer resultado positivo na contenção do número de recursos de revista remetidos ao TST.

A uniformização da jurisprudência ganhou impulso na Justiça do Trabalho, efetivamente, com a edição da Lei n. 13.015/2014, que modificou o art. 896 da CLT para incluir a sistemática prevista nos §§ 3º a 6º, assim redigidos:

> § 3º Os Tribunais Regionais do Trabalho procederão, obrigatoriamente, à uniformização de sua jurisprudência e aplicarão, nas causas da competência da Justiça do Trabalho, no que couber, o incidente de uniformização de jurisprudência previsto nos termos do Capítulo I do Título IX do Livro I da Lei n. 5.869, de 11 de janeiro de 1973 (Código de Processo Civil).
>
> § 4º Ao constatar, de ofício ou mediante provocação de qualquer das partes ou do Ministério Público do Trabalho, a existência de decisões atuais e conflitantes no âmbito do mesmo Tribunal Regional do Trabalho sobre o tema objeto de recurso de revista, o Tribunal Superior do Trabalho determinará o retorno dos autos à Corte de origem, a fim de que proceda à uniformização da jurisprudência.
>
> § 5º A providência a que se refere o § 4º deverá ser determinada pelo Presidente do Tribunal Regional do Tra-

---

(11) Tratamento dado pela Emenda Constitucional n. 16/1965.

(12) TALAMINI, Eduardo. O que são os "precedentes vinculantes" no CPC/2015. Artigo. Revista Eletrônica: *Súmulas e Uniformização de Jurisprudência*. Tribunal Regional do Trabalho da 9ª Região, v. 5, n. 49, p. 56-61. abr. 2016.

(13) MARINONI, Luiz Guilherme. Aproximação crítica entre as jurisdições de civil law e de common law e a necessidade de respeito aos precedentes no Brasil. *Revista da Faculdade de Direito – UFPR*. Artigo. Curitiba: 2009, n. 49, p. 11-58.

balho, ao emitir juízo de admissibilidade sobre o recurso de revista, ou pelo Ministro Relator, mediante decisões irrecorríveis.

§ 6º Após o julgamento do incidente a que se refere o § 3º unicamente a súmula regional ou a tese jurídica prevalecente no Tribunal Regional do Trabalho e não conflitante com súmula ou orientação jurisprudencial do Tribunal Superior do Trabalho servirá como paradigma para viabilizar o conhecimento do recurso de revista, por divergência.

Desde a edição da Lei n. 13.015/2014, os IUJ passaram a ocupar as pautas dos Tribunais Regionais do Trabalho. As teses prevalecentes e súmulas editadas passaram a balizar os julgamentos nas Turmas e Seções quanto às matérias uniformizadas pela composição plena desses Tribunais.

Tornou-se clara a percepção, a partir do § 4º do art. 896 da CLT, de que quando a Lei n. 13.015/2014 autorizou o TST a devolver os autos ao Tribunal Regional de origem para proceder à uniformização da jurisprudência, diante de decisões conflitantes no âmbito deste, instituiu-se a observância obrigatória da jurisprudência regional uniformizada. Ela se tornou imperativa a todos os órgãos fracionários dos respectivos Tribunais Regionais. Tal efeito se confirmou na Instrução Normativa TST n. 37/2015, art. 5º, no ponto em que passou a obrigar o órgão responsável pelo juízo prévio de admissibilidade do recurso de revista, ao constatar divergência de posicionamento entre as Turmas dos Regionais sobre determinada matéria, suscitar IUJ, e enquanto não uniformizada a matéria efetivamente nas Turmas, sobrestar a remessa dos autos ao TST e determinar a "reapreciação da questão no órgão fracionário prolator do acórdão originário recorrido"[14].

Não obstante os debates e resistências verificados sobre os procedimentos definidos pelo TST para os IUJ suscitados nos Tribunais Regionais, na realidade, a Lei n. 13.015/2014 culminou por valorizar o papel destes Tribunais na construção da sua jurisprudência. De acordo com o § 6º do art. 896 da CLT, uma vez uniformizada a matéria, somente a súmula regional ou a tese jurídica prevalecente passou a servir de paradigma para viabilizar o conhecimento do recurso de revista por divergência.

Destaca-se, nesse ponto, a diferença de procedimentos entre o que estava previsto no art. 476 do CPC anterior, que era adotado supletivamente no processo do trabalho, e o procedimento introduzido pela Lei n. 13.015/2014. Naquele CPC, a divergência só poderia ser pronunciada de forma prévia, antes da análise do recurso de natureza ordinária; já a uniformização introduzida pela Lei n. 13.015/2014 possibilitou que o incidente pudesse ser suscitado após o julgamento do recurso na Turma, na análise da admissibilidade do recurso de revista, conforme os §§ 4º e 5º do art. 896 da CLT.

A Lei n. 13.015/2014 tornou possível que a divergência interna passasse a ser conhecida de ofício – além de provocada pelas partes ou pelo Ministério Público – mesmo após o julgamento do recurso ordinário. Para tanto, o Presidente do Regional (ou o Vice-Presidente por delegação) e o Ministro do TST, ao proferir juízo de admissibilidade do recurso de revista foram autorizados a suscitar a questão. Essa providência parece alinhada à possibilidade de se atingir o objetivo de efetividade da medida. O modelo introduzido pela Lei n. 13.015/2014 tratou-se de um verdadeiro incidente de uniformização de jurisprudência. Passou a servir como um instrumento para correção de "omissão" do juiz ou do relator na verificação de eventual divergência interna ainda nas Turmas.

Aspectos que não foram disciplinados na Instrução Normativa TST n. 37/2015, foram disciplinados nos regimentos internos dos Tribunais Regionais do Trabalho[15].

4. A REVOGAÇÃO DOS §§ 3º A 6º DO ART. 896 DA CLT PELA LEI DA REFORMA TRABALHISTA E A APLICAÇÃO SUBSIDIÁRIA E/OU SUPLETIVA DO CÓDIGO DE PROCESSO CIVIL NO PROCESSO DO TRABALHO

O procedimento introduzido pela Lei n. 13.015/2014, mais precisamente os §§ 3º a 6º do art. 896 da CLT, como já se fez referência, foi revogado pela Lei da Reforma Trabalhista. Muitos questionamentos agitam magistrados e advogados. Para alguns, aboliu-se a obrigatoriedade dos TRT uniformizar sua jurisprudência, obrigação que estava expressa no § 3º, revogado. Posicionamento contrário sustenta que remanesce a obrigatoriedade de uniformizar, por força da aplicação supletiva do CPC em vigor, porém não neces-

---

(14) Resolução TST n. 195, de 02.03.2015, que editou a Instrução Normativa n. 37, que regulamenta procedimentos em caso de incidente de Uniformização de Jurisprudência no âmbito dos TRTs, suscitado na forma do art. 896, § 4º, da CLT.

(15) No TRT 9ª Região, o incidente de uniformização de jurisprudência, com base na Lei n. 13.015/2014, foi disciplinado no Regimento Interno nos arts. 100 a 101-I.

sariamente pelo instrumento do IUJ, já que o CPC contempla outros mecanismos. Há uma terceira corrente, ainda, no sentido de que remanesce a obrigação de uniformizar, o que pode continuar a ser feito por mecanismo semelhante ao IUJ e o que alterou foi apenas a base legal e o procedimento deste, que agora, no processo do trabalho, encontraria respaldo não mais nos §§ 3º a 6º, do art. 896 da CLT, mas no CPC e arts. 8º, § 2º e 702, ʃ, da CLT modificada, além de norma regimental, ou até mesmo por norma expedida pelo TST.

A linha argumentativa que se desenvolve neste texto tende a sustentar a última corrente. Por força da adoção da teoria dos precedentes no novo CPC – e porque já se pode antecipar que, para qualquer das hipóteses antes mencionadas será necessário recorrer a esse diploma processual – considera-se necessário abordar alguns aspectos relevantes, a iniciar por sua aplicação subsidiária e/ou supletiva ao processo do trabalho.

A CLT, no art. 769, que não foi revogado pela Lei da Reforma Trabalhista, continua a disciplinar a adoção de outras normas de direito comum para o processo do trabalho, na ausência de regulamentação específica[16].

De acordo com esse dispositivo, duas condicionantes devem ser consideradas para a aplicação das regras do processo comum: a) omissão na CLT; e b) compatibilidade da norma de direito comum com os princípios que orientam o processo do trabalho. O art. 769 parece continuar em vigor mesmo diante do art. 15 do novo CPC[17] e da nova redação atribuída ao art. 8º da CLT pela Lei da Reforma Trabalhista. Na nova redação, no aspecto do direito material, introduziu-se o § 1º ao art. 8º para estabelecer que "o direito comum será fonte subsidiária do direito do trabalho", suprimindo-se a expressão "naquilo que não for incompatível (...)". Porém, conste ou não de forma expressa na lei o critério da compatibilidade, este será sempre considerado em razão da especificidade do Direito material e processual do trabalho, calcado em matrizes principiológicas e valores que não se derrogam por ato de vontade do legislador.

Analisando o art. 769 da CLT, o art. 15 do novo CPC, o texto da Lei da Reforma Trabalhista e o que determina o art. 2º, § 2º, da Lei de Introdução às Normas do Direito Brasileiro, a conclusão que parece mais adequada é a de que o art. 769 continua intacto. As regras inseridas no CPC continuam aplicáveis ao processo do trabalho apenas se forem obedecidos os requisitos da omissão na CLT e da compatibilidade das normas. Não basta omissão nas regras do processo do trabalho ou o reconhecimento de que alguma de suas regras encontra-se ultrapassada no sentido ético e social. É imprescindível a compatibilidade entre a norma a ser utilizada do processo comum com as diretrizes, princípios e especificidades do direito processual do trabalho, sem prejuízo do fato de que o novo CPC ampliou as hipóteses de aplicação do direito comum ao direito do trabalho, ao incluir o critério da supletividade. Se a CLT disciplinar determinada questão de forma incompleta (menos abrangente), a lei processual comum poderá ser utilizada, se respeitados os princípios que norteiam o processo do trabalho.

Deve-se analisar, então, se o IUJ criado pela Lei n. 13.015/2014 sobrevive por aplicação supletiva/subsidiária do novo CPC, como este disciplina a matéria e se é possível adotar sua disciplina pelo critério da compatibilidade.

Os §§ 3º a 6º do art. 896 da CLT contemplam não apenas a obrigatoriedade de os TRTs uniformizarem a sua jurisprudência interna, como também uma parte do procedimento a ser adotado, conforme previsto na Lei n. 13.015/2014[18]. A Lei da Reforma, analisada em conjunto com outras disposições da CLT atual e das modificações aprovadas, e do CPC vigente e anterior, não parece ter retirado dos Tribunais o dever de uniformizar a sua jurisprudência, tampouco impedido a adaptação do procedimento revogado.

Como se mencionou em tópico anterior, antes da edição da Lei n. 13.015/2014, a obrigatoriedade da uniformização da jurisprudência já estava prevista no art. 896, § 3º, da CLT, com a redação dada pela Lei n. 9.756/1998[19]. O CPC de 1973 também já previa o incidente nos arts. 476 a 479 e era considerado aplicável subsidiariamente ao processo do trabalho, em razão

---

(16) Art. 769 – Nos casos omissos, o direito processual comum será fonte subsidiária do direito processual do trabalho, exceto naquilo em que for incompatível com as normas deste Título.

(17) CPC/2015 – Art. 15. Na ausência de normas que regulem processos eleitorais, trabalhistas ou administrativos, as disposições deste Código lhes serão aplicadas supletiva e subsidiariamente.

(18) A supressão foi de parte apenas do procedimento, porque a Instrução Normativa TST n. 37/2015, incumbiu-se de completar essa regulamentação.

(19) CLT, art. 896, "§ 3º Os Tribunais Regionais do Trabalho procederão, obrigatoriamente, à uniformização de sua jurisprudência e aplicarão, nas causas da competência da Justiça do Trabalho, no que couber, o incidente de uniformização de jurisprudência previsto nos termos do Capítulo I do Título IX do Livro I da Lei n. 5.869, de 11 de janeiro de 1973 (Código de Processo Civil)."

da lacuna na CLT quanto ao procedimento e a compatibilidade nunca questionada. O novo CPC manteve a obrigatoriedade dos Tribunais uniformizarem a jurisprudência. Embora não tenha repetido literalmente os arts. 476 a 479 do Código anterior quanto ao procedimento, disciplinou mecanismos correlatos[20], e também autorizou a que os Tribunais disciplinem nos seus regimentos internos os procedimentos para a uniformização por meio de precedentes e súmulas.

Destaca-se, ainda, que o art. 702, *f*, da CLT, na parte em que disciplina o estabelecimento de súmula de jurisprudência uniforme pelo Pleno do Tribunal Superior, foi modificado pela Lei da Reforma apenas no que se refere ao procedimento. A lei impôs exigência maior quanto ao quórum, ao número de sessões em que a matéria foi apreciada e ao número de turmas que já deverão ter apreciado, antes de se firmar a tese ou súmula. O § 2º do art. 8º, também inserido na CLT com a Reforma, faz referência a súmulas e enunciados editados tanto pelo Tribunal Superior como pelos Tribunais Regionais. Esses dispositivos confirmam que a obrigatoriedade da uniformização permanece na Justiça do Trabalho, e não apenas no Tribunal Superior, restando definir o seu procedimento nos Regionais diante da revogação dos §§ 3º a 6º do art. 896 da CLT.

A imposição a que os Tribunais uniformizem sua jurisprudência e mantenham-na estável, íntegra e coerente está clara no art. 926, como está evidente a adoção, pelo CPC, da teoria dos precedentes:

> **Art. 926.** Os tribunais **devem** uniformizar sua jurisprudência e mantê-la estável, íntegra e coerente (grifo nosso).
>
> § 1º Na forma estabelecida e segundo os pressupostos fixados no regimento interno, os tribunais editarão enunciados de súmula correspondentes a sua jurisprudência dominante.
>
> § 2º Ao editar enunciados de súmula, os tribunais devem ater-se às circunstâncias fáticas dos precedentes que motivaram sua criação.

A obediência aos precedentes foi retomada no art. 927. O CPC impôs aos Juízes e Tribunais parâmetros para suas decisões, entre os quais se encontra a observância às "orientações do plenário ou do órgão especial aos quais estiverem vinculados"[21]. Por fim, a norma processual impôs a necessidade do uso da uniformização nas decisões emanadas do Poder Judiciário no art. 489, § 1º[22].

Extraem-se desses dispositivos as seguintes diretrizes: a) há obrigatoriedade dos Tribunais uniformizarem a sua jurisprudência (art. 926, *caput*); b) a uniformização ocorrerá pelo mecanismo de edição de enunciados de súmulas (§ 1º); c) ao editar enunciados de súmulas, os tribunais devem ater-se às circunstâncias fáticas dos precedentes que motivaram sua criação (§ 2º); e d) o procedimento de uniformização ocorrerá de acordo com os pressupostos definidos no regimento interno de cada Tribunal (§ 1º).

Analisadas essas diretrizes sob o enfoque de sua compatibilidade com o processo do trabalho, é fácil concluir positivamente. Não há distinção quanto à necessidade de segurança jurídica, previsibilidade de julgamentos e efetividade das decisões no processo civil e no do trabalho. As motivações que tornaram obrigatória a uniformização na lei processual civil são as mesmas que sustentaram previsões na CLT, antes e depois da Lei n. 13.015/2014. O mecanismo da edição de súmulas e a adstrição destas às circunstâncias fáticas que motivaram sua criação, já vêm sendo adotados no processo do trabalho após a Lei n. 13.015/2014, sem qualquer questionamento sobre compatibilidade. Por fim, a uniformização da jurisprudência tornou-se imperativa ao Poder Judiciário como um todo.

Observa-se, também, que nesses dispositivos legais estão veiculadas as normas gerais que alguns chamam de "precedentes à brasileira". Para facilitar a compreensão, destaca-se que o CPC de 2015 determina a edição de súmulas, em que será sedimentada a razão de decidir do precedente. Este é um ponto fundamental de semelhança com o IUJ inaugurado pela Lei n. 13.015/2014 e com os arts. 476 a 479 do CPC/1973. O procedimento previsto em ambos também redundou na edição de sú-

---

(20) Esses mecanismos correlatos referem-se ao Incidente de Resolução de Demadas Repetitivas-IRDR ao Incidente de Assunção de Competência-IAC, previstos nos art. do CPC.

(21) **Art. 927. Os juízes e os tribunais observarão:** I – as decisões do Supremo Tribunal Federal em controle concentrado de constitucionalidade; II – os enunciados de súmula vinculante; III – os acórdãos em incidente de assunção de competência ou de resolução de demandas repetitivas e em julgamento de recursos extraordinário e especial repetitivos; IV – os enunciados das súmulas do Supremo Tribunal Federal em matéria constitucional e do Superior Tribunal de Justiça em matéria infraconstitucional; V – a orientação do plenário ou do órgão especial aos quais estiverem vinculados.

(22) **Art. 489. São elementos essenciais da sentença:** (...) § 1º Não se considera fundamentada qualquer decisão judicial, seja ela interlocutória, sentença ou acórdão, que: VI – deixar de seguir enunciado de súmula, jurisprudência ou precedente invocado pela parte, sem demonstrar a existência de distinção no caso em julgamento ou a superação do entendimento.

mulas, que passaram a ser interpretadas e aplicadas de acordo com o precedente que lhe deu origem.

Pelo § 6º do art. 896 da CLT, revogado pela Lei da Reforma Trabalhista[23], a uniformização levada ao plenário sempre objetivou a edição de súmulas ou teses jurídicas prevalecentes, estas dependendo do quórum, que, a partir de sua edição deveriam ser observadas em todos os demais julgamentos a serem proferidos e que contemplassem a mesma situação fático-jurídica. A mesma exigência se verifica no inciso V, do art. 927 do novo CPC, que impõe aos juízes e tribunais respeito a orientação do plenário ou do órgão especial aos quais estiverem vinculados.

Percebe-se que o novo CPC se compatibiliza com os procedimentos anteriormente previstos tanto no art. 479 e parágrafo único do CPC/1973 quanto no § 6º do art. 896 da CLT. Essa evidência sustenta o posicionamento de que tanto a uniformização tratada no antigo CPC quanto a inserida pela Lei n. 13.015/2014 continuam possíveis, nos mesmos moldes adotados nos TRT, agora com fundamento no novo CPC e no art. 702, ƒ, da CLT.

5. O INCIDENTE DE UNIFORMIZAÇÃO DE JURISPRUDÊNCIA, O POSSÍVEL RESPALDO NO NOVO CPC E OS INSTITUTOS CORRELATOS

Luiz Philippe Vieira Mello Filho e Luiz Philippe Vieira Mello Neto, ao analisarem o procedimento de uniformização da jurisprudência nos Tribunais do Trabalho do País à luz do novo CPC – embora antes da Lei da Reforma Trabalhista –, assim se pronunciaram:

> A exigência de obrigatoriedade da uniformização da jurisprudência permanece hígida no texto, atraindo a necessidade de manutenção de previsão regimental a viabilizar o aludido escopo normativo, traduzido na imprescindibilidade da estabilização e coerência da jurisprudência local. Substituído o diploma processual legal, a referência contida no § 3º do art. 896 ao anterior diploma é afastada e subsidiariamente integrada pelos arts. 926 a 928 do novo Código, que inserem no ordenamento vigente o sistema que tem manifestado profunda preocupação com a integridade da jurisprudência, que se caracteriza por sua essência e estabilidade, na exata medida do que preconizara, por linhas simples, nossa legislação especial acerca do recurso de revista[24] (grifo nosso).

Cassio Scarpinella Bueno, também em análise do novo CPC, fez as seguintes considerações a respeito da uniformização da jurisprudência, do seu papel e das expectativas em torno da nova regulamentação:

> Entendo que os arts. 926 e 927 têm como missão substituir o mal aplicado e desconhecido, verdadeiramente ignorado, "incidente de uniformização de jurisprudência" dos arts. 476 a 479 do CPC de 1973. É o típico caso de norma jurídica que não encontrou, nos quarenta e um anos de vigência daquele Código, seu espaço, caindo em esquecimento completo. É essa a razão pela qual parece-me importante compreender aqueles dois dispositivos (como, de resto, todos os que, ao longo do CPC de 2015, direta ou indiretamente com eles se relacionam, e não são poucos) como normas diretivas de maior otimização das decisões paradigmáticas no âmbito dos Tribunais e dos efeitos que o CPC de 2015 quer que estas decisões, as paradigmáticas, devam surtir nos demais casos em todos os graus de jurisdição, a começar pelo STF.[25]

Na doutrina de Manoel Antônio Teixeira Filho, há interessantes ponderações sobre a uniformização. Apesar de se posicionar contrário à obrigatoriedade de os juízes e tribunais obedecerem a súmulas e precedentes decorrentes do processo de uniformização, também admite a possibilidade de entender que o inciso V do art. 927 pode, "por analogia, alcançar o art. 896, § 3º, da CLT, na parte em que teria tornado obrigatório o acatamento às súmulas produzidas nos incidentes de uniformização de jurisprudência regional (...)"[26]. Ao

---

(23) CLT, art. 896, § 6º – Após o julgamento do incidente a que se refere o § 3º, unicamente a súmula regional ou a tese jurídica prevalecente no Tribunal Regional do Trabalho e não conflitante com súmula ou orientação jurisprudencial do Tribunal Superior do Trabalho servirá como paradigma para viabilizar o conhecimento do recurso de revista, por divergência.

(24) MELLO FILHO, Luiz Philippe Vieira; MELLO NETO, Luiz Philippe Vieira. A Lei n. 13.015/2014 e o incidente de resolução de demandas repetitivas: uma visão. In: Miessa, Élisson. Manual dos recursos trabalhistas: teoria e prática. 2. ed. rev. atual. e ampl. Salvador: JusPodivm, 2016. p. 327-328.

(25) BUENO, Cassio Scarpinella. Manual de direito processual civil: inteiramente estruturado à luz do novo CPC, de acordo com a Lei n. 13.256. São Paulo: Saraiva, 2016. p. 225.

(26) TEIXEIRA FILHO, Manoel Antônio. Comentários ao novo código de processo civil sob a perspectiva do processo do trabalho. São Paulo: LTr, 2015. p. 1.035.

comentar especificamente o conteúdo do art. 926 do novo Código, complementou que "o art. 926 do CPC veio, por assim dizer, para ocupar o espaço que até então era preenchido pelo incidente de uniformização de jurisprudência, previsto nos arts. 476 a 479 do CPC de 1973"[27].

Para afastar definitivamente quaisquer dúvidas quanto à permanência do incidente de uniformização de jurisprudência, mesmo com a revogação dos §§ 3º a 6º do art. 896 da CLT e com o fato do novo CPC não ter reproduzido o incidente nos exatos moldes dos arts. 476 a 479 do CPC/1973, pondera-se que sua adoção está autorizada nos mesmos arts. 926 e 927 do novo CPC. Aquele determina a uniformização das decisões por meio da edição de súmulas, conforme previsão nos regimentos internos dos Tribunais; e este dispõe, no inciso V, sobre a necessidade de os juízes e tribunais observarem as diversas orientações firmadas no plenário ou no órgão especial.

Élisson Miessa analisa o inciso V, do art. 927 do novo CPC e apresenta conclusão mais próxima e adequada à realidade da Justiça do Trabalho:

> No processo do trabalho, a interpretação desse inciso é facilitada, compreendendo as orientações jurisprudenciais da Seção de Dissídios Coletivos (SDC), da Seção de Dissídios Individuais (SDI-I e SDI-II) e do Tribunal Pleno do TST. **Ademais, pensamos que nesse inciso se inserem as súmulas dos tribunais regionais, as quais obrigam o próprio tribunal e os juízes a ele vinculados** (grifo nossos)[28].

Na Instrução Normativa n. 39/2016, art. 15, inciso I, e, o TST também definiu como precedentes obrigatórios no processo do trabalho as decisões do plenário ou de outro órgão competente para uniformizar a jurisprudência do Tribunal a que o juiz estiver vinculado:

> Art. 15. O atendimento à exigência legal de fundamentação das decisões judiciais (CPC, art. 489, § 1º) no Processo do Trabalho observará o seguinte:
>
> I – por força dos arts. 332 e 927 do CPC, adaptados ao Processo do Trabalho, para efeito dos incisos V e VI do § 1º do art. 489 considera-se "precedente" apenas:
>
> (...)
>
> **e) decisão do plenário, do órgão especial ou de seção especializada competente para uniformizar a jurisprudência do tribunal a que o juiz estiver vinculado ou do Tribunal Superior do Trabalho.**
>
> II – para os fins do art. 489, § 1º, incisos V e VI do CPC, considerar-se-ão unicamente os precedentes referidos no item anterior, súmulas do Supremo Tribunal Federal, orientação jurisprudencial e súmula do Tribunal Superior do Trabalho, **súmula de Tribunal Regional do Trabalho** não conflitante com súmula ou orientação jurisprudencial do TST, que contenham explícita referência aos fundamentos determinantes da decisão (*ratio decidendi*). (grifo nosso).

Observa-se que o art. 927 do novo CPC, a par dos Recursos Repetitivos, dos Incidentes de Resolução de Demandas Repetitivas – IRDR e dos Incidentes de Assunção de Competência – IAC (no inciso III), manteve o incidente de uniformização (inciso V). Pode-se sustentar a sua adoção no processo do trabalho, inclusive, com rito semelhante ao previsto na redação atual da CLT.

Pode-se indagar se há algum óbice a que os Tribunais do Trabalho, ao invés de insistirem na adoção de procedimento como o IUJ depois da Lei da Reforma Trabalhista, passem a editar súmulas ou teses prevalecentes ao julgar o IRDR ou o IAC. Não há, efetivamente, óbice formal, mas as súmulas e precedentes já constituem o resultado por excelência do IUJ, especialmente na Justiça do Trabalho depois da Lei n. 13.015/2014.

O rito e a formatação dados ao IUJ, bem como sua eficácia em atingir os objetivos da uniformização, aconselham que permaneça intacto. Não foi sem razão que tanto o art. 926, § 1º quanto o art. 927, inciso V, do novo CPC autorizaram a que os tribunais uniformizem sua jurisprudência "nos termos dos seus regimentos internos". Com essa previsão, abriu-se a possibilidade de se instituir procedimentos para o incidente de uniformização, diversos daqueles que o próprio CPC previu para o IRDR ou IAC. O mecanismo do IUJ persiste em razão da obrigatoriedade de se uniformizar a jurisprudência, prevista no novo CPC e porque a Lei da Reforma Trabalhista, na parte em que revogou o rito, o procedimento adotado na Justiça do Trabalho, não impede a que os Tribunais regulamentem a matéria em seus regimentos internos.

Mauro Schiavi corrobora o entendimento de que a disciplina do IUJ, no novo CPC, foi remetida aos regimentos internos dos Tribunais, quando sustenta:

> O Código de Processo Civil atual não disciplinou o incidente de uniformização de jurisprudência

---

(27) *Idem*, p. 1.033.

(28) MIESSA, Élisson. *Nova realidade*: teoria dos precedentes judiciais e sua incidência no processo do trabalho. Artigo. Revista Eletrônica [do] Tribunal regional do trabalho da 9ª Região, v. 5, n. 49. Curitiba, abr. 2016. p. 21-22.

previsto no CPC de 1973. Desse modo, cumpre ao Regimento Interno de cada Tribunal Regional disciplinar o procedimento para edição de súmulas correspondentes à jurisprudência dominante.

Nesse sentido, também dispõe o art. 926 do CPC: Os tribunais devem uniformizar sua jurisprudência e mantê-la estável, íntegra e coerente. § 1º Na forma estabelecida e segundo os pressupostos fixados no regimento interno, os tribunais editarão enunciados de súmulas correspondentes a sua jurisprudência dominante[29].

A edição de súmula ou tese jurídica prevalecente, oriunda do IUJ, instituído pela Lei n. 13.015/2014, pareceu atender a praticidade, já que propôs sintetizar as razões de decidir e o respeito ao precedente que lhe tinha dado origem. Embora as súmulas apresentem conceitos vagos, o juiz ou o tribunal não podem aplicá-las ignorando o caso concreto que provocou a instauração do incidente, pois devem estar sempre ligadas ao precedente.

É necessário, neste ponto da argumentação, discorrer sobre algumas características do IRDR e do IAC, para confrontá-los com o procedimento do IUJ e demonstrar a necessidade de manter este último, nos moldes em que passou a ser adotado a partir da Lei n. 13.015/2014 e ainda que pela via dos regimentos internos. Essa abordagem é necessária, especialmente para desfazer as conclusões, um tanto precipitadas, de que o IRDR e o IAC substituirão definitivamente o incidente de uniformização.

5.1. Incidente de Resolução de Demandas Repetitivas – IRDR

O IRDR previsto no CPC, embora possa ser considerado um instrumento eficaz para garantir isonomia de julgamento e segurança jurídica às partes e advogados, contém particularidades que dificultam seu trâmite e sua aplicação, em detrimento de alguns ideais e princípios processuais, como o objetivo constitucional da razoável duração do processo.

Em primeiro lugar, a instauração do IRDR exige a efetiva repetição de ações que versem sobre questão unicamente de direito. Segundo, essa multiplicidade precisa ser atual e não apenas potencial/preventiva, podendo a questão de direto ser de natureza material ou processual. Terceiro, é preciso evidência de risco de violação à isonomia ou à segurança jurídica. Quarto, deve existir divergência entre as soluções aplicadas pelos julgadores e não haver afetação de recurso repetitivo em Tribunal Superior com a mesma matéria. E quinto, a ação precisa estar tramitando no Tribunal, o que significa dizer que não cabe IRDR antes de proferida a sentença, nem após julgado o recurso pelas turmas do Tribunal. Por esta última característica, inclusive, já é possível vislumbrar que não poderá ser arguido na análise da admissibilidade do recurso de revista, como ocorre com o IUJ.

Para a admissibilidade desse incidente, exige-se que todos os requisitos sejam comprovados no momento em que for suscitado. O art. 983 do CPC prevê a realização de audiências públicas, apresentação de documentos, participação de pessoas especializadas no assunto, diligências para elucidação da matéria controvertida, e apresentação de razões pelo autor, pelo réu, pelo Ministério Público e pelos demais interessados. Chama a atenção o ponto em que se abre a possibilidade de estender o sobrestamento de um IRDR suscitado em um Tribunal Regional, para processos em curso que tratam da mesma matéria em todo o território nacional[30], paralisando o trâmite processual de inúmeras ações[31].

É curioso que a uniformização decorrente do IRDR, embora possa provocar a suspensão de processos em todo o País, somente valerá para o Tribunal que o admitiu. A solução da matéria posta no IRDR originário, no entanto, só valerá para os outros Tribunais do Trabalho se for interposto recurso de revista ou extraordinário, como se extrai do art. 987 do CPC[32].

---

(29) SCHIAVI, Mauro. *Manual de Direito Processual do Trabalho*. De acordo com Novo CPC. 11. ed. São Paulo: LTr, 2016. p. 983.

(30) CPC, art. 982. Admitido o incidente, o relator: (...) § 3º. Visando à garantia da segurança jurídica, qualquer legitimado mencionado no art. 977, incisos II e III, poderá requerer, ao tribunal competente para conhecer do recurso extraordinário ou especial, a suspensão de todos os processos individuais ou coletivos em curso no território nacional que versem sobre a questão objeto do incidente já instaurado.

(31) Para tornar mais claro esse procedimento e sua consequência, tome-se o seguinte exemplo: o TRT 4ª Região admite um IRDR em que o relator determina a suspensão dos feitos que contenham igual matéria em todo o Estado do Rio Grande do Sul. Determinado litigante, que discute a mesma questão em ação ajuizada em qualquer outro Estado da federação, poderá requerer ao TST ou ao STF que determine a suspensão dos feitos idênticos em todo o território nacional. Nessa hipótese, o feito não será transferido ao Tribunal Superior, que apenas determinará a suspensão e o IRDR continuará tramitando no TRT4.

(32) Art. 987. Do julgamento do mérito do incidente caberá recurso extraordinário ou especial, conforme o caso.
§ 1º O recurso tem efeito suspensivo, presumindo-se a repercussão geral de questão constitucional eventualmente discutida.

Nessa hipótese, a tramitação dos processos em todo o País poderá ficar suspensa até que seja julgado eventual recurso de revista ou recurso extraordinário interposto. Se não interposto, então a suspensão terá sido desnecessária e já terá causado desgastes e retardamento na solução das demandas, com evidentes prejuízos aos jurisdicionados.

Os requisitos exigidos para a instauração do IRDR, as complexas previsões para o seu processamento e a possibilidade de suspensão de processos em nível nacional, em razão de um IRDR local, parecem indicar que esse incidente não é tão adequado à dinâmica das relações processuais de trabalho. Não obstante, quando o CPC entrou em vigor, em março de 2016, parcela significativa da doutrina e até o Tribunal Superior do Trabalho, por meio da IN n. 39/2016, anunciaram a sua aplicação ao processo do trabalho, provavelmente influenciados pelo entusiasmo dos processualistas civis, que viram no instituto um instrumento eficaz no combate ao crescente número de processos que ainda assolam os Tribunais Superiores.

As particularidades do processo do trabalho, como os pedidos múltiplos e a tutela de interesses ligados a crédito alimentar, lançam dúvidas sobre a sua ampla utilização nesta Justiça Especializada. Seu procedimento é complexo e na Justiça Comum as ações consagram, em regra, discussões em torno de um pedido único, além das relações não se mostrarem tão dinâmicas quanto no âmbito da Justiça do Trabalho.

É necessário retomar, neste ponto, a diretriz consagrada no art. 769 da CLT: além da omissão autorizadora da aplicação subsidiária do CPC, é necessário, também, que as suas normas sejam compatíveis com o processo do trabalho. Nessa linha, a manifestação de Mauro Schiavi:

> Apesar de haver um grande impulso para que os Tribunais Regionais adotem o IRDR, pensamos que após um tempo de maturação, ele não será utilizado com frequência, em razão da dinâmica das relações de trabalho e da necessidade de alterações constantes da jurisprudência. Os incidentes de uniformização de jurisprudência previstos nos Regimentos Internos dos TRTs são mais ágeis e propiciam que as alterações das teses sejam realizadas com maior rapidez e menor burocracia[33].

O doutrinador aponta de forma didática algumas dificuldades e transtornos que podem decorrer da efetivação do IRDR no processo do trabalho:

a) a "suposta segurança jurídica" não traz benefícios a jurisprudência trabalhista, principalmente ao trabalhador, em razão da celeridade das mudanças sociais e econômicas que impactam as relações de trabalho;

b) dificilmente o trabalhador, que é o destinatário final da atividade do Judiciário Trabalhista terá interesse no incidente de solução de demandas repetitivas, dada a sofisticação do procedimento e a possível demora em sua tramitação;

c) grande dificuldade de se alterar um posicionamento dominante firmado no incidente, o que pode acarretar engessamento da jurisprudência;

d) dificuldade mais acentuada no processo do trabalho de se afetar os recursos trabalhistas quando existirem multiplicidade de pedidos e afetação de um ou parte deles pelo incidente.

Diante dos efeitos da decisão paradigma firmada no incidente de resolução de demandas, da demora de tramitação do procedimento e da dificuldade de alteração do entendimento firmado, pensamos que o Tribunal Superior do Trabalho deverá utilizar o presente instituto com muita prudência, analisando, além dos requisitos legais, os resultados práticos que pode atingir[34].

O procedimento mais moroso e complexo para a formação de precedentes, destinado ao IRDR, pode implicar que os autores das ações afetadas ou sobrestadas, antevendo a demora na conclusão das suas ações, encontrem meios de "evitar" o procedimento, seja pela desistência, por manifestações de renúncia ou até mesmo de concordância com a pretensão recursal da parte adversa, em sacrifício a direitos constitucionalmente garantidos. Os valores da segurança jurídica, da isonomia e até mesmo de relativa celeridade não podem provocar sacrifícios maiores à parte, como a própria desistência ou renúncia de direitos perseguidos perante o Poder Judiciário.

De qualquer forma, se o entusiasmo dos processualistas civis persistir na Justiça do Trabalho, de forma a estimular o uso do IRDR, é importante refletir

---

§ 2º Apreciado o mérito do recurso, a tese jurídica adotada pelo Supremo Tribunal Federal ou pelo Superior Tribunal de Justiça será aplicada no território nacional a todos os processos individuais ou coletivos que versem sobre idêntica questão de direito.

(33) SCHIAVI, Mauro. *Op. cit.*, p. 991, 1003 a 1004.

(34) *Ibidem.*

sobre suas características, pois, como se verificou, não substitui o incidente de uniformização em toda a amplitude deste.

5.2. Incidente de Assunção de Competência – IAC

O IAC, previsto no art. 947 do CPC, será admitido "quando o julgamento de recurso, de remessa necessária ou de processo de competência originária envolver relevante questão de direito, com grande repercussão social, sem repetição em múltiplos processos" [35].

Para estabelecer diferença entre esse incidente e o IRDR, destaca-se que no IAC não se exige "que a questão relevante de direito" esteja repetida em múltiplos processos. Essa peculiaridade atribui ao incidente natureza preventiva. Em outras palavras, busca prevenir a proliferação de demandas futuras, que possam envolver a mesma tese jurídica. Sua adoção tem o efeito de racionalizar o uso do aparato judiciário para evitar que uma mesma questão de direito seja analisada em múltiplas oportunidades, por juízes diversos, além de também prevenir disparidades de julgamento para questão jurídica idêntica. Evidencia-se, portanto, claro compromisso com a praticidade.

De acordo com a doutrina, o procedimento do IAC será conforme o previsto para o IRDR, na ausência de detalhamento distinto. A diferença está no fato de que, por não estar embasado na multiplicidade de casos, não gera necessidade ou utilidade em se suspender o andamento de eventuais processos que tratem da mesma questão. Tem legitimidade para a sua instauração o relator, de ofício ou a requerimento da parte, do Ministério Público ou da Defensoria Pública, como se verifica no art. 947, § 1º. O acórdão proferido em incidente de assunção de competência vinculará, da mesma forma, todos os juízes e órgãos fracionários, exceto se houver revisão de tese, nos termos do § 3º do mesmo dispositivo.

Élisson Miessa demonstra que vários dispositivos relacionados ao IRDR podem ser aplicados ao IAC, na ausência de previsão de procedimento específico quanto a este, e por se mostrarem adequados, considerando as finalidades dos dois institutos, bastante similares:

> Um dos principais objetivos do incidente de assunção de competência é a formação de precedente obrigatório, a ser observado pelo tribunal responsável pela decisão e pelos órgãos a ele subordinado.
>
> Nesse contexto, **mesmo sem a expressa previsão no art. 947 do NCPC, as diretrizes e dispositivos relacionados à formação dos precedentes obrigatórios aplicam-se ao incidente de assunção de competência, vez que se insere no 'microssistema de formação concentrada de precedentes obrigatórios'.**
>
> **Com efeito, incidem no incidente de assunção de competência, tal como já estudado no incidente de resolução de demandas repetitivas, a criação pelos tribunais de banco de dados sobre tais decisões, ampliação da cognição com a participação de interessados e** *amicus curiae***, intervenção do Ministério Público, fundamentação reforçada e a possibilidade de revisão da tese jurídica.** (grifo nosso)
>
> Por outro lado, é importante destacar que, no incidente de assunção de competência, não se aplica o microssistema de gestão e julgamento de casos repetitivos, vez que não estando embasado na multiplicidade de casos, não há que se falar em suspensão de processos pendentes"[36].

Tanto no IUJ, no IRDR, como no IAC, pretende-se formar jurisprudência a partir de precedentes obrigatórios que balizarão o Tribunal que proferiu a decisão e os demais órgãos a ele subordinados. Todavia, também não se pode sustentar que o IAC possa substituir o IUJ em todas as dimensões deste. Basta recordar que a legitimidade para instaurá-lo é do relator, e assim, só pode ser instaurado antes do processo ser julgado na Turma. Se, eventualmente, o relator ou a Turma não tomarem conhecimento de que a mesma questão poderá ser suscitada em outra ação, proferido o acórdão não será mais possível o incidente no Tribunal. Como ocorre no IRDR, não será possível, na análise da admissibilidade do recurso de revista, suscitar o IAC, ainda que se constatem julgados distintos em outras Turmas sobre a mesma matéria.

Em síntese, o IRDR foi instituído para evitar decisões diferentes sobre mesma situação fática e jurídica quando houver multiplicidade de processos. É vocacionado para questões que envolvem categorias profissionais e guarda identidade com as ações coletivas, diferindo destas no aspecto de que a tese extraída do IRDR vinculará os demais casos idênticos. Não tem a finalidade precípua de pacificar entendimentos entre

---

(35) CPC/2015 – Art. 947, *caput*.

(36) MIESSA, Élisson. *Manual dos recursos trabalhistas:* teoria e prática. 2. ed. rev. atual. ampl. Salvador: JusPodivm, 2016. p. 568-569.

Turmas de um Tribunal, sendo possível sua instauração, inclusive, mesmo sem haver divergência entre Turmas.

O IAC tem a finalidade de evitar disparidade de entendimento sobre relevante questão de direito que venha a ser julgada. Visa, portanto, julgamentos futuros. Para ser instaurado, exige-se o reconhecimento da relevante questão de direito, com grande repercussão social, pressuposto não exigido para o IUJ.

O IUJ, por sua vez, veio para pacificar entendimento entre Turmas que já vem analisando a mesma matéria e evitar decisões conflitantes entre elas. Aqui, a divergência já existe. Com a uniformização, o jurisdicionado passa a conhecer, de antemão, o posicionamento do Tribunal que balizará os próximos julgamentos sobre a matéria e poderá orientar-se conforme esse entendimento. Pelo IUJ, evitam-se surpresas e a impressão de que as decisões emanadas do Tribunal decorrem de mais ou menos sorte, a depender da Turma em que o recurso ordinário será distribuído. O IUJ é mais versátil do que os dois primeiros. Não exige multiplicidade de processos, nem relevante questão de direito com grande repercussão social.

O mérito mais significativo do IUJ, como se mencionou, está em detectar disparidade de julgamentos nas Turmas do Tribunal sobre a mesma questão fático-jurídica e suscitar a uniformização em qualquer fase, inclusive depois do julgamento nas Turmas e antes da remessa do recurso ao Tribunal Superior, o que cumpre de forma plena e eficaz a finalidade da uniformização. O IRDR e o IAC não permitem o cumprimento integral dessa finalidade.

6. EM DEFESA DA PRESERVAÇÃO DO INCIDENTE DE UNIFORMIZAÇÃO DE JURISPRUDÊNCIA

Decorreu curto espaço de tempo entre a instituição do modelo de IUJ para o processo do trabalho, pela Lei n. 13.015/2014 e a promulgação da Lei da Reforma Trabalhista. Já é possível, porém, extrair resultados positivos. O instrumento mostrou-se plenamente eficaz no objetivo de uniformizar a jurisprudência interna, justamente por permitir que o órgão responsável pela análise da admissibilidade dos recursos de revista pudesse suscitá-lo. Esse é o órgão que centraliza grande volume de processos, diferente do que ocorre nas Turmas, em que há dispersão entre todas elas, e em regra, falta comunicação sobre como cada uma vem julgando determinada matéria, sem considerar resistências de alguns magistrados e as dificuldades das próprias Turmas suscitarem o incidente.

Desde 2014, quando entrou em vigor a Lei n. 13.015, os Tribunais passaram por desgastante processo de adaptação para adotar os IUJ. Foram necessárias mudanças no sistema informatizado e nos sites de alguns Tribunais, criação de banco de dados, destacamento e treinamento de servidores em diversos setores e adaptação dos serviços das Secretarias para impulsionar o incidente.

As partes, que num primeiro momento experimentaram dúvidas e desorientações, também já se adaptaram à sistemática e passaram a incluir pedidos de uniformização de jurisprudência em seus recursos, tanto ordinário como de revista. O TST, por sua vez, passou a determinar a devolução de recursos de revista recebidos, mas que continham matéria alvo de divergência interna não solucionada, além de já ter suscitado outros tantos.

Análise quantitativa feita em TRTs do País após a edição da Lei n. 13.015/2014 bem demonstra o dinamismo e a eficácia dos IUJ como instrumentos aptos a promover a redução das divergências internas dos Tribunais e, assim, promover maior segurança jurídica e contribuir com a redução do número de recursos ao Tribunal Superior[37].

Muitos foram os procedimentos necessários à aplicação da Lei n. 13.015/2014 e da IN TST n. 37/2015. A edição de súmulas, independentemente dos mecanismos do IRDR e do IAC previstos pelo novo CPC, já foi

---

(37) Para tornar mais clara essa inferência e a título de ilustração, toma-se como **exemplo o TRT da 9ª Região**. Passados quase 3 (três) anos da implantação do IUJ incorporado à CLT, até o momento foram editadas várias súmulas e teses jurídicas prevalecentes que dele decorreram e inúmeros recursos já foram analisados com observância a essas súmulas e teses. (grifo nosso)

Os **números resultantes de IUJ suscitados por força da Lei n. 13.015/2014** foram os seguintes: **a)** suscitados pela Vice-Presidência, que procede a admissibilidade prévia dos recursos revista, 57 (cinquenta e sete) temas novos de IUJ para elaboração de súmulas ou teses prevalecentes; **b)** suscitados pelas Turmas 11 (onze), temas novos de IUJ; **c)** a Vice-Presidência recebeu 623 (seiscentos e vinte e três) ofícios do TST determinando que se suscitasse alguma matéria para uniformização ou que retornassem os autos à Turma para readequação de matérias já suscitadas e definidas; destes, aproximadamente 600 (seiscentos) já foram respondidos ou solucionados; **d)** pedidos pelas partes 174 IUJ, alguns recebidos, outros não; **e)** suscitados pela Vice-Presidência 3.010 (três mil e dez) IUJ que, por já se enquadrarem nas súmulas ou teses editadas, ou retornaram às Turmas para adequação ou prosseguiram na análise da admissibilidade dos recursos; **f)** suscitados pelas Turmas 3 (três) IAC; e **g)** desde a entrada em vigor do CPC/2015, há quase 2 anos, 5 (cinco) IRDR foram suscitados no Tribunal, e apenas 1 (um) admitido até o momento (dados extraídos do sistema de controle da Vice-Presidência do TRT 9ª Região). (grifo nosso)

disciplinada também nos Regimentos Internos dos Tribunais[38], e as uniformizações ocorreram sempre com o pressuposto da existência de divergência interna.

Ao determinar que na análise da admissibilidade dos recursos de revista o Tribunal Regional, por seu órgão competente, suscitasse IUJ ao detectar divergência interna, a Lei n. 13.015/2014 possibilitou, inclusive, a tese de que um novo pressuposto de admissibilidade do recurso de revista estaria criado. No contato com as razões do recurso de revista, o órgão responsável por sua admissibilidade prévia pode conhecer as maneiras como cada Turma vem analisando as diversas questões. Torna-se possível identificar, com mais rapidez e precisão, as divergências e a repetição dos temas recorridos. Esse órgão, que normalmente é representado pela Vice-Presidência dos Tribunais, parece ser o mais indicado para detectar divergências e suscitar o IUJ[39].

Mauro Schiavi já observou que os Tribunais Regionais do Trabalho "nunca tiveram tradição em uniformizar sua jurisprudência, o que tem provocado aumento significativo de recursos no Tribunal Superior do Trabalho, que detém a missão constitucional de uniformizar a jurisprudência trabalhista em âmbito nacional"[40]. Ao comentar especificamente o IUJ previsto na Lei n. 13.015/2014, complementou:

Há posições favoráveis e otimistas à uniformização de jurisprudência pelos Tribunais Regionais, inclusive com a devolução dos autos pelo TST, para uniformização regional, argumentando, em síntese, os seguintes benefícios:

a) fortalecimento dos Tribunais Regionais Trabalhistas;

b) prestígio às questões locais e às singularidades de cada Estado, que influenciarão a jurisprudência do TST;

c) permite que o Regional fixe tese jurídica contrária à Súmula do TST;

d) diminuição da litigiosidade no âmbito Regional, quanto às questões sobre intepretação do direito;

e) diminuição do número de recursos de revista;

f) redução de tempo na tramitação dos processos[41].

Além dos aspectos abordados, o IUJ, como disciplinado pela Lei n. 13.015/2015, suscitou outros argumentos relevantes, de defesa e de contrariedade. Destaca-se, entre eles, o argumento de inconstitucionalidade.

Questionou-se na doutrina e nos Tribunais do Trabalho, possível inconstitucionalidade do dever de obediência às decisões proferidas em incidente de uniformização de jurisprudência, por atingir a liberdade de convicção e de julgamento, há muito consagrada no princípio da independência do juiz. Por outro lado, em prol da legitimidade do procedimento argumentou-se que a controvérsia na aplicação do direito, para casos idênticos, pode criar situações injustas e possível agressão aos princípios constitucionais da isonomia e da segurança jurídica. A interpretação da lei, entendida em sentido estrito, poderia gerar diferentes modos de aplicação, mesmo quando o texto legal deixar pouca margem de dúvida, e resultar em tratamento diverso para situações que mereceriam tratamento idêntico.

Não há justificativa plausível, até o momento, para a revogação dos §§ 3º a 6º do art. 896 da CLT pela Lei da Reforma, nem mesmo relacionada a eventual inconstitucionalidade. Um dos principais objetivos da Reforma, como posto no Relatório apresentado pela Comissão Especial destinada a proferir parecer sobre vários Projetos de Lei encaminhados pelo Poder Executivo e que deram origem à Lei n. 13.467/2017, teria sido a necessidade de garantir segurança jurídica à população. Se foi essa, realmente, a intenção dos Poderes Executivo e Legislativo, então a revogação de um dos mais efetivos procedimentos, que visava justamente esse objetivo, de incrementar a uniformização no âmbito dos Tribunais Regionais, foi definitivamente paradoxal. A Justiça do Trabalho, a comunidade jurídica e a população aguardam justificativas.

Abstraindo essa discussão, que por certo moverá a doutrina, o meio acadêmico, os advogados e a magistratura por longo tempo, para os fins deste estudo destaca-se que o novo CPC traçou uma nítida diretriz no que se refere à jurisprudência dos Tribunais: que ela seja, além de "uniforme", "estável, íntegra e coerente" [42]. Essa diretriz foi analisada por José Miguel Garcia Medina, que propõe as seguintes contribuições:

---

(38) No Regimento Interno do TRT da 9ª Região, a matéria está hoje disciplinada nos arts. 100 a 101-I.

(39) Essa inferência se confirma pelo exemplo do TRT-9ª Região, na quantidade de temas novos suscitados pela Vice-Presidência para fins de edição de súmulas nos quase 3 anos de vigência da Lei n. 13.015/2014, como relatado no texto.

(40) SCHIAVI, Mauro. *Op. cit.*, p. 983.

(41) *Idem*, p. 983/984.

(42) CPC, art. 926, *caput*.

A doutrina do *stare decisis* (ou, em sua forma mais extensa, *stare decisis et non quieta movere*) de todo modo, tem por pressuposto a existência de uma jurisprudência íntegra. Nesse contexto: (a) É imprescindível que os órgãos jurisdicionais respeitem suas próprias decisões; (b) Deve haver a preocupação em se criar decisões das quais se poderá extrair um precedente (no sentido de orientação, e não de "uma decisão judicial" qualquer) que deverá ser seguido pelo próprio tribunal ou pelos demais tribunais do País (ou *stare decisis* vertical e horizontal). É assim que viragens jurisprudenciais injustificáveis não condizem com a ideia de estabilidade e previsibilidade, ínsitas ao Estado de Direito. A falta de harmonia na jurisprudência, manifestada pela diversidade de orientação adotada pelos tribunais, também não. O CPC/2015, ao preocupar-se com o modo de fundamentação das decisões judiciais, com vistas ao que se produziu na jurisprudência (cf. art. 489, § 1º e art. 1.022, parágrafo único, I, do CPC/2015), bem como com a necessidade de a jurisprudência ser uniforme e estável (cf. art. 926 do CPC/2015), pode contribuir para que esse estado de incerteza e insegurança jurídica seja minimizado[43].

No mesmo sentido, ponderações de Cassio Colombo Filho:

> Qualquer argumento que continue a promover o caos jurisprudencial que ainda vivemos, tem de ser evitado.
>
> (...)
>
> Por fim, ao se admitir que cada Juiz decida de acordo com suas convicções pessoais, sem observância da jurisprudência das cortes superiores e regionais, aí sim ficará caracterizada a inconstitucionalidade, pois isto atrelará os graus de jurisdição superiores que não poderão decidir contrariamente às decisões conflitantes, além de eliminar a missão constitucional de uniformização da jurisprudência.
>
> O argumento que o Juiz deve julgar segundo sua consciência ou suas convicções pessoais é simplório e até perigoso, pois permite que as decisões sejam dotadas de enorme discricionariedade, que rapidamente se transforma em arbitrariedade.
>
> (...)
>
> Não dá mais para cada juiz decidir a matéria como quer, conflitando com outras decisões do próprio Judiciário que integra. A sociedade não tolera o tratamento lotérico às suas postulações![44]

A observância às teses e súmulas que decorrem dos procedimentos de uniformização da jurisprudência foi analisada por Cássio Colombo Filho também sob o enfoque da responsabilidade institucional, que envolve o compromisso ativo do magistrado com o bom funcionamento do tribunal que integra e que, do ponto de vista da ética judicial, constitui um dos deveres do juiz:

> Aqui também deve ser lembrado que o Juiz que assim age, compromete o bom funcionamento de seu Tribunal Regional, viola direta e expressamente o "Princípio da Responsabilidade Institucional", expresso no Código Ibero-Americano de Ética Judicial, de autoria de Manuel Atienza e Rodolfo Luís Vigo, publicado em 2006, pela Cúpula Judicial Ibero-Americana que lhe dedica todo o Capítulo VI, assim dispondo nos arts. 42 e 43:
>
> ART. 42. – O Juiz institucionalmente responsável é o que, além de cumprir as suas obrigações específicas de carácter individual, assume um compromisso activo no bom funcionamento de todo o sistema judicial.
>
> ART. 43. – O Juiz tem o dever de promover na sociedade uma atitude, racionalmente fundada, de respeito e confiança para com a administração de justiça[45].

Juízes e Tribunais devem, sempre que possível, promover a aplicação isonômica das suas decisões e uma das formas de cumprir essa diretriz ética é respeitar as deliberações que decorrem dos Tribunais, em regra por sua composição plena, em questões jurídicas e fáticas. Aí se inserem decisões decorrentes de IUJ, IRDR ou de IAC.

Os ideais de estabilidade, integridade e coerência dos julgamentos serão alcançados pelos mecanismos colocados à disposição dos magistrados, que não podem ser ignorados, nem mitigados. Como se sustentou, embora os Tribunais Regionais do Trabalho possam se valer de IRDR e de IAC, previstos no novo CPC, esses

---

(43) MEDINA, José Miguel Garcia. *Novo Código de Processo Civil comentado*: com remissões e notas comparativas ao CPC/1973. 4. ed., rev. atual. compl. São Paulo: Revista dos Tribunais, 2016. p. 1.302.

(44) COLOMBRO FILHO, Cássio. *Os atuais rumos da execução trabalhista à luz da uniformização da jurisprudência*: as orientações jurisprudenciais da Seção Especializada do Tribunal Regional do Trabalho da 9ª Região. Artigo. Revista Eletrônica [do] Tribunal Regional do Trabalho da 9ª Região, v. 5, n. 50. Curitiba: maio 2016. p. 92-112.

(45) *Idem*.

mecanismos oferecem efetividade apenas relativa: não abrangem todas as possibilidades de promover uniformização e dispõem de procedimentos mais lentos e complexos.

Embora o procedimento do IUJ nos Tribunais Regionais, previsto nos §§ 3º a 6º do art. 896 da CLT, tenha sido revogado pela Lei da Reforma Trabalhista, como se sustentou, as bases do instituto permanecem intactas. Os Tribunais continuam obrigados a uniformizar a sua jurisprudência por aplicação supletiva do CPC, até mesmo porque o art. 702, *f*, da CLT, já modificado pela Reforma, impõe, inclusive, critérios para elaboração de súmulas que não poderiam ser aplicados ao IRDR ou ao IAC.

Se o art. 702, *f*, parece dirigir-se apenas ao TST, podendo induzir o intérprete a concluir que os TRT não estão mais obrigados a suscitar incidentes de uniformização, é conveniente lembrar que o art. 8º, § 2º, da CLT, também incluído pela Lei da Reforma, prevê que as súmulas e enunciados de jurisprudência editados tanto pelo TST quanto "pelos TRT" não poderão restringir direitos previstos em lei, nem criar obrigações que não estejam legalmente previstas[46].

Abstraindo a incômoda discussão em torno dos limites subjetivos e objetivos que se pretendeu impor à Justiça do Trabalho para criação de súmulas – que naturalmente exige considerações e estudos muito mais aprofundados, não sendo este o espaço adequado – o fato é que a jurisprudência passou a ter força obrigatória e nitidamente vinculante conforme os arts. 489, § 1º, VI, e 926 e 927 do CPC. A Lei da Reforma, na alínea *f* do art. 702 da CLT, manteve a previsão de elaboração de súmulas pelo Tribunal Superior do Trabalho e o § 2º do art. 8º, também inserido pela Reforma, manteve a criação de súmulas e enunciados pelos Tribunais Regionais.

É importante observar, também, que o ordenamento jurídico não mais permite a formação de súmulas em abstrato, como antes ocorria. A alínea *f*, mencionada, deve ser interpretada conforme a nova sistemática de formação de precedentes adotada no novo CPC, no art. 926, § 2º:

> Art. 926 – (...)
> § 2º – Ao editar enunciados de súmula, os tribunais devem ater-se às circunstâncias fáticas dos precedentes que motivaram sua criação.

Ao explicar o modo como se obtém a formação de um enunciado de súmula, José Miguel Garcia Medina bem esclarece o propósito do § 2º:

> Os precedentes (ou o precedente e os julgados que o seguem), reunidos, podem formar uma jurisprudência constante, que motiva, então, a edição de um enunciado sumular. Os enunciados de súmula, assim, não são precedentes, mas, de acordo com a dicção legal, tais enunciados são criados a partir dos precedentes (ou, como se disse, de precedente e decisões posteriores, no mesmo sentido). [47]

As regras do CPC, aplicáveis supletivamente ao processo do trabalho, a obrigatoriedade mantida no art. 702, *f* da CLT e a previsão inserida no art. 8º, § 2º, também da CLT reformada, reclamam urgente definição do procedimento de edição de súmulas. Será impositivo adotar um rito à uniformização da jurisprudência pela proposição de súmulas ou teses jurídicas, com base no caso concreto. Podem os Tribunais inserir regras em seus regimentos internos, como autorizado no § 1º, do art. 926 do CPC, nada impedindo que o modelo se assemelhe ao inserido pela Lei n. 13.015/2014. Tribunais que já disponham de regulamentação interna podem promover adaptações, alterando, por exemplo, a base que dá suporte ao IUJ (dos §§ 3º a 6º da CLT para arts. 926 e 927 do CPC/2015).

Parece possível e razoável, ainda, que o próprio TST, visando uniformizar procedimentos em todos os Tribunais Regionais do País, discipline a matéria com as mesmas adequações mencionadas, com o que estará preservando a continuidade desse eficaz instrumento de uniformização.

7. CONSIDERAÇÕES FINAIS

A Lei n. 13.015/2014 impôs aos Tribunais Regionais do Trabalho a uniformização de sua jurisprudência interna, conforme o procedimento inserido nos §§ 3º a 6º do atual art. 896 da CLT, complementado pela Instrução Normativa TST n. 37/2015. A Lei n. 13.467/2017, Lei da Reforma Trabalhista, revogou esses parágrafos.

A uniformização da jurisprudência, prevista na CLT há bastante tempo, na prática teve pouca efetividade por

---

(46) A mesma regra já é consagrada há muito tempo no art. 5º, inciso II, da Constituição Federal. Ao juiz cabe interpretar e adequar a lei ao caso concreto, levando-se em conta a evolução social das relações jurídicas. Se agir de modo contrário estará engessando e inviabilizando todo o sistema jurídico, pois o arcabouço normativo é formado por regras e princípios e não se restringe a pura e isolada aplicação da lei.

(47) MEDINA, José Miguel Garcia. *Novo Código de Processo Civil comentado*: com remissões comparativas ao CPC/1973. 4. ed. São Paulo: Revista dos Tribunais, 2016.

não dispor de um procedimento regular, não impor aos magistrados a sua observância, nem projetar qualquer resultado positivo no número de recursos de revista. Com a Lei n. 13.015/2014, ganhou impulso. Ao torná-la imperativa aos Tribunais Regionais, a Lei autorizou o TST a devolver os autos ao Tribunal de origem para solucionar decisões conflitantes em seu âmbito, com o que se instituiu a observância obrigatória da jurisprudência regional uniformizada.

A IN TST n. 37/2015 acentuou essa imperatividade ao tornar obrigatória a instauração de IUJ pelo órgão responsável pelo juízo prévio de admissibilidade do recurso de revista, quando detectada divergência de posicionamentos entre as Turmas dos Regionais. Autorizou, também, a devolução dos autos às Turmas para readequação. Desde então, os IUJ ocuparam importante espaço nas pautas nos Tribunais e as súmulas e/ou teses prevalecentes aprovadas passaram a balizar os julgamentos nas Turmas e Seções quanto às matérias uniformizadas.

A Lei da Reforma Trabalhista alterou essa dinâmica, lançando dúvidas e perplexidades que agitam a magistratura, a advocacia e a comunidade acadêmica. Algumas correntes se delineiam: a primeira sustenta a revogação da obrigatoriedade da uniformização da jurisprudência nos TRT; a segunda sustenta a permanência da imposição por força do novo CPC, porém por outros mecanismos que teriam substituído o IUJ, como o IRDR e o IAC; e a terceira, defende a manutenção da obrigatoriedade da uniformização por aplicação supletiva do CPC, a impossibilidade de substituição integral do IUJ pelos novos mecanismos e a viabilidade de se manter o IUJ com rito e procedimento a ser definido nos regimentos internos dos TRT ou de maneira uniforme pelo próprio TST.

Procurou-se sustentar, neste artigo, as condições de prevalência da terceira corrente. Demonstrou-se que o IUJ, criado pela Lei n. 13.015/2014, revelou-se plenamente eficaz no objetivo de uniformizar a jurisprudência interna, justamente por permitir que o órgão responsável pela análise da admissibilidade dos recursos de revista pudesse suscitá-lo, já que centraliza grande volume de recursos, diferente das Turmas, em que há dispersão e ausência de comunicação sobre como cada uma vem julgando determinada matéria, além das resistências de alguns magistrados e as dificuldades operacionais das próprias Turmas.

A Lei n. 13.015/2014 impôs aos Tribunais desgastante processo de adaptação e muitas mudanças foram necessárias. As partes se adaptaram à nova sistemática e passaram a incluir pedidos de IUJ em seus recursos, ordinário e de revista. O TST passou a devolver recursos de revista recebidos, que continham matéria alvo de divergência interna não solucionada. Os TRT passaram a editar súmulas e teses prevalecentes e suas turmas a adaptar os julgados conforme as súmulas editadas. O dinamismo e a eficácia do instrumento se confirmam pelas estatísticas dos Tribunais.

Argumentou-se, ainda, que IUJ, IRDR e IAC destinam-se a gerar jurisprudência a partir de precedentes obrigatórios, que balizarão o Tribunal prolator da decisão, mas que estes dois últimos não substituem o IUJ em todas as suas dimensões.

Em síntese, o IRDR atua para evitar decisões diferentes sobre mesma situação fático-jurídica quando houver multiplicidade de processos; é vocacionado para questões afetas a categorias profissionais e tem identidade com as ações coletivas, diferindo destas quanto aos efeitos da decisão, pois a tese extraída do IRDR vinculará os demais casos idênticos; sua finalidade precípua não é pacificar entendimentos entre Turmas de um Tribunal, sendo possível sua instauração, inclusive, mesmo sem divergência entre Turmas; e será instaurado antes do julgamento nas Turmas.

O IAC destina-se a evitar disparidade de entendimento sobre relevante questão de direito que venha a ser julgada; projeta-se para o futuro; para a instauração exige o reconhecimento de relevante questão de direito, com grande repercussão social; e também será instaurado antes do julgamento nas Turmas.

O IUJ, por sua vez, está para pacificar entendimento conflitante que já vem ocorrendo entre Turmas e evitar novas decisões díspares entre elas. Aqui, a divergência já existe; pode ser suscitado depois do julgamento nas Turmas, até na análise prévia da admissibilidade do recurso de revista; é mais versátil, não exige multiplicidade de processos, nem relevante questão de direito com grande repercussão social. Seu grande mérito está em detectar disparidade de julgamentos já ocorridos nas Turmas do Tribunal sobre a mesma questão fático-jurídica e permitir a uniformização em qualquer fase, até a remessa do recurso ao Tribunal Superior, o que cumpre de forma plena e eficaz a finalidade da uniformização. O IRDR e o IAC não permitem o cumprimento integral dessa finalidade.

O art. 927 do novo CPC, a par do IRDR e do IAC, manteve o incidente de uniformização no inciso V ao tornar a uniformização da jurisprudência obrigatória nos tribunais e possibilitar sua regulamentação nos regimentos internos. Sua adoção no processo do trabalho é possível dada a incompletude da CLT após a Reforma, a compatibilidade de sua adoção e, em especial, porque a CLT permanece prevendo a edição de teses e súmulas nos art. 8º, § 2º e art. 702, *f* do texto modificado.

Argumentou-se, ainda, que súmulas e precedentes são o resultado por excelência do IUJ, especialmente depois da Lei n. 13.015/2014. Considerando o rito e a formatação que lhe foram dados, bem como a eficácia em atingir os objetivos da uniformização, o instituto deve permanecer intacto. O art. 926, § 1º e art. 927, inciso V, do novo CPC autorizaram a que os Tribunais regulamentem a uniformização "nos termos dos seus regimentos internos", o que permite instituir procedimentos para o IUJ diversos daqueles que o próprio CPC previu para o IRDR ou IAC.

Sustentou-se, por fim, que o IUJ persiste em razão da obrigatoriedade de se uniformizar a jurisprudência no CPC e considerando que a Lei da Reforma Trabalhista, na parte em que revogou o rito, não impediu a que os Tribunais passem a regulamentar a matéria em seus regimentos internos, ou até mesmo pelo Tribunal Superior do Trabalho, o que, aliás, preservaria a uniformidade de procedimento em todos os Tribunais Regionais do País.

8. REFERÊNCIAS BIBLIOGRÁFICAS

BRASIL. Constituição Federal (1988). *Constituição da República*. Curitiba: ABDConst. Academia Brasileira de Direito Constitucional, 2015.

BRASIL. Consolidação das Leis do Trabalho (1943). *Consolidação das Leis do Trabalho*. São Paulo: LTr, 2015.

BRASIL. *Lei n. 13.467, de 13.07.2017*. Altera a Consolidação das Leis do Trabalho (CLT), aprovada pelo Decreto-Lei n. 5.452, de 1º de maio de 1943, e as Leis ns. 6.019, de 3 de janeiro de 1974, 8.036, de 11 de maio de 1990, e 8.212, de 24 de julho de 1991, a fim de adequar a legislação às novas relações de trabalho. Disponível em: <http://www.planalto.gov.br/ccivil_03/_ato2015-2018/2017/lei/L13467.htm>. Acesso em: 01 a 06 ago. 2017.

BRASIL. Código de Processo Civil. *Novo Código de Processo Civil*. Curitiba: ABDConst. Academia Brasileira de Direito Constitucional, 2015.

BRASIL. Tribunal Superior do Trabalho. *Resolução Administrativa*. Resolução Administrativa TST n. 195, de 02.03.2015. Edição da Instrução Normativa n. 37, que regulamenta procedimentos em caso de incidente de Uniformização de Jurisprudência no âmbito dos TRTs, suscitado na forma do art. 896, § 4º, da CLT. Disponível em: <https://juslaboris.tst.jus.br/handle/1939/58080>. Acesso em: 01 a 06 ago. 2017.

BUENO, Cassio Scarpinella. *Manual de direito processual civil*: inteiramente estruturado à luz do novo CPC, de acordo com a Lei n. 13.256. São Paulo: Saraiva, 2016.

COLOMBO FILHO, Cássio. *Os atuais rumos da execução trabalhista à luz da uniformização da jurisprudência:* as orientações jurisprudenciais da Seção Especializada do Tribunal Regional do Trabalho da 9ª Região. Artigo. Revista Eletrônica [do] Tribunal Regional do Trabalho da 9ª Região, v. 5, n. 50. Curitiba, maio 2016.

DAVID, René. *Os grandes sistemas do Direito Contemporâneo*. Tradução de Hermínio A. Carvalho. 4. ed. São Paulo: Martins Fontes, 2002.

DWORKIN, Ronald. *Levando os direitos a sério*. Tradução e Notas de Nelson Boeira. São Paulo: Martins Fontes, 2002.

MARINONI, Luiz Guilherme. *Aproximação crítica entre as jurisdições de civil law e de common law e a necessidade de respeito aos precedentes no Brasil*. Revista da Faculdade de Direito – UFPR. Artigo, Curitiba, n. 49, 2009.

MEDINA, José Miguel Garcia. *Novo Código de Processo Civil comentado*: com remissões e notas comparativas ao CPC/1973. 4. ed., rev. atual. compl. São Paulo: Revista dos Tribunais, 2016.

MELLO FILHO, Luiz Philippe Vieira; MELLO NETO, Luiz Philippe Vieira. A Lei n. 13.015/2014 e o incidente de resolução de demandas repetitivas: uma visão. *In*: MIESSA, Élisson. *Manual dos recursos trabalhistas*: teoria e prática. 2. ed. rev., atual. e ampl. Salvador: JusPodivm, 2016.

MIESSA, Élisson. *Nova realidade:* teoria dos precedentes judiciais e sua incidência no processo do trabalho. Artigo. Revista Eletrônica [do] Tribunal regional do trabalho da 9ª Região, Curitiba, v. 5, n. 49. abr. 2016.

_____. *Manual dos recursos trabalhistas*: teoria e prática. 2. ed. revista, atualizada e ampliada. Salvador: JusPodivm, 2016. p. 568-569.

PARANÁ. Tribunal Regional do Trabalho. Tribunal Regional do Trabalho da 9ª Região. Regimento Interno. Incidente de uniformização de jurisprudência, com base na Lei n. 13.015/2014. *Arts. 100 a 101-I*. Disponível em: <www.trt9.jus.br/internet_base/pagina_geral.do?secao=13>. Acesso em: 01 a 06 ago. 2017.

SCHIAVI, Mauro. *Manual de Direito Processual do Trabalho*. De acordo com Novo CPC. 11. ed. São Paulo: LTr, 2016.

TALAMINI, Eduardo. O que são os "precedentes vinculantes" no CPC/2015. Artigo. Revista Eletrônica: *Súmulas e Uniformização de Jurisprudência*. Tribunal Regional do Trabalho da 9ª Região. v. 5, n. 49, abr. 2016.

TEIXEIRA FILHO, Manoel Antônio. *Comentários ao novo código de processo civil sob a perspectiva do processo do trabalho*. São Paulo: LTr, 2015.

Parte III
Direito Sindical

Capítulo 11

O Projeto Arquitetônico da Reforma Trabalhista no Direito Sindical

Marcelo Ivan Melek [1]

1. INTRODUÇÃO

A reforma trabalhista trazida pela Lei n. 13.467/2017, precedeu uma tramitação em tempo recorde, provocando diversas e profundas alterações no campo do direito material e processual do trabalho. Apesar de não se tratar de uma reforma sindical, a nova ordem legislativa altera profundamente as relações sindicais.

O direito sindical surgiu historicamente em momentos de extrema exploração do capital sobre o trabalho, como resposta ao alto grau exploratório, lutando e exigindo melhorias nas condições de trabalho. Por isso, a história do sindicalismo está diretamente atrelada à própria história do surgimento e desenvolvimento do direito do trabalho, o que por si só justifica a sua importância nas relações laborais.

A importância dos movimentos sindicais vai muito além de suas funções típicas como celebração de acordos e convenções coletivas, pois representam de forma ampla os interesses e direitos da categoria representada. Também, é um importante instrumento de tutela e proteção dos trabalhadores, e exercem considerável influência na atuação legislativa, contribuindo para as fontes materiais do direito neste sentido.

O direito sindical brasileiro é tutelado pela Constituição da República de 1988, bem como pela Consolidação das Leis do Trabalho (CLT), além de convenções da OIT ratificadas pelo Brasil [2], todas com objetivo de privilegiar a atuação sindical de forma livre, independente e autônoma.

Como a reforma trabalhista em questão veio alterar a estrutura sindical de forma significativa, o presente artigo pretende analisar os objetivos e consequências nas relações sindicais, comparando o discurso do legislador que justificam as alterações com as efetivamente realizadas.

O artigo será dividido basicamente em três partes, sendo que a primeira relatará a perspectiva histórica do surgimento do direito sindical no mundo, seguido pelo entendimento da estrutura sindical vigente no Brasil, e finalmente pela análise crítica das modificações havidas.

2. BREVE PERSPECTIVA HISTÓRICA DO SURGIMENTO E DESENVOLVIMENTO DO DIREITO SINDICAL NO MUNDO

O associativismo sindical tem suas origens em períodos marcados pelo alto grau de exploração do capital sobre o trabalho, sendo produto da sociedade capitalista. As primeiras manifestações coletivas de trabalhadores encontram-se exatamente no período da Revolução Industrial (séculos XVIII e XIX).

Mestres-alfaiates, ainda em 1720, se dirigiram ao Parlamento Britânico para reivindicar melhores salários e redução de uma hora diária de trabalho, por meio de associadas que reuniam mais de sete mil trabalhadores.

---

(1) Pós-doutorando em Direito pela Universidade di Sapienza Roma. Doutor em Direito pela Pontifícia Universidade Católica do Paraná (PUC-PR). Mestre em Educação pela Universidade Tuiuti do Paraná. Graduação em Direito pela UNICURITIBA. Possui graduação em administração de empresas e comércio exterior pela Universidade Positivo. Advogado. Professor de Direito da graduação e pós-graduação da Universidade Positivo e membro do Núcleo Docente Estruturante. Professor de Direito do Trabalho no curso de pós-graduação em Direito do Trabalho da PUC-PR, ABDConst, IEL, entre outras. Professor orientador do Projeto Horizontes do Tribunal Regional do Trabalho da 9ª Região (TRT-PR). Vogal na Junta Comercial do Estado do Paraná.

(2) Convenção 98 vigora no Brasil desde 1953, após aprovada pelo Decreto Legislativo n. 49/1952 e promulgada pelo Decreto n. 33.196/19532. Convenção 154 da OIT vigora no Brasil desde 1992, após aprovada pelo Decreto Legislativo n. 22/92 e promulgada pelo Decreto n. 1.256/1994. SUSSEKIND, Arnaldo. *Convenções da OIT*. São Paulo: LTr, 1994. p. 204.

Esse seria o ponto de partida dos *trade unions* britânicos e o ponto de partida de toda a organização sindical conhecida no mundo[3].

Ainda, em uma breve perspectiva histórica, enfatiza-se que o processo de desenvolvimento dos sindicatos não ocorreu de forma tranquila e uniforme nos Países. As associações já foram proibidas, inclusive criminalizadas no Código Napoleônico de 1810, e na Inglaterra em 1817 por meio do *Sedition Act*. Já foram toleradas, e assim discriminalizadas, sendo a Inglaterra pioneira em extinguir em 1820 o delito de coalização de trabalhadores, como assim era enquadrada conduta da organização sindical. E, finalmente passou-se ao reconhecimento do direito de coalização e livre organização sindical, na segunda metade do século XIX[4].

A história do surgimento e consolidação do próprio direito do trabalho está assentada sobre a história do direito sindical. Isto é, desde logo se reconheceu que o trabalhador enquanto ser individual, hipossuficiente, não oferece resistência à exploração de seu trabalho e até mesmo e sua pessoa. Sendo assim, somente por meio de um ser coletivo e organizado que é possível proteger e reivindicar direitos da classe trabalhadora. Neste sentido, o estágio denominado de sistematização e consolidação do direito do trabalho, nos planos individual e coletivo, que se demarca entre 1848 e 1919, e que se estabelece exatamente em torno desse período de maior afirmação sindical.

Como um caminho sem volta, o movimento sindical proliferou-se no mundo, de forma rápida e contínua especialmente em diversos Países da Europa, como na Itália (1869), Dinamarca (1874), França (1884), Portugal e Espanha (1887) e Bélgica (1898). Fruto desse movimento de expansão de difusão das organizações sindicais, constata-se uma verdadeira sedimentação na cultura jurídica ocidental após 1919 com a criação da Organização Internacional do Trabalho (OIT) e com o fenômeno da constitucionalização do direito do trabalho. Apesar de fase regressiva das experiências autocráticas nazi-fascistas e corporativistas, no entre guerras (1920-1945) o direito sindical transformou-se em verdadeiros princípios democráticos[5].

Como afirmação principiológica do direito à organização sindical livre, que representa de fato um dos pilares da democracia, a Declaração da Filadélfia (1944) estabeleceu expressamente como um dos seus princípios fundamentais a liberdade de expressão e de associação como condição indispensável a um processo ininterrupto[6].

Assim, observa-se que o direito sindical não representa apenas um conjunto de prerrogativas e de direitos dos trabalhadores e empregadores de exercerem a vida sindical, mas também um valor a ser perseguido por toda a sociedade porque se traduz em última análise no puro exercício da democracia. Logo, qualquer tentativa de afastar ou negar essa garantia deve ser prontamente expurgada da sociedade e não tolerada.

Diante dessas rápidas linhas acerca do surgimento, desenvolvimento e significado do direito sindical, o que se conclui é que a evolução sindical nos Países capitalistas centrais demonstra uma clara linha de coerência entre o processo de democratização daquelas sociedades e Estados com o reconhecimento e resguardo dos direitos e princípios da livre e autonômica associação sindical.

3. O SINDICALISMO NO BRASIL E A CONSTITUIÇÃO DE 1988

O direito sindical brasileiro também tem um processo peculiar de surgimento e desenvolvimento, obviamente que mais tardio se comparado com os Países europeus pelo próprio fato do descobrimento tardio e do regime escravocrata que perdurou pelo menos até 1888. As primeiras associações livres de trabalhadores igualmente livres e assalariados, mesmo não se intitulando sindicatos, surgiram nas décadas finais do século XIX. A imigração europeia trouxe ideias e concepções nas lutas operárias, o que também contribuiu significativamente para o desenvolvimento das associações brasileiras. A greve deixou de ser ilícito penal em 1890[7].

A Constituição de 1891 já assegurou os direitos de reunião e associação, e anos depois o Decreto n. 979/1903 facultou a criação de sindicatos rurais e quatro anos mais tarde estendeu à área urbana. Sur-

---

(3) DELGADO, Mauricio Godinho. *Direito Coletivo do Trabalho*. 7. ed. rev. atual. e ampl. São Paulo: LTr, 2017. p. 154.
(4) GOMES, Orlando; GOTTSCHALK, Elson. *Curso de Direito do Trabalho*. 5. ed. Rio de Janeiro: Forense, 1995. p. 475.
(5) NASCIMENTO, Amauri Mascaro. *Compêndio de Direito Sindical*. 2. ed. São Paulo: LTr, 2000. p. 42.
(6) ORGANIZAÇÃO INTERNACIONAL DO TRABALHO. *Constituição da OIT e seu anexo (Declaração da Filadélfia de 1944)*. Disponível em: <http://www.ilo.org/wcmsp5/groups/public/---americas/---ro-lima/---ilo-brasilia/documents/genericdocument/wcms_336957.pdf>.
(7) NASCIMENTO, Amauri Mascaro, *Op.cit.*, p. 75.

gem, então, entidades sindicais em torno do parque industrial que se forma entre 1890 e 1930, principalmente em São Paulo[8].

O direito trabalhista brasileiro constituiu-se preponderantemente no século XX, sendo pilar desse modelo o sistema sindical. Com a intensa produção legislativa, Getúlio Vargas promulga a CLT em 1943, dedicando o Título V para a organização sindical, disciplinando, dentre outros, reconhecimento, estrutura, funções, custeio do sistema e as associações sindicais de grau superior (Federações e Confederações).

A estrutura sindical brasileira pressupõe a igualdade das representações de capital e trabalho em todos os níveis, isto é, sindicatos, federações e confederações dos trabalhadores e dos empregadores. Essa estrutura permite o diálogo em nível paritário desses seres coletivos, não havendo lado hipossuficiente[9], o que privilegia a igualdade material.

No entanto, a Constituição brasileira de 1988 privilegiou o direito sindical, fortalecendo-o e fixando garantias de sua manutenção, desenvolvimento e efetividade. Como alguns pontos de destaque, coloca-se o reconhecimento dos acordos e das convenções coletivas de trabalho; valorização da atuação sindical; participação obreira nos local de trabalho e a negociação coletiva; proíbe a intervenção do Estado nas organizações sindicais; e incorpora norma clássica de garantia de emprego ao dirigente sindical.

Como visto, a Constituição de 1988 consolida definitivamente o direito sindical e oferece condições para que este se desenvolva e cumpra seu papel histórico e democrático de permanentemente conciliar os interesses distintos e aparentemente opostos do capital e do trabalho e assim melhorar a condição de vida do trabalhador, lhe garantido um meio ambiente de trabalho digno, no mais amplo e irrestrito sentido da palavra.

4. A REFORMA TRABALHISTA OBJETIVA ENFRAQUECER OU FORTALECER A ESTRUTURA SINDICAL?

Antes mesmo de adentrar ao tema central, qual seja os impactos da reforma trabalhista na organização sindical, e assim compreender se as mudanças objetivam enfraquecer ou incentivar o movimento sindical, é preciso fazer algumas considerações acerca do processo de elaboração da reforma.

O relatório apresentado pelo relator da comissão especial destinada a proferir parecer ao projeto de Lei n. 6.787/2016 (aprovado e convertido na Lei n. 13.467/2017), referente à reforma trabalhista, é permeado de contradições, inverdades, senso comum, analogias sem responsabilidade científica, e visa tão somente tentar legitimar ou defender uma fórmula imposta exclusivamente pelo setor produtivo, sem ter havido o necessário debate ou pelo menos de ter amadurecido tão importante reforma. Foi uma reforma baseada em premissas totalmente equivocadas, como a de que "a necessidade de trazer as leis trabalhistas para o mundo real"[10], de que "a legislação trabalhista vigente hoje é um instrumento de exclusão, prefere deixar as pessoas à margem da modernidade e da proteção legal do que permitir contratações atendendo as vontades e as realidades das pessoas"[11], ou ainda

> é a legislação trabalhista como geradora de injustiças, estimulando o desemprego e a informalidade. Temos, assim plena convicção de que essa reforma contribuirá para gerar mais empregos formais e para movimentar a economia, sem comprometer os direitos tão duramente alcançados pela classe trabalhadora.[12]

Como visto apenas com alguns exemplos, tendo em vista que o objeto de pesquisa não se referir ao contexto ou razões da reforma, é possível perceber que as afir-

---

(8) PINTO, José Augusto Rodrigues. *Curso de Direito Individual do Trabalho*. São Paulo: LTr, 1995. p. 57.

(9) Neste sentido, o STF se pronunciou em ação acerca da validade de plano de demissão voluntária realizado por meio do Sindicato dos Trabalhadores: Ao contrário, o direito coletivo do trabalho, em virtude de suas particularidades, é regido por princípios próprios, entre os quais se destaca o *princípio da equivalência dos contratantes coletivos*, que impõe o tratamento semelhante a ambos os sujeitos coletivos – empregador e categoria de empregados. Recurso Extraordinário n. 590.415. Relator Ministro Roberto Barroso. Disponível em: <http://www.stf.jus.br/portal/processo/verProcessoAndamento.asp?incidente=2629027>.

(10) MARINHO, Rogério. Relatório da comissão especial destinada a proferir parecer ao projeto de Lei n. 6.787, de 2016, do Poder Executivo que "altera o Decreto-lei n. 5.452, de 1 de maio de 1943 – Consolidação das Leis do Trabalho, e a Lei n. 6.019/1974, para dispor sobre eleições de representantes dos trabalhadores no local de trabalho e sobre trabalho temporário, e dá outras providências. Disponível em: <http://www.camara.gov.br/proposicoesWeb/prop_mostrarintegra?codteor=1544961&filename=Tramitacao-PL+6787/2016>.

(11) *Id*. p. 19.

(12) *Id*. p. 20.

mações feitas pelo relator representam um verdadeiro absurdo, fruto de quem não conheceu, não quer, prefere ou finge não conhecer a realidade das relações de trabalho no Brasil. Afirmar que a reforma trará mais empregos é um irresponsabilidade que atinge a dignidade da sociedade brasileira, pois deve-se lembrar que o Brasil há aproximadamente dez anos, com a mesma legislação trabalhista havia o pleno emprego, levando em conta a taxa de desemprego na época beirar os 4%.

Em relação à organização sindical, o discurso foi de que a reforma visa fortalecer a estrutura sindical:

> O que precisamos, na verdade, é fortalecer a estrutura sindical como um todo, fazendo com que as categorias se sintam efetivamente representadas. Nesse sentido, é acertada a ideia contida na proposta do Governo. Ao se abrir espaço para que as partes negociem diretamente condições de trabalho mais adequadas, sem revogar as garantias estabelecidas em lei, o projeto possibilita maior autonomia às entidades sindicais, ao mesmo tempo em que busca conferir maior segurança jurídica às decisões que vierem a ser negociadas. (...)[13]

Portanto, ao ler e compreender o texto acima dá-se a absoluta certeza de que a reforma objetiva o fortalecimento sindical, indo ao encontro dos ditames constitucionais que privilegiam à atuação sindical.

No entanto, não é este o objetivo da reforma em matéria de organização sindical, mas ao revés é de, por meio das alterações legais, tentar enfraquecer ou até mesmo anular a atuação sindical, em especial do sindicato dos trabalhadores. A seguir, serão apresentadas as principais modificações, e em seguida os comentários que evidenciam a constatação acima feita.

a) Desnecessidade de homologação sindical na rescisão contratual

A reforma[14] revoga o § 1º do art. 477 da CLT, que condiciona a validade do pedido de demissão ou recibo de quitação de rescisão de contrato de trabalho, firmado por empregado com mais de um ano de serviço, a assistência do respectivo Sindicato ou perante a autoridade do Ministério do Trabalho e Previdência Social.

A assistência sindical no momento do rompimento contratual é de grande importância e utilidade, eis que além de esclarecer sobre os direitos e deveres das partes contratantes, em especial do emprego, também contribui para evitar litígio, uma vez que indica eventuais equívocos na rescisão ou mesmo alerta sobre diferentes entendimentos sobre a mesma matéria pelos operadores do direito e a Justiça do Trabalho.

Além disso, a homologação sindical tem uma importância simbólica, isto é, motiva o empregador a cumprir os prazos para pagamento dos haveres trabalhistas devidos aos empregados e estimula o empregador a seguir fielmente a Lei, porque se assim não o fizer saberá que o Sindicato criará óbices na homologação.

A assistência sindical definida pelo artigo em questão, sem dúvidas, representa um importante serviço prestado aos empregados pelo seu respectivo Sindicato e contribui, sobremaneira, para o fortalecimento da função sindical e contribui, ainda, para segurança jurídica para ambas as partes, sendo uma exigência positiva inclusive para os empregadores que podem evitar futuros litígios na Justiça do Trabalho fruto desse trabalho.

Como se pode perceber, a revogação deste parágrafo pela Lei n. 13.467/2017 tem por objetivo enfraquecer o papel do sindical laboral e ao mesmo tempo afastar o empregado de sua entidade representativa, e assim ficar desprotegido no momento da ruptura contratual, inclusive no momento da quitação dos haveres trabalhistas.

Logo, esse ponto da reforma vai de encontro ao discurso do relator da comissão da reforma no sentido de fortalecimento sindical, uma vez que essa alteração contribui para o enfraquecimento do sindicato, ao retirar essa importante função sindical.

b) Pactuação da compensação de jornada mensal por acordo individual, tácito ou escrito (art. 59, § 6º)

A reforma, além de alargar a compensação de jornada semanal para mensal, permite que se faça por acordo individual, escrito e até mesmo tácito. A legislação vigente permite a referida compensação por acordo individual, escrito, acordo coletivo ou convenção coletiva. Ainda, neste particular a Súmula n. 85 II do TST diz que o acordo individual para compensação de horas é válido, salvo se houver norma coletiva em sentido contrário.

Novamente, a reforma retira uma relevante função sindical, onde se privilegia o que é acordado entre os Sindicatos no tocante a forma válida de encetar o regime de compensação de jornada, levando em conta o contexto e a realidade do setor representado por ambas as Entidades.

---

(13) *Id.* p. 26.

(14) BRASIL. Lei n. 13.467, de 13 de julho de 2017. Altera a Consolidação das Leis do Trabalho (CLT), aprovada pelo Decreto-lei n. 5.452, de 1º de maio de 1943, e as Leis ns. 6.019, de 3 de janeiro de 1974, 8.036, de 11 de maio de 1990, e 8.212, de 24 de julho de 1991, a fim de adequar a legislação às novas relações de trabalho.

Mais uma vez, a reforma se distancia de seu objetivo declarado de fortalecimento sindical e fica mais aparente a sua real intenção de enfraquecer a representação sindical, sobretudo obreira.

c) Celebração de banco de horas por acordo individual escrito

A Lei n. 13.467/2017 acrescenta o parágrafo quinto ao art. 59 da CLT e permite a pactuação do banco de horas por acordo individual escrito, desde que a compensação ocorra no período máximo de seis meses, diferentemente do entendimento da Súmula n. 85 V do TST que dispõe que o banco de horas somente pode ser instituído por negociação coletiva.

Aqui trata-se de duro golpe ao exercício da função sindical, pois uma das funções mais executadas pelos sindicatos laborais está exatamente na celebração de banco de horas. Pode-se ousar dizer que na prática, no dia a dia dos sindicatos laborais, é uma das funções mais importantes que se exerce, seja pela proteção aos empregados representados, seja pela possibilidade dos trabalhadores representados presenciarem a atuação direta de seu sindicato na sua empresa e assim fortalecer o associativismo.

Ao retirar essa importante atuação sindical, o legislador mais uma vez tentou enfraquecer e distanciar a classe trabalhadora de sua representação, ficando o discurso de fortalecimento insustentável.

d) Dispensas coletivas sem necessidade de autorização prévia de entidade sindical ou de celebração de convenção coletiva ou acordo coletivo de trabalho para sua efetivação

O novo art. 477-A, inserido pela reforma, permite que as dispensas motivadas individuais, plúrimas ou coletivas equiparam-se para todos os fins, não havendo necessidade de autorização prévia de entidade sindical ou de celebração de convenção coletiva ou acordo coletivo de trabalho para sua efetivação. Ao contrário do entendimento do TST, que fixou premissa de que a negociação coletiva, é imprescindível para a dispensa em massa de trabalhadores, diante da necessidade de mitigar os efeitos dessas demissões, de inegável impacto social.

A nova legislação além de não estimular o desenvolvimento de alternativas por parte do empregador de realizar dispensas em massa, e assim evitá-las ao máximo, facilita e por que não dizer estimula a dispensa em massa. Tudo isto sem contar, que sob a ótica de análise do artigo, representa mais uma vez o desprestígio da atuação sindical, e subestima a capacidade de diálogo e negociação deste para evitar dispensas coletivas que geram graves impactos sociais e também econômicos.

Portanto, a exclusão do sindicato laboral nesse processo tenta enfraquecer e diminuir a atuação sindical, deixando os trabalhadores ainda mais vulneráveis no difícil momento da demissão.

e) Representação dos empregados para empresas com mais de 200 empregados

A Lei n. 13.467/2017 insere um novo dispositivo e regula o instituto da representação dos empregados no art. 510-A. Nas empresas com mais de duzentos empregados, é assegurada a eleição de uma comissão para representá-los, com a finalidade de promover-lhes o entendimento direto com os empregados.

A nova ordem legal tenta criar uma espécie de mini sindicato, pois impõe atribuições em seu art. 510-B, típicas de um sindicato, como a de representar os empregados perante a administração da empresa e de aprimorar o relacionamento entre a empresa e seus empregados com base nos princípios da boa-fé e do respeito mútuo, sem falar na atribuição de promover o diálogo e o entendimento no ambiente de trabalho com o fim de prevenir conflitos. Em verdade, a nova legislação amplia em larga escala o contido no art. 11 da Constituição Federal de 1988.

Prevê a lei ainda sobre processo eleitoral, tempo de mandato, e garantia de emprego nos mesmos moldes da garantia do dirigente sindical.

Então, vem a seguinte indagação: porque criar uma representação interna com atribuições típicas de entidade sindical, levando em conta o objetivo declarado na reforma de fortalecimento sindical? A resposta é simples e direta. A representação interna afasta a atuação sindical verdadeiramente livre, autônoma e independente e cria uma representação facilmente controlada de forma direta ou indireta pelo empregador. Perde o sindicato laboral o acesso aos trabalhadores, a possibilidade de atuar verdadeiramente nos interesses legítimos dos empregados.

Apenas para citar uma consequência dessa representação interna nos termos propostos, é o afastamento da entidade sindical, e assim eliminar a possibilidade de greve e da busca contínua de melhores condições de trabalho.

Em uma legislação que se diz fortalecedora da atuação sindical, não se compreende a previsão da representação sindical nestes termos, o que demonstra uma nítida tentativa de enfraquecer ao máximo a atuação sindical.

f) Definição de matérias passíveis de celebração de convenção e acordo coletivo

O art. 611-A, inserido pela Lei n. 13.467/2017, traz um elenco de matérias que podem ser negociadas mediante convenção e acordo coletivo, tendo inclusive prevalência sobre a lei.

Dentre essas matérias, algumas representam novas atribuições aos Sindicatos como prorrogação de jornada em ambientes insalubres, sem licença prévia das autoridades competentes do Ministério do Trabalho e a desastrosa previsão de possibilidade de enquadrar grau de insalubridade. As demais matérias já eram permitidas serem pactuadas mediante convenção ou acordo coletivo de maneira geral.

Já o art. 611-B, também inserido pela Lei n. 13.467/2017 prevê as matérias que não são passíveis de negociação coletiva, quando suprimem ou reduzem direitos. Na verdade, aqui não há nenhuma novidade pois tratam-se na sua maioria de previsão constitucional, ou de matérias previstas na CLT, e que já na legislação vigente não são passíveis de redução ou supressão.

Vale dizer que, logo no parágrafo primeiro do art. 611-A da CLT, o legislador objetiva afastar o Poder Judiciário da análise das cláusulas pactuadas, ao preceituar que no exame de convenção coletiva ou acordo coletivo de trabalho, a Justiça do Trabalho analisará exclusivamente a conformidade dos elementos essenciais do negócio jurídico, respeito às disposições do Código Civil, e balizará sua atuação pelo princípio da intervenção mínima na autonomia da vontade coletiva.

Diante do exposto, conclui-se que o objetivo do legislador não foi de fortalecer a atuação sindical, mas sim de tornar imutável o negociado, inclusive por sindicatos enfraquecidos e com pouco ou nenhum poder negocial, vedando o Poder Judiciário de analisar cláusulas supostamente ilegais, limitando-o a uma análise meramente formal.

g) Contribuição Sindical deixa de ser obrigatória

A extinção da obrigatoriedade da contribuição sindical, instituída desde 1943 pela CLT, foi objeto de muita discussão e polêmica. De um lado, boa parte da doutrina brasileira argumenta que a contribuição não deveria ser compulsória porque representa uma contradição antidemocrática, herdada pelo sistema corporativista autoritário. Por outro lado, o relator da reforma afirma que esse fato contribuiria para acabar com os sindicatos de fachada, e tornando-a facultativa fortaleceria a estrutura sindical brasileira.

Assim, pode-se perceber que os argumentos não são coincidentes e que novamente o legislador vem com o argumento que seria uma mola propulsora para o fortalecimento da estrutura sindical.

Vale dizer, que a alteração introduzida pela Lei n. 13.467/2017, no art. 578 da CLT, simplesmente acaba com a obrigatoriedade, sem colocar nenhuma regra de transição. A lei aprovada em 13 de julho de 2017, e que entra em vigor em novembro desse mesmo ano, já tem aplicação imediata. Isto quer dizer, que não houve nenhuma razoabilidade ou modulação na aplicação do novo preceito legal, pegando todos os sindicatos de surpresa. Esse fato compromete todo o planejamento financeiro, eis que da maneira como disciplinado na lei, o sindicato não saberá o quanto irá arrecadar, e ao mesmo tempo, deve continuar exercendo normalmente suas funções, com o custo que lhe é inerente, especialmente no período pós reforma trabalhista, onde os sindicatos irão trabalhar para a manutenção de muitos direitos previstos nas convenções coletivas de trabalho que após a reforma poderiam ser suprimidos de acordo com a ordem legal vigente, sem contar nas outras atribuições típicas de representação da entidade na defesa dos interesses de sua categoria.

Cortando de forma abrupta, praticamente da noite para o dia, a fonte principal de custeio dos sindicatos a legislação, sem dúvidas, tenta diminuir os sindicatos, enfraquecê-los, deixá-los sem poder de negociação, provocando sua desestruturação. Obviamente, sindicato sem recursos financeiros, não consegue exercer como esperado as suas atribuições, porque há um significativo custo para a manutenção e incremento da atividade sindical.

Com isso, não quer se defender aqui que não se deveria extinguir a contribuição obrigatória, pois entende-se que a corrente doutrina que a define como uma contradição anti-democrática é acertada. No entanto, esse não foi o objetivo do legislador. No momento histórico que talvez os trabalhadores mais precisarão dos seus sindicatos para sua defesa, face as profundas modificações inseridas pela lei, os sindicatos encontram-se comprometidos com a sua sobrevivência, pois não podem assumir custos sem ter a devida fonte de receita prevista. Logo, o que se pretende no curto prazo, é deixar os sindicatos sem recursos financeiros, ou com recursos muito reduzidos advindo da contribuição facultativa, diminuindo o poder negocial nas convenções e nos acordos coletivos de trabalho, e assim fragilizar ainda mais os trabalhadores. Com isso, os sindicatos podem cair em descrédito perante seus representados ou ainda não serem compreendidos face a todo esse contexto.

A tentativa geral de enfraquecer, ou até mesmo aniquilar com os sindicatos laborais, feita pelo legislador, é perversamente desenhada porque combina o enfraquecimento a curto prazo das entidades sindicais, especialmente nas negociações coletivas, com o impedimento da Justiça do Trabalho em invalidar cláusulas convencionais que violem direitos dos trabalhadores.

Sem dúvidas, foi uma estratégia muito bem esculpida e que neste particular ganhou apoio popular e da grande mídia na extinção da contribuição sindical obrigatória.

Colocada a realidade para os sindicatos laborais, não se pode esquecer que se extingue também a contribuição sindical patronal. Essa contribuição já era significativamente menor do que a laboral, pela forma de cálculo baseada no capital social que não representa fielmente o valor ou tamanho da empresa, pela falta de legislação para atualizar os valores e, finalmente, pelo número muito menor de pagantes em relação aos que contribuem para os sindicatos obreiros.

No entanto, para o sindicato patronal também a contribuição em questão é a principal fonte de custeio e teoricamente estariam na mesma situação que os sindicatos laborais, isto é, sem previsão de receita, cortada de uma hora para outra, e com os compromissos financeiros operando normalmente para poder exercer de fato a representação, igualmente com o custo que lhe é inerente nesta operação. Ocorre que, curiosamente, as Federações Patronais, principalmente da indústria, concordaram prontamente com o fim da extinção da contribuição, sendo que a representante maior do setor, a Confederação Nacional da Indústria (CNI), uma das principais arquitetas da reforma, manifestou-se favor da extinção.

Pelo pouco tempo de discussão e da própria tramitação do projeto de Lei, ocorrida em recorde olímpico, é de se duvidar se os sindicatos patronais representados formalmente por suas Federações realmente foram consulados e com o nível de discussão compatível com a profunda modificação. Acrescenta-se que para as Federações e Confederações é cômodo, fácil e atentador acabar com a contribuição porque a receita advinda da contribuição sindical obrigatória representa um percentual muito baixo de suas receitas, pois a maior receita vem de outras receitas compulsórias do sistema S, sem correspondência para as entidades laborais.

Isto quer dizer, que as Federações patronais permanecem fortes, aliás, triplamente mais fortes. Primeiro porque face as Federações laborais que não têm o recurso do sistema S ficam com grande vantagem financeira e de representação; em segundo porque com os sindicatos patronais mais fracos, com menos recursos financeiros, as Federações se fortalecem e exercem mais poder sobre os sindicatos que podem vir a ficar dependentes de suas Federações; terceiro porque em um cenário geral de enfraquecimento da estrutura sindical, estas Entidades seriam as únicas a não ter a sua realidade modificada e assim, naturalmente, apareceriam como as fontes maiores de representação da categoria.

Desta forma, constata-se que as Federações em questão e a CNI não mediram esforços para promover a desestruturação sindical, objetivando via extinção da contribuição sindical obrigatória, enfraquecer como sindicatos laborais, mesmo que isto custe o próprio enfraquecimento de seus sindicatos.

Apesar de todo esse contexto apontado, não se deve subestimar a força e o poder do associativismo, que historicamente foi arduamente conquistado esse direito, e que se há leis trabalhistas em todo o mundo, sem contar com as disposições autônomas previstas nas convenções e nos acordos coletivos de trabalho, é em grande parte resultante da atuação sindical. Então, se a curto prazo os sindicatos ficaram enfraquecidos, não resta dúvidas que a médio e longo prazo a representação sindical vem com mais força, fruto de uma reorganização na estrutura sindical, a qual não precisaria ocorrer desta forma, se a reforma previsse pelo menos regras de transição ou de modulação dos efeitos, como por exemplo a previsão de uma extinção gradual ao longo dos anos. Porém esse não foi o objetivo, ao revés foi de enfraquecer e retirar o poder dos sindicatos.

h) Quitação anual de obrigações trabalhistas

A Lei n. 13.467/2017 introduz o art. 507-B trazendo a seguinte previsão:

> Art. 507-B. É facultado a empregados e empregadores, na vigência ou não do contrato de emprego, firmar o termo de quitação anual de obrigações trabalhistas, perante o sindicato dos empregados da categoria.

A alteração acima aludida foi propositadamente deixada por último nesta análise, porque evidencia e contribui para a argumentação feita até aqui no sentido da reforma trabalhista se preocupar em enfraquecer os sindicatos e assim fragilizar ainda mais os direitos trabalhistas. Ao permitir que os sindicatos laborais façam quitações anuais, abre-se uma grande e perigosa brecha para haver desvios de conduta ética e legal. As empresas interessadas em obter a qualquer custo essa quitação, na esperança de não sofrerem demandas trabalhistas ou na defesa "absoluta" em relação aos haveres pagos ou devidos aos trabalhadores, podem acabar fazendo conluios com os sindicatos laborais, em um verdadeiro ataque à democracia e aos princípios do direito sindical. Vale dizer, que em um contexto que os sindicatos estão frágeis e enfraquecidos, inclusive economicamente, há grandes chances de a quitação anual virar moeda de troca para contribuições indevidas, que representariam, como dito, ataque ao associativismo. Ainda, considerando que os desvios éticos e legais não ocorressem entre as partes, mas com os sindicatos enfraquecidos, a chance das empresas obterem tal quitação seria infinitamente maior do que em um contexto de fortalecimento.

Vale dizer, que a previsão em questão é de flagrante inconstitucionalidade, sem dizer, que a Justiça do Trabalho facilmente poderia invalidar tal quitação, na observância de haver algum direito reduzido ou tolhido do trabalhador, pelo próprio princípio da irrenunciabilidade de direitos, apenas para citar um argumento jurídico.

5. CONSIDERAÇÕES FINAIS

A arquitetura desenhada para a reforma trabalhista é muito bem delineada porque com recorde em tramitação, altera profundamente as premissas e os princípios do direito do trabalho, de forma implícita, silenciosa e ao mesmo tempo devastadora. Tanto é que um dos lemas dos arquitetos da reforma é "Nenhum direito a menos".

Tudo isso, sem falar na legitimidade material de um governo interino que se propõe, em meio a profunda crise política, a qual é constantemente envolvido, modificar sem a devida maturação e responsabilidade algo tão caro a nossa sociedade e a nossa democracia: os direitos sociais dos trabalhadores.

Apesar de não se propor a ser uma reforma sindical, a reforma trabalhista operada pela Lei n. 13.467/2017 altera profundamente os direitos sindicais, com o nítido interesse autoritário de enfraquecer ou esvaziar ao máximo suas funções na esperança de proporcionar um melhor ambiente de investimento e assim atrair empregos, conforme se depreende da leitura do voto do relator da reforma trabalhista, que nesse momento preocupa-se em suas palavras de fazer um pós-venda da reforma[15].

Finalmente, conclui-se que diferentemente do conceito arquitetônico politicamente correto de fortalecer a estrutura sindical como um todo, a leitura da real planta arquitetônica executada por meio da reforma (Lei n. 13.567/2017) visa enfraquecer, sobretudo, os sindicatos laborais, de forma silente e devastadora, pelo menos a curto prazo, na esperança de muitos não sobrevierem de fato a essas modificações.

O fim da contribuição sindical obrigatória como foi feita, nesse momento histórico de profundas alterações das relações laborais, contribui para o enfraquecimento significativo dos sindicatos e para a fragilização e desamparo dos trabalhadores. Logo, o que parecia ser algo que visaria a superação de uma contradição anti-democrática herdada de um velho sistema corporativista, na verdade, impõe uma realidade de desconstrução e abalo da estrutura sindical brasileira.

6. REFERÊNCIAS BIBLIOGRÁFICAS

BRASIL. Lei n. 13.467, de 13 de julho de 2017. Altera a Consolidação das Leis do Trabalho (CLT), aprovada pelo Decreto-lei n. 5.452, de 1º de maio de 1943, e as Leis ns. 6.019, de 3 de janeiro de 1974, 8.036, de 11 de maio de 1990, e 8.212, de 24 de julho de 1991, a fim de adequar a legislação às novas relações de trabalho.

DELGADO, Mauricio Godinho. *Direito Coletivo do Trabalho*. 7. ed. rev. atual. e ampl. São Paulo: LTr, 2017.

GOMES, Orlando; GOTTSCHALK, Elson. *Curso de Direito do Trabalho*. 5. ed. Rio de Janeiro: Forense, 1995. p. 475.

MARINHO, Rogério. Relatório da comissão especial destinada a proferir parecer ao projeto de Lei n. 6.787, de 2016, do Poder Executivo que "altera o Decreto-lei n. 5.452, de 1 de maio de 1943 – Consolidação das Leis do Trabalho, e a Lei n. 6.019/1974, para dispor sobre eleições de representantes dos trabalhadores no local de trabalho e sobre trabalho temporário, e dá outras providências. Disponível em: <http://www.camara.gov.br/proposicoesWeb/prop_mostrarintegra?codteor=1544961&filename=Tramitacao-PL+6787/2016>.

NASCIMENTO, Amauri Mascaro. *Compêndio de Direito Sindical*. 2. ed. São Paulo: LTr, 2000.

PINTO, José Augusto Rodrigues. *Curso de Direito Individual do Trabalho*. São Paulo: LTr, 1995.

SUPREMO TRIBUNAL FEDERAL. *Recurso Extraordinário n. 590.415*. Relator Ministro Roberto Barroso. Disponível em: <http://www.stf.jus.br/portal/processo/verProcessoAndamento.asp?incidente=2629027>.

SUSSEKIND, Arnaldo. *Convenções da OIT*. São Paulo: LTr, 1994.

ORGANIZAÇÃO INTERNACIONAL DO TRABALHO. *Constituição da OIT e seu anexo (Declaração da Filadélfia de 1944)*. Disponível em: <http://www.ilo.org/wcmsp5/groups/public/---americas/---ro-lima/---ilo-brasilia/documents/genericdocument/wcms_336957.pdf>.

---

(15) Fala extraída do Seminário Modernização Trabalhista FIESP ocorrido em 30.08.2017 na FIESP. "Um trabalho de pós-venda", foi como o deputado federal Rogério Marinho definiu esta fase que aconteceu depois da aprovação do texto e antes de sua entrada em vigor, em novembro. Explicou que está em curso um trabalho de esclarecimento, porque depois de 70 anos a lei está praticamente inserida no DNA brasileiro. Disponível em: <http://www.fiesp.com.br/noticias/passo-importantissimo-para-o-brasil-afirma-skaf-no-seminario-modernizacao-trabalhista/>. Acesso em: 09 set. 2017.

Capítulo 12

O Fim da Contribuição Sindical Obrigatória: a Crônica de uma Morte Anunciada

Luiz Eduardo Gunther [1]

1. INTRODUÇÃO

Nas últimas duas décadas, no Brasil, falou-se muito nas mídias, nas escolas, nos escritórios, nos tribunais, nas ruas, sobre a necessidade de várias reformas: política, tributária, previdenciária e trabalhista.

A expressão *reforma* sempre foi utilizada com sentido ambíguo. Para os liberais, tratava-se de reduzir o papel do Estado, para aumentar a liberdade do mercado. Para aqueles mais progressistas, ou esquerdistas, o objetivo era melhorar as condições dos trabalhadores, especialmente, sob a proteção do Estado.

A palavra *reforma*, no dicionário, significa *mudança*, *modificação*; mas, principalmente, *forma nova*, constituindo, na prática, sentido paradoxal, pois o objetivo maior das grandes empresas sempre foi flexibilizar, reduzir, retirar. Tal aspiração empresarial acabou sendo contemplada, pelo menos com a denominada "reforma trabalhista", na Lei n. 13.467, de 13 de julho de 2017.

Nessa lei, uma das alterações mais significativas deu-se com o fim da contribuição sindical obrigatória, que passa, agora, a ser facultativa.

O que impressiona, nesse aspecto, é que justamente essa lei atribuiu maior responsabilidade aos sindicatos dos trabalhadores, especialmente na tarefa de garantir que, em algumas circunstâncias, o negociado possa se sobrepor ao legislado, e, ainda, seja "fiscal" da prestação de contas que o empregador deseje fazer ao empregado. Nesse último caso, usa-se a expressão "termo de quitação anual de obrigações trabalhistas perante o sindicato dos empregados da categoria". Aumentaram-se as obrigações e reduziu-se a contrapartida; de obrigatória passou a voluntária a contribuição sindical.

Como farão os sindicatos dos trabalhadores para sobreviver sem o recebimento da contribuição sindical obrigatória? Como será implementada a chamada "voluntariedade" nesses pagamentos? Quais outras receitas os sindicatos obreiros poderão lançar mão para fazerem frente às despesas de manutenção das entidades?

A nova lei cuidou de proibir, considerando objeto ilícito, a cobrança ou desconto salarial, em convenção ou acordo, sem a expressa e prévia anuência do trabalhador.

Desse modo, a própria contribuição assistencial, que era, validamente reconhecida pelo menos quanto aos associados, pelos resultados da negociação coletiva, em tese, não poderá mais ser cobrada sem autorização expressa (até dos associados!).

A questão recorrente, no entanto, sempre foi essa: não seria fundamental a extinção da contribuição sindical compulsória para o crescimento e a democratização dos sindicatos?

Essas reflexões direcionam-se à pesquisa das razões pelas quais objetivou-se extinguir, de forma tão abrupta, a exigência da contribuição sindical obrigatória.

2. PRIMEIRO O REGISTRO DO FIM

Antes de estudar o histórico do surgimento, desenvolvimento e manutenção da contribuição sindical obrigatória, é importante apresentar o atestado de óbito dessa importante receita dos sindicatos.

---

(1) Professor do Centro Universitário Curitiba (UNICURITIBA); Desembargador do Trabalho no TRT 9 PR; Pós-doutor pela PUC-PR; Membro da Academia Brasileira de Direito do Trabalho, do Instituto Histórico e Geográfico do Paraná e do Centro de Letras do Paraná. Orientador do Grupo de Pesquisa que edita a Revista Eletrônica do TRT9 (Disponível em: <http://www.mflip.com.br/pub/escolajudicial/>).

Lembrando Machado de Assis, cujo livro "Memórias Póstumas de Brás Cubas" inicia-se no dia do enterro da personagem[2], assim também este texto começa pelo fim.

Quando a Lei n. 13.467 passar a vigorar, no penúltimo mês deste ano de 2017[3], haverá um enterro simbólico da contribuição sindical obrigatória. A partir de então, segundo os arts. 545, 578, 579, 582, 583, 587 e 602, da nova lei, as contribuições devidas aos sindicatos dos trabalhadores (aqui fala-se, especialmente, da contribuição sindical), para que sejam descontadas, pelos empregadores, das folhas de pagamentos dos empregados, devem ser devidamente autorizadas.

Questiona-se a oportunidade dessa mudança legal, pondo em risco a obtenção da principal receita sindical, que era a contribuição sindical obrigatória, transformando-a em voluntária. Quais as razões pelas quais se tornou facultativa? Para enfraquecer os sindicatos dos trabalhadores? Para reduzir a quantidade de sindicatos existentes?

Na dicção de Mauricio Godinho Delgado, essa transformação diminui, severamente, o custeio das entidades sindicais, ao eliminar, de pronto, "sem qualquer período mínimo de transição, a antiga contribuição sindical obrigatória, oriunda da década de 1940, originalmente apelidada de imposto sindical"[4]. Segundo esse autor, dentro desse mesmo assunto, a reforma trabalhista não trata da necessária regulação da contribuição assistencial/negocial (também conhecida pelo epíteto de "cláusula de solidariedade"), "que é inerente ao custeio sindical em decorrência da celebração dos documentos coletivos negociados (CCTs e ACTs)" [5].

Observe-se que no inciso IV, do art. 8º, da Constituição, consta que a assembleia geral fixará a contribuição (que, em se tratando de categoria profissional, será descontada em folha!) para custeio do sistema confederativo da representação sindical respectiva[6]. Está se falando, aí, da denominada contribuição confederativa, que, para o Supremo Tribunal Federal[7], só pode ser descontada dos associados. A última linha desse dispositivo, porém, contém a afirmação "independentemente da contribuição prevista em lei". Essa contribuição prevista em lei é a contribuição sindical.

Tanto a contribuição confederativa quanto a contribuição sindical encontram respaldo na Constituição da República Federativa do Brasil. Questionável, portanto, que a reforma trabalhista, além de exigir a prévia e expressa autorização para esses descontos, considere o recolhimento objeto ilícito, porque suprimiria ou reduziria a liberdade de associação profissional do trabalhador qualquer cobrança, ou desconto salarial, estabelecidos em convenção coletiva ou acordo coletivo de trabalho, "sem sua expressa e prévia anuência"[8].

Ao examinar casos concretos, envolvendo situações como a descrita anteriormente, o Comitê de Liberdade Sindical, com a aprovação do Conselho de Administração da Organização Internacional do Trabalho, decidiu, no seu verbete 808:

---

(2) ASSIS, Machado de. *Memórias póstumas de Brás Cubas*. São Paulo: Mediafashion, 2016. p. 11-13. Diz o autor: "Algum tempo hesitei se devia abrir estas Memórias pelo princípio ou pelo fim, isto é, se poria em primeiro lugar o meu nascimento ou a minha morte". E passa a contar de sua morte, para, logo depois, falar de sua vida.

(3) SILVA, Homero Batista Mateus da. *Comentários à reforma trabalhista*: análise da Lei n. 13.467/2017 artigo por artigo. São Paulo: Revista dos Tribunais, 2017. p. 197. Como a publicação da Lei n. 13.467 ocorreu dia 14 de julho de 2017, uma sexta-feira, aplica-se ao caso o disposto no art. 8º, § 1º, da LC n. 95/1998, com a redação dada pela LC n. 107/2001. Considerando que os meses de julho, agosto e outubro têm 31 dias, o prazo de 120 dias expira em 10 de novembro de 2017 e a vigência da reforma trabalhista começa em 11 de novembro de 2017.

(4) DELGADO, Mauricio Godinho. *Capitalismo, trabalho e emprego*: entre o paradigma da destruição e os caminhos da reconstrução. 3. ed. rev. e ampl. São Paulo: LTr, 2017. p. 151.

(5) *Idem*.

(6) BRASIL. *Constituição da República Federativa do Brasil*. Art. 8º. (...) "a assembleia geral fixará a contribuição que, em se tratando de categoria profissional, será descontada em folha, para custeio do sistema confederativo da representação sindical respectiva, independentemente da contribuição prevista em lei". Disponível em: <http://www.planalto.gov.br/ccivil_03/constituicao/constituicao.htm>. Acesso em: 25 ago. 2017.

(7) BRASIL. *Supremo Tribunal Federal*. Súmula n. 666: "A contribuição confederativa de que trata o art. 8º, IV, da Constituição, só é exigível dos filiados ao sindicato respectivo". Disponível em: <http://www.stf.jus.br/portal/cms/verTexto.asp?servico=jurisprudenciaSumula>. Súmula vinculante n. 40: "A contribuição confederativa de que trata o art. 8º, IV, da Constituição Federal, só é exigível dos filiados ao sindicato respectivo". Disponível em: <http://www.stf.jus.br/portal/cms/verTexto.asp?servico=jurisprudenciaSumulaVinculante>. Acesso em: 25 ago. 2017.

(8) MIESSA, Élisson; CORREIA, Henrique; MIZIARA, Raphael; LENZA, Breno. *CLT comparada*: com a reforma trabalhista. Salvador: JusPodivm, 2017. p. 193-195.

Contribuições especiais – de acordo com os princípios da liberdade sindical, as convenções coletivas deveriam poder prever um sistema de dedução das contribuições sindicais, sem ingerências das autoridades.[9]

Por outro lado, deve-se indagar: se as duas contribuições, confederativa e sindical, têm assento constitucional, por que não poderiam ser objetivo de negociação coletiva quanto às suas fixações e descontos/cobranças?

Há quem entenda que "não pode a assembleia geral criar obrigações patrimoniais aos empregados ou às empresas automaticamente"[10]. Segundo esse pensamento:

> Toda e qualquer obrigação pecuniária ou patrimonial somente poderia ser levada e efeito (desconto em folha ou emissão de boleto ou qualquer outra forma de cobrança) desde que ocorra a prévia e expressa anuência de quem vai pagar, seja empregado ou empregador.[11]

Conforme assevera Homero Batista Mateus da Silva, há assento constitucional para a contribuição sindical no art. 149 da CF, "o que justifica a impossibilidade de o projeto de lei do governo federal simplesmente eliminá-la"[12]. Registra esse mesmo estudioso, também, que talvez o governo não tivesse maioria parlamentar para alterar a Constituição Federal, por isso não apresentou "uma proposta de emenda constitucional, que fosse diretamente ao art. 149 ou ao art. 8º, VI da CF, e se empregou uma forma engenhosa para solapar as bases da contribuição: ela passou a ser facultativa"[13].

Nessa mesma direção, Francisco Meton Marques de Lima e Francisco Péricles Rodrigues Marques de Lima consideram que, em virtude de sua previsão constitucional, a contribuição sindical não poderia ser removida por lei, nem tornada facultativa "pois é um tributo e não há tributo facultativo. Assim, a lei incorre em flagrante inconstitucionalidade"[14]. Esses mesmos autores, ao reforçarem a afirmação de que a contribuição sindical tem natureza jurídica tributária, de acordo com o que está previsto na Constituição (art. 8º, IV, c/c art. 149), e no Código Tributário Nacional, trazem acórdãos do Supremo Tribunal Federal e do Tribunal Regional do Trabalho da 2ª Região-SP que corroboram esse entendimento. Trata-se do Agravo Regimental no Recurso Especial 496.456-RS, do STF, com data de publicação de 24.05.2013 e do RO 204.528-2010-5020 do TRT2, com data de publicação de 24.05.2013[15].

A natureza tributária da contribuição sindical "paira acima de qualquer dúvida, consoante disposição do art. 582 da CLT", segundo José Augusto Rodrigues Pinto[16]. Para esse autor, os dispositivos consolidados que lhe dizem respeito estão em vigor, "recepcionados pela Constituição Federal, que manteve a própria contribuição"[17].

Gilberto Stürmer igualmente reconhece que o fundamento jurídico da contribuição sindical é constitucional (art. 8º, inciso IV, parte final)[18]

Também conhecida pela denominação de *imposto sindical*, a contribuição sindical constitui a mais importante fonte de custeio das organizações sindicais, na dicção de José Cairo Júnior. Assevera, ainda, que por se tratar de um tributo, observou-se "o princípio da reserva legal e foi instituído por um Decreto-lei, mais precisamente pelos arts. 578 e seguintes da Consolidação das Leis do Trabalho"[19].

O Supremo Tribunal Federal já decidiu sobre a constitucionalidade desse tributo, conforme o seguinte julgado:

> A recepção pela ordem constitucional vigente da contribuição sindical compulsória, prevista no art. 578, CLT, e exigível de todos os integrantes da categoria, independentemente de sua filiação ao sindicato, resulta do

---

(9) ORGANIZAÇÃO INTERNACIONAL DO TRABALHO. *A liberdade sindical*. Recopilação das decisões e princípios do comitê de liberdade sindical do Conselho de Administração da OIT. Brasília: OIT, 1997. p. 176.
(10) MELEK, Marlos Augusto. *Trabalhista! O que mudou?* Reforma trabalhista 2017. Curitiba: Estudo Imediato, 2017. p. 60.
(11) *Idem*.
(12) SILVA, 2017. p. 108.
(13) *Ibidem*, p. 109.
(14) LIMA, Francisco Meton Marques de; LIMA, Francisco Péricles Domingues Marques de. *Reforma trabalhista*: entenda ponto por ponto. São Paulo: LTr, 2017. p. 90.
(15) *Ibidem*, p. 90-91.
(16) PINTO, José Augusto Rodrigues. *Direito sindical e coletivo do trabalho*. 2. ed. São Paulo: LTr, 2002. p. 126.
(17) *Idem*.
(18) STÜRMER, Gilberto. *Direito constitucional do trabalho no Brasil*. São Paulo: Atlas, 2014. p. 99.
(19) CAIRO JÚNIOR, José. *Curso de direito do trabalho*. 12. ed. rev. e atual. Salvador: JusPodivm, 2016. p. 1088.

art. 8º, IV, *in fine*, da Constituição; não obsta à recepção a proclamação, no *caput* do art. 8º, do princípio da liberdade sindical, que há de ser compreendido a partir dos termos em que a Lei Fundamental a positivou, nos quais a unicidade (art. 8º, II) e a própria contribuição sindical de natureza tributária (art. 8º, IV) – marcas características do modelo corporativista resistente –, dão a medida da sua relatividade (cf. MI 144, Pertence, *RTJ* 147/868, 874); nem impede a recepção questionada a falta da lei complementar prevista no art. 146, III, CF, à qual alude o art. 149, à vista do disposto no art. 34, § 3º e § 4º, das Disposições Transitórias[20].

Segundo o disposto no art. 589 da CLT, com a redação dada pela Lei n. 11.648, de 31.03.2008, o valor arrecadado a título de imposto sindical é distribuído entre a central sindical, a confederação, a federação, o sindicato e a Conta Especial Emprego e Salário, sendo que esta última agrega-se aos recursos do Fundo de Amparo ao Trabalhador (FAT)[21].

A Lei n. 6.386, de 09.12.1976, dispõe no art. 4º, *caput*, que a Caixa Econômica Federal abrirá uma conta corrente especial denominada "Conta Emprego e Salário", na qual será creditada a cota-parte da contribuição sindical prevista na Consolidação das Leis do Trabalho. O art. 3º desse dispositivo estabelece, por sua vez:

> Os recursos da cota-parte da contribuição sindical constituirão receita orçamentária vinculada a fundos especiais, para realização dos objetivos a cargo do "Serviço da Conta Emprego e Salário" e do "Fundo de Assistência ao Desempregado do Ministério do Trabalho", na forma da legislação específica.[22]

Como se vê, claramente, nos dispositivos legais mencionados, há receita orçamentária prevista por meio do recolhimento das contribuições sindicais compulsórias. Passando a ser voluntárias (ou deixando de ser obrigatórias), conforme a nova lei, representarão perda de receita, que deve ser prevista, conforme exige a recentíssima Emenda Constitucional n. 95, de 15 de dezembro de 2016, especificamente por meio do recente art. 113 do Ato das Disposições Constitucionais Transitórias: "A proposição legislativa que crie ou altere despesa obrigatória ou renúncia de receita deverá ser acompanhada da estimativa do seu impacto orçamentário e financeiro"[23].

Como a reforma trabalhista estabeleceu renúncia de receita, deveria, obrigatoriamente, fazer-se acompanhar da estimativa do seu impacto orçamentário e financeiro, o que não ocorreu.

Há, ainda, um aspecto importante, quanto à Organização Internacional do Trabalho, que é a Convenção n. 87, que trata da Liberdade Sindical e da Proteção ao Direito de Sindicalização. Esse tratado internacional de Direitos Humanos estabelece, no seu art. 3.2, que: "As autoridades públicas deverão abster-se de qualquer intervenção que possa limitar esse direito ou entravar o seu exercício legal"[24]. Esse dispositivo internacional deve ser lido consoante o verbete n. 808 do Comitê de Liberdade Sindical supracitado, pelo qual se entende estar contido, no princípio da liberdade sindical, a ideia de que as convenções coletivas possam "prever um sistema de dedução das contribuições sindicais, sem ingerências das autoridades"[25]. Quando a lei nova, por meio do inciso XXVI do art. 611-B, impede que a negociação coletiva de trabalho (CCT/ACT) possibilite cobrança ou desconto salarial dos trabalhadores, a título de contribuição para o custeio das atividades sindicais, está, sem dúvida, segundo o Comitê de Liberdade Sindical da OIT, interferindo na aplicabilidade do princípio da liberdade sindical.

Nem se argumente que a Convenção n. 87 não foi internalizada pelo Brasil. Basta compreender-se que o Brasil é Estado Membro da OIT desde sua fundação em 1919, e que a Declaração da OIT sobre os Princípios e Direitos Fundamentais no Trabalho, de 1988, afirma:

> 2. (...) todos os Membros, ainda que não tenham ratificado as convenções aludidas, têm um compromisso derivado do fato de pertencer à Organização de respeitar, promover e tornar realidade, de boa fé e de conformidade

---

(20) BRASIL. Supremo Tribunal Federal. RE 146.733, Rel. Min. Moreira Alves. *Revista Trimestral de Jurisprudência*, n. 146, p. 684-694.

(21) CAIRO JÚNIOR, 2016. p. 1089.

(22) BRASIL. *Lei n. 6.386, de 9 de dezembro de 1976*. Altera dispositivos da Consolidação das Leis do Trabalho e dá outras providências. Disponível em: <http://www.planalto.gov.br/ccivil_03/leis/L6386.htm>. Acesso em: 28 ago. 2017.

(23) BRASIL. *Emenda Constitucional n. 95, de 15 de dezembro de 2016*. Altera o Ato das Disposições Constitucionais e Transitórias, para instituir o Novo Regime Fiscal, e dá outras providências. Disponível em: <http://www.planalto.gov.br/ccivil_03/constituicao/emendas/emc/emc95.htm>. Acesso em: 28 ago. 2017.

(24) ORGANIZAÇÃO INTERNACIONAL DO TRABALHO. *Liberdade Sindical e Proteção ao Direito de Sindicalização*. Disponível em: <http://www.oitbrasil.org.br/content/liberdade-sindical-e-prote%C3%A7%C3%A3o-ao-direito-de-sindicaliza%C3%A7%C3%A3o>. Acesso em: 28 ago. 2017.

(25) SÜSSEKIND, Arnaldo. *Direito internacional do trabalho*. 3. ed. atual. São Paulo: LTr, 2000. p. 346.

com a Constituição, os princípios relativos aos direitos fundamentais que são objeto dessas convenções, isto é: a) a liberdade sindical e o reconhecimento efetivo do direito de negociação coletiva[26].

Em consulta efetuada por seis organizações sindicais, sobre a validade da tramitação da reforma trabalhista, a OIT apontou que a medida viola uma série de convenções internacionais. Para o organismo, a proposta deveria ter obedecido a Convenção n. 144, que exige audiências entre os representantes dos trabalhadores, dos empregadores e do governo de modo a se chegar a uma maior quantidade possível de soluções compartilhadas por ambas as partes, conforme decidido, em outras ocasiões, pelo Comitê de Liberdade Sindical do Conselho de Administração da OIT. Posicionamento recente, inclusive da Comissão de Peritos da entidade, divulgado na última Conferência da OIT em Genebra, em junho de 2017, que condenou a aplicação das negociações individuais e mesmo coletivas com o objetivo de flexibilizar direitos já definidos na CLT, pois "os Estados têm a obrigação de garantir, tanto na lei como na prática, a aplicação efetiva das convenções ratificadas, motivo pelo qual não se pode rebaixar por meio de acordos coletivos ou individuais a proteção estabelecida nas normas da OIT em vigor em um determinado país"[27].

Nesse questionamento, feito pelas Centrais Sindicais à OIT, apresentou-se a dúvida quanto à possibilidade de a reforma trabalhista objetivar impedir a viabilidade financeira dos sindicatos. Para a organização, a cobrança obrigatória só deveria valer para as categorias que se beneficiam dos resultados obtidos nas negociações coletivas[28].

Pelos fundamentos trazidos, verifica-se que existe a possibilidade de arguição de inconstitucionalidade dos dispositivos da nova lei, que transformaram a contribuição sindical obrigatória em facultativa (arts. 545, 578, 579, 582, 583, 587 e 602), por estar referenciada no art. 8º, IV e no art. 149 da CF/88, e por implicar em renúncia de receita (Conta Emprego e Salário), consoante o art. 113 do ADCT – EC 95/2016. Dessa forma, há inconstitucionalidade formal, pois somente por Emenda Constitucional essa modificação poderia ter ocorrido.

Pelo sistema brasileiro de controle de constitucionalidade, os Juízes do Trabalho poderão reconhecer a possível inconstitucionalidade de dispositivos de lei da reforma trabalhista ofensivas à Carta Magna. Recorde-se que o controle difuso caracteriza-se pelo fato de exercitar-se perante o caso concreto. Posto o litígio em juízo, caberá ao órgão jurisdicional solucioná-lo incidentalmente[29]. A declaração de inconstitucionalidade, nesse ensejo, será necessária para o deslinde da situação intersubjetiva, porque não constitui objeto principal da ação[30]. Já há decisão do Supremo Tribunal Federal nesse sentido.

Nessa circunstância não se pode falar em aplicação da cláusula de reserva de plenário, que não se aplica à declaração de constitucionalidade dos órgãos fracionários, não impedindo o juiz monocrático de declarar a inconstitucionalidade de lei ou ato normativo, cujos efeitos da decisão também serão *inter partes*[31].

Consigne-se, ainda, sobre essa questão, que apenas o Supremo Tribunal Federal, na via concentrada, detém a competência para "determinar a inconstitucionalidade *erga omnes* de leis ou atos normativos contrários à Constituição"[32].

O controle de convencionalidade, por sua vez, é o exame de compatibilidade entre as normas jurídicas internas dos Estados Soberanos e as normas jurídicas internacionais por eles pactuadas, em especial as de direitos humanos[33].

Desde 1988, existe a possibilidade de se realizar controle de convencionalidade pelo Poder Judiciário pátrio, tanto pela via difusa quanto pela via concentrada. Faticamente, contudo, esse controle somente se inicia com a decisão proferida em 2008, no julgamento

---

(26) ORGANIZAÇÃO INTERNACIONAL DO TRABALHO. *Declaração da OIT sobre os princípios e direitos fundamentais no trabalho e seu seguimento.* Disponível em: <http://www.oitbrasil.org.br/sites/default/files/topic/international_labour_standards/pub/declaracao_oit_293.pdf>. Acesso em: 28 ago. 2017.

(27) ROSSETTO, Ricardo. Reforma trabalhista viola convenções internacionais, diz OIT. *Jornal Estadão*, 11.07.2017. Disponível em: <http://economia.estadao.com.br/noticias/geral,reforma-trabalhista-viola-convencoes-internacionais-diz-oit,70001884924>. Acesso em: 28 ago. 2017.

(28) *Idem.*

(29) BULOS, Uadi Lammêgo. *Constituição federal anotada.* 8. ed. rev. e atual. até a EC n. 56/2007. São Paulo: Saraiva, 2008. p. 963.

(30) *Idem.*

(31) BRASIL. Supremo Tribunal Federal. *Revista Trimestral de Jurisprudência.* v. 554, p. 253 e v. 98, p. 877.

(32) BULOS, 2008. p. 962.

(33) SANTOS, Eduardo Rodrigues dos. *Direitos fundamentais atípicos.* Salvador: JusPodivm, 2017. p. 201.

conjunto do ER 466.343 e do RE 349.703, quando o Supremo Tribunal Federal "reconhece a hierarquia especial, acima da lei (constitucional aos que passaram pelo procedimento do §3º, do art. 5º da CF/1988, e supralegal aos que não passaram por dito procedimento), aos tratados internacionais de direitos humanos"[34].

Também delineia-se a possibilidade de controle de convencionalidade, pois as alterações legais produzidas, quanto à voluntariedade da contribuição sindical, antes obrigatória, estão em confronto com a Convenção n. 144, que exige reuniões entre as partes interessadas (representantes dos trabalhadores, empregadores e governo), para obter soluções compartilhadas, e não impostas, como foi o caso, e mesmo com a ingerência legislativa nas negociações coletivas, proibindo que se estipulem descontos a título de receitas sindicais, afetando o previsto na Convenção n. 87 e no verbete 808 do Comitê de Liberdade Sindical, ambos da OIT.

3. O HISTÓRICO DA CONTRIBUIÇÃO SINDICAL

Os sindicatos, assim como as demais organizações de natureza civil, sobrevivem de receitas. Estas receitas podem ser compulsórias ou voluntárias.

Para Arion Sayão Romita, as contribuições voluntárias são fixadas pelos estatutos ou determinadas pelas assembleias gerais dos sindicatos e por elas respondem apenas os associados das entidades. As compulsórias, ao contrário, são impostas por lei "a todos os integrantes da categoria econômica ou profissional e recebem a denominação de imposto sindical"[35].

A Lei Sindical de 1931, conforme José Carlos Arouca, inaugurou o regime de tutela do Estado, dando ao Ministério do Trabalho permissão "para atender a pedidos de subvenção e auxílios destinados a cobrir as despesas com a criação e manutenção de serviços assistenciais, providência que se repetiu com a Lei de 1934"[36].

A contribuição sindical é, até hoje, a principal receita dos sindicatos. Instituída pela Constituição de 1937, é "coerente com a concepção publicística que inspirou a organização sindical corporativista que conferiu aos sindicatos o poder de impor contribuições e exercer funções delegadas de Poder Público"[37].

O Decreto-lei n. 1.402, de 5 de julho de 1939, no seu art. 3º, regulou a possibilidade de o sindicato "impor contribuições a todos aqueles que participam das profissões ou categorias representadas" (letra *f*), que, posteriormente, passou a ser a alínea *e*, do art. 513 da CLT[38].

O imposto sindical foi criado, no Brasil, com este nome, pelo Decreto-lei n. 2.377, de 8 de julho de 1940, portanto na vigência da Carta de 1937, "que conferia ao sindicato o direito de impor contribuições aos integrantes da categoria por ele representada"[39].

Egon Felix Gottschalk salientou não ser o sindicato que exerce o poder tributário, mas sim "o Estado, ao qual compete a arrecadação e o recolhimento do imposto sindical através do Banco do Brasil"[40].

Em crítica acerba ao instituto, Orlando Gomes e Elson Gottschalk asseveram que a contribuição sindical "representa, no fundo, uma deformação legal do poder representativo do sindicato"[41]. Para eles, baseando-se numa fictícia representação legal dos interesses gerais da categoria profissional (art. 138 da Carta de 1937), "atribuiu-se, por lei, ao sindicato, os recursos tributários impostos pelo próprio Estado, à guisa de estar legislando em nome do sindicato"[42]. Por isso, se diz que os sindicatos têm poderes de "impor contribuições a todos os que pertencem às categorias econômicas e profissionais (letra *e*, art. 513, CLT)"[43].

A Consolidação das Leis do Trabalho reunia, de forma sistemática, as disposições dos Decretos-leis ns. 1.402/1939, 2.377/1940, 4.298/1942, quanto à exigência de contribuições pelo sindicato, no dizer

---

(34) *Ibidem*, p. 204.
(35) ROMITA, Arion Sayão. *Direito sindical brasileiro*. Rio de Janeiro: Brasília, 1976. p. 129.
(36) AROUCA, José Carlos. *Curso básico de direito sindical*. 3. ed. São Paulo: LTr, 2012. p. 229.
(37) NASCIMENTO, Amauri Mascaro. *Compêndio de direito sindical*. 6. ed. São Paulo: LTr, 2009. p. 350.
(38) MARTINS, Sergio Pinto. Receita Sindical: Contribuição sindical compulsória e contribuição confederativa. *In:* FRANCO FILHO, Georgenor de Souza (Coord.). *Curso de direito coletivo do trabalho*: estudos em homenagem ao Ministro Orlando Teixeira da Costa. São Paulo: LTr, 1998. p. 136.
(39) ROMITA, 1976, p. 130.
(40) GOTTSCHALK, Egon Felix. *Norma pública e privada no direito do trabalho*. São Paulo: Saraiva, 1944. p. 166.
(41) GOMES, Orlando; GOTTSCHALK, Elson. *Curso de direito do trabalho*. 14. ed. Rio de Janeiro: Forense, 1995. p. 592.
(42) *Idem*.
(43) *Idem*.

de Sergio Pinto Martins[44]. Esse autor assegura que a Constituição de 1946 não tratou expressamente de contribuições sindicais. A Carta Magna da redemocratização, pós Segunda Guerra Mundial, entretanto, não vedou a cobrança de contribuições por parte do sindicato, mesmo porque o art. 159 disciplinava:

> É livre a associação profissional ou sindical, sendo reguladas por lei a forma de sua constituição, a sua representação legal nas convenções coletivas de trabalho e o exercício de funções delegadas pelo Poder Público.[45]

Segundo esse mesmo autor, a Constituição do Brasil de 1946 "recepcionou as regras da CLT a respeito de contribuições pelo sindicato"[46].

No período do regime militar, o Decreto-lei n. 229, de 28 de fevereiro de 1967, seguindo a Lei n. 5.172, de 25 de outubro do ano anterior (art. 217, I), "alterou a denominação para disfarçar a natureza tributária, passando de imposto para contribuição"[47].

A Constituição de 1967 voltou a tratar de contribuições sindicais, afirmando que o sindicato continuaria a exercer funções delegadas de poder público (art. 159). O art. 166 da Emenda Constitucional n. 1, de 1969, praticamente repetiu o art. 159 da Constituição de 1967, ao estabelecer que "a associação sindical ou profissional continuaria livre e que o sindicato exerca função delegada de poder público"[48].

Segundo José Carlos Arouca, no período militar, o Marechal Castelo Branco anunciou iniciativa de medida legal tendente a acabar com o imposto (contribuição sindical). Essa expectativa acabou não se concretizando[49].

Surpreendentemente, segundo Arnaldo Süssekind, a nova Constituição brasileira de 1988 manteve a contribuição sindical anual compulsória (conhecida equivocadamente como "imposto sindical") e ainda conferiu à assembleia geral dos sindicatos o poder de fixar outra contribuição "para custeio do sistema confederativo da representação sindical respectiva" (art. 8º, IV)[50].

A discussão sobre a legitimidade e/ou legalidade das contribuições obrigatórias tomou vulto, sobretudo, após a malfadada tentativa de extinção da "contribuição sindical" pela Medida Provisória n. 215, de agosto de 1990, que sofreu veto total após o recebimento de várias emendas e propostas, entre as quais a de extinção progressiva, em um prazo de cinco anos[51].

Da mesma forma, quando a Presidência da República foi ocupada por Fernando Henrique Cardoso, "anunciou-se que repousava em sua mesa uma minuta de medida provisória dispondo sobre a tardia extinção do tributo, que, apesar da mudança de nome, não perdera sua natureza"[52].

O Partido Popular Socialista (PPS) ajuizou, em 2007, Arguição de Descumprimento de Preceito Fundamental (ADPF 126) no STF contra a cobrança obrigatória da contribuição sindical. O partido pedia que o Plenário do Supremo declarasse a ilegalidade da medida prevista nos arts. 579, 582, 583 e 587 da CLT. Para o PPS, a declaração deveria ser feita porque tal imposição chocava-se com os princípios constitucionais da livre associação e da filiação a sindicato (arts. 5º, XX, e 8º, V). Ao julgar prejudicado o exame da liminar e determinar o arquivamento dos autos, o Ministro de Celso de Melo afirmou que a ADPF não reunia os requisitos necessários para seu processamento. Segundo o Ministro, a ADPF é cabível quando existir controvérsia judicial relevante, caracterizada por julgamentos conflitantes de órgãos judiciários diversos. No caso analisado isso não ocorria, conforme observou o decano do STF, porque não havia qualquer estado de incerteza ou de insegurança no plano jurídico, tendo em vista que inúmeros julgamentos do STF já reconheciam a plena legitimidade constitucional da cobrança sindical, que se qualificava "como modalidade

---

(44) MARTINS, 1998, p. 137.

(45) Idem.

(46) Idem.

(47) AROUCA, 2012, p. 231.

(48) MARTINS, 1998, p. 138.

(49) AROUCA, 2012, p. 231.

(50) SÜSSEKIND, Arnaldo et al. Instituições de direito do trabalho. 21. ed. atual. São Paulo: LTr, 2003. v. II, p. 1.155.

(51) BRASIL. Medida Provisória n. 215, de 30 de agosto de 1990. Dispõe sobre a extinção da Contribuição Sindical de que tratam os Arts. 578 a 610 da Consolidação das Leis do Trabalho e dá outras providências. Disponível em: <http://www2.camara.leg.br/legin/fed/medpro/1990/medidaprovisoria-215-30-agosto-1990-371123-publicacaooriginal-1-pe.html>. Acesso em: 04 set. 2017. Sobre esse tema, ainda, consultar ZANGRANDO, Carlos. Curso de direito do trabalho: tomo III. São Paulo: LTr, 2008. p. 1.490.

(52) AROUCA, 2012, p. 231.

de tributo expressamente prevista no próprio texto da lei fundamental"[53].

Na Ação Direta de Inconstitucionalidade 4067, ajuizada pelo partido Democratas (DEM), discute-se a validade de dispositivos da Lei n. 11.648/2008, que tratam da destinação de 10% da contribuição sindical compulsória (imposto sindical) para as centrais sindicais. O partido sustenta que os recursos da contribuição sindical têm finalidade específica, "expressamente constitucional", e não podem ser utilizados para o custeio de atividades que extrapolem os limites da categoria profissional. Segundo o partido, as centrais não têm como finalidade primordial a defesa de interesses de uma ou outra categoria. Outro ponto questionado foi a possibilidade de que as centrais sindicais participem de fóruns e órgãos públicos organizados de forma tripartite (com representantes do Estado, dos trabalhadores e patronais). Iniciado o julgamento em 2009, o relator, Ministro Joaquim Barbosa, votou pela inconstitucionalidade da regra que prevê a destinação de percentual da contribuição às centrais, por entender que elas não integram a estrutura sindical e não podem substituir as entidades sindicais (sindicatos, federações e confederações) nas situações definidas na Constituição Federal ou na lei; não poderiam, dessa forma, igualmente, receber parte da receita gerada por um contributo destinado a custear as atividades sindicais. Seguiram esse entendimento os Ministros Cezar Peluso e Ricardo Lewandowski. O Ministro Marco Aurélio abriu divergência, sustentando em seu voto que a contribuição sindical não precisa obrigatoriamente ser destinada às entidades sindicais, e que as centrais têm representação efetiva dos trabalhadores. Seguiram a divergência a Ministra Cármen Lúcia e o Ministro Eros Grau. Na mesma sessão, contudo, todos os Ministros reconheceram a possibilidade de as centrais representarem os trabalhadores em fóruns tripartites, dando interpretação conforme a Constituição ao *caput* do art. 1º e inciso II da lei em questão. O Ministro Barroso seguiu a divergência aberta pelo Ministro Marco Aurélio, considerando legítima a destinação de 10% para as centrais, e destacando que a característica essencial das contribuições compulsórias, que têm natureza tributária, é a destinação clara de seu produto e a idoneidade constitucional do fim a que se destinam. A Ministra Rosa Weber seguiu integralmente a divergência, adotando os fundamentos do voto do Ministro Roberto Barroso[54]. O julgamento não foi concluído ante o pedido de vista do Ministro Gilmar Mendes[55].

O Supremo Tribunal Federal, no RF 883.542, em junho de 2017, reafirmou sua jurispridência sobre a constitucionalidade da Contribuição Sindical Rural, instituída pelo Decreto-lei n. 1.661/1971. Nessa decisão, o Plenário Virtual reconheceu a repercussão geral da questão e reafirmou entendimento consolidado do Tribunal sobre o tema. Seguindo a proposta do relator Ministro Gilmar Mendes, firmou-se a seguinte tese: "A Contribuição Sindical Rural, instituída pelo Decreto-lei n. 1.661/1971, não configura hipótese de bitributação e tal tributo foi recepcionado pela ordem constitucional vigente"[56].

Pela argumentação expendida, pode-se ver o quanto há de polêmica sobre a existência e cobrança da contribuição sindical, e que continuará com a reforma trabalhista, que determina que, em lugar de obrigatória, passe a ser voluntária. Isso porque nada se previu em substituição, abolindo-se, após mais de 70 anos, sua compulsoriedade. Evidentemente que haverá reação das entidades sindicais, não preparadas para essa inestimável perda de receita.

4. AS ALTERNATIVAS DE RECEITAS

Quando se mencionam as receitas sindicais, no Brasil, relacionam-se, além da contribuição sindical, a contribuição confederativa, a contribuição assistencial e as mensalidades sindicais.

---

(53) BRASIL. Supremo Tribunal Federal. PPS ajuíza ação contra cobrança obrigatória da contribuição sindical. *Notícias STF*. 10.12.2007. Disponível em: <http://m.stf.gov.br/portal/noticia/verNoticiaDetalhe.asp?idConteudo=79521>. Acesso em: 4 out. 2017. E também BRASIL. Supremo Tribunal Federal. Decano arquiva ação do PPS contra cobrança compulsória da contribuição sindical. *Notícias STF*. 22.02.2013. Disponível em: <http://www.stf.jus.br/portal/cms/verNoticiaDetalhe.asp?idConteudo=231447>. Acesso em: 4 out. 2017.

(54) BRASIL. Supremo Tribunal Federal. Suspenso julgamento de ADI sobre destinação de contribuição sindical a centrais. *Notícias STF*. 26.11.2015. Disponível em: <http://www.stf.jus.br/portal/cms/verNoticiaDetalhe.asp?idConteudo=304926>. Acesso em: 04 out. 2017.

(55) BRASIL. Supremo Tribunal Federal. *Acompanhamento processual*. ADI 4067 – Ação Direta de Inconstitucionalidade. Disponível em: <http://www.stf.jus.br/portal/processo/verProcessoAndamento.asp?numero=4067&classe=ADI&origem=AP&recurso=0&tipoJulgamento=M>. Acesso em: 04 out. 2017.

(56) BRASIL. Supremo Tribunal Federal. Contribuição rural é constitucional, reafirma STF. *Notícias STF*. 19.06.2017. Disponível em: <http://www.stf.jus.br/portal/cms/verNoticiaDetalhe.asp?idConteudo=347030>. Acesso em: 04 out. 2017.

Arnaldo Süssekind distingue a contribuição confederativa da contribuição sindical. Para esse autor, a contribuição confederativa de que trata o art. 8º da Constituição destina-se ao custeio do sistema confederativo de representação sindical dos respectivos ramos econômicos ou profissionais (indústria, comércio, transportes marítimos, fluviais, aéreos e terrestres, comunicações e publicidade, educação e cultura, rural e profissões liberais), e é autônoma, criada por ato voluntário de associados de sindicato.

Quanto à contribuição sindical, de origem corporativa, mantida pela Carta Magna de 1988 (art. 149), trata-se de um tributo instituído por lei federal, heterônoma portanto, sujeitando-se, como tributo, a todos os princípios de Direito Tributário (cf. os art. 146, III; 150, I e III; e 195, § 6º, da CF, além do art. 3º do CTN"[57].

A taxa assistencial, ou contribuição assistencial, de origem normativa (convencional ou sentencial), destina-se ao custeio das atividades assistenciais da associação sindical que interveio no processo de formação da norma coletiva. Nisso, distingue-se da contribuição confederativa, que se dirige ao "custeio do sistema sindical"[58].

Há, ainda, uma quarta receita, denominada mensalidade social ou sindical. Como se há de recordar, por garantia do princípio da liberdade de filiação, nenhum integrante de categoria profissional ou econômica é compelido a tornar-se "sócio de associação sindical" ou de sindicato. Fazendo-o, contudo, obrigar-se ao "pagamento da mensalidade fixada no respectivo estatuto, como ocorrerá com o associado de qualquer entidade destinada à prestação de serviços aos seus aderentes"[59].

Como estruturam-se os sindicatos de outros países quanto às receitas? Pondere-se que o *caput* do art. 8º da CLT (mantido íntegro pela Lei n. 13.467, de 13.07.2017), dispõe:

> As autoridades administrativas e a Justiça do Trabalho, na falta de disposições legais ou contratuais, decidirão, conforme o caso, pela jurisprudência, por analogia, por equidade e outros princípios e normas gerais de direito,

principalmente do direito do trabalho, e, ainda, de acordo com os usos e costumes, o direito comparado, mas sempre de maneira que nenhum interesse de classe ou particular prevaleça sobre o interesse público.[60]

Ao manifestar-se sobre esse texto, registra José Cairo Júnior que o aplicador do Direito Laboral encontra-se expressamente autorizado, por esse preceito, a recorrer ao Direito comparado, "quando a legislação pátria não oferecer solução para determinado conflito de interesses". Para esse autor, "as relações sociais modificam-se e modernizam-se com grande velocidade, de forma tal que o processo legislativo, lento por natureza, não consegue acompanhar"[61].

Em sua tese de doutorado, o Professor Sergio Pinto Martins examinou a disciplina da contribuição sindical à luz do Direito Comparado e da OIT. Analisou o tratamento jurídico dado a esse tema em diversos países. Em síntese, seu trabalho mostra que no Uruguai o sistema é totalmente desregulamentado, não existindo norma legal tratando de contribuições sindicais, a despeito de ser um país vizinho e pertencer ao MERCOSUL. O Paraguai também não tem uma contribuição sindical obrigatória cobrada de toda a categoria. A exigência de uma cota dita de "solidariedade" é permitida em algumas legislações, como na Argentina, Colômbia, Espanha, Filipinas, Grécia e Reino Unido, sendo exigida dos não associados do sindicato, beneficiados pela negociação coletiva ou pela arbitragem. Na Espanha, Suíça e Colômbia, essa cota de solidariedade é exigida em convenção coletiva. No Peru, há previsão de descontos em folha das contribuições sindicais[62].

Segundo Gino Giugni, na Itália, o sistema de cobrança das contribuições sindicais foi substituído, nos anos 60, "seguindo tendência geral afirmada nos contratos coletivos, por sistema de desconto direto sobre o salário, realizado pelo empregador"[63].

A Organização Internacional do Trabalho tem admitido, para reforçar as finanças do sindicato, a estipulação de uma "cota de solidariedade" na convenção coletiva por ele ajustada, "devida exclusivamente pelos

---

(57) SÜSSEKIND, 2000, p. 1.162.

(58) PINTO, 2002, p. 127.

(59) *Idem*.

(60) BRASIL. *Decreto-lei n. 5.452, de 1º de maio de 1943*. Aprova a Consolidação das Leis do Trabalho. Disponível em: <http://www.planalto.gov.br/ccivil_03/decreto-lei/Del5452.htm>. Acesso em: 28 ago. 2017.

(61) CAIRO JÚNIOR, 2016, p. 110-111.

(62) MARTINS, Sergio Pinto. *Contribuição confederativa*. São Paulo: LTr, 1996. p. 35-37. Também sobre o tema, importantes registros na obra "Direito Internacional do Trabalho": SÜSSEKIND, 2000, p. 322-349.

(63) GIUGNI, Gino. *Direito sindical*. Tradução e notas de Eiko Lúcia Itioka. São Paulo: LTr, 1991. p. 83.

não associados, como condição para que a estes se estendam as vantagens do instrumento negociado"[64].

Orlando Gomes e Elson Gottschalk admitem que o sindicato crie "taxas" de compensação pelos serviços prestados à profissão inteira, na negociação coletiva; nesse caso, verifica-se "uma contraprestação com benefícios conseguidos pelo sindicato em favor dos não sindicalizados"[65].

No momento em que passar a vigorar a Lei n. 13.467, em novembro de 2017, tornando a contribuição sindical voluntária (arts. 578, 579, 582, 583, 587 e 602), como já se disse, ocorrerão problemas de ordem prática, de aplicação e questionamentos judiciais sobre a constitucionalidade dos novos dispositivos e mesmo a compatibilidade com as normas da OIT (controle de convencionalidade).

Avultará nesse debate a aplicabilidade do inciso XXVI do art. 611-B da CLT, introduzido pela nova lei. Por essa disposição:

> Constituem objeto ilícito de convenção coletiva ou de acordo coletivo de trabalho, exclusivamente, a supressão ou a redução dos seguintes direitos: (...) XXVI – liberdade de associação profissional ou sindical do trabalhador, inclusive o direito de não sofrer, sem sua expressa e prévia anuência, qualquer cobrança ou desconto salarial estabelecidos em convenção coletiva ou acordo coletivo de trabalho.[66]

A pergunta a ser respondida é se o legislador infraconstitucional pode estipular essa proibição! A liberdade sindical está consagrada no *caput* do art. 8º da Constituição de 05.10.1988 e também na Convenção n. 98 da OIT, que trata da proteção do direito de sindicalização e da negociação coletiva.

Seria possível, então, admitir-se contribuição paga pelo empregador em benefício do sindicato profissional? Essa é uma das questões mais importantes a ser enfrentada, neste momento, no qual as entidades sindicais dos trabalhadores encontram-se em um limbo jurídico quanto ao que fazer no que diz respeito às receitas sindicais. Não há dúvida de que essa possibilidade não deve ser aceita, pois o papel do sindicato profissional avulta justamente porque faz frente "ao poder econômico da empresa na relação capital *versus* trabalho existente no contrato de trabalho"[67].

Aceitar-se contribuições a serem pagas pelas empresas, em favor dos sindicatos dos trabalhadores, atentaria, sim, contra a liberdade sindical, "já que tal contribuição representa forma de ingerência (art. 2º da Convenção n. 98 da OIT) por parte das empresas ou do sindicato patronal sobre o sindicato dos trabalhadores"[68]. Em outras palavras, "é inadmissível a dependência econômica da entidade dos trabalhadores em relação ao empregador, sob pena de causar prejuízos à própria representatividade sindical"[69].

De que modo, então, as receitas sindicais poderiam ficar adequadas a um sistema democrático em que se assegurasse a liberdade sindical? Duas são as possibilidades, ao que tudo indica, mais aceitáveis: a) a contribuição dos associados, pelo vínculo ao sindicato; b) a contribuição negocial, pelas vantagens obtidas em negociação coletiva, devida por sócios e não sócios, descontada compulsoriamente pelos empregadores e repassada aos sindicatos dos trabalhadores.

Segundo Amauri Mascaro Nascimento, há proposta de modificação das fontes de receita sindical, tendo em vista "a necessidade de recursos financeiros para que as entidades sindicais possam cumprir os seus objetivos"[70]. A possibilidade estaria em substituir, as atuais contribuições (sindical, confederativa e assistencial, mais a mensalidade estatutária), por apenas duas: a) contribuição de sócios, que é uma nova forma para a mensalidade sindical; e b) a contribuição de negociação coletiva, prevista em instrumentos coletivos[71].

Relativamente à contribuição associativa, deve ser paga por filiado que se inscreva como sócio da entidade sindical. Trata-se de contribuição espontânea e fundada

---

(64) ZANGRANDO, 2008, p. 1.489-1.490.

(65) GOMES; GOTTSCHALK, 1995, p. 593.

(66) BRASIL. *Lei n. 13.467, de 13 de julho de 2017*. Altera a Consolidação das Leis do Trabalho (CLT), aprovada pelo Decreto-lei n. 5.452, de 1º de maio de 1943, e as Leis ns. 6.019, de 3 de janeiro de 1974, 8.036, de 11 de maio de 1990, e 8.212, de 24 de julho de 1991, a fim de adequar a legislação às novas relações de trabalho. Disponível em: <http://www.planalto.gov.br/ccivil_03/_ato2015-2018/2017/lei/L13467.htm>. Acesso em: 04 set. 2017.

(67) OLIVEIRA NETO, Alberto Emiliano de. *Contribuições sindicais*: modalidades de financiamento sindical e o princípio da liberdade sindical. São Paulo: LTr, 2010. p. 109.

(68) *Idem.*

(69) *Idem.*

(70) NASCIMENTO, 2009, p. 667.

(71) *Ibidem*, p. 667-671.

no vínculo associativo em favor das entidades sindicais, conforme o disposto no estatuto e deliberações de assembleia. Constitui prerrogativa da entidade sindical de trabalhadores, quando autorizada, expressamente, por seus filiados, requisitar, por escrito, à empresa, o seu desconto em folha de pagamento, a esta cabendo efetuar o repasse para o sindicato até o décimo dia subsequente ao desconto[72].

No que diz respeito à contribuição de negociação coletiva, trata-se da importância devida em favor das entidades sindicais, com periodicidade anual, pela participação negocial ou no efeito geral do seu resultado. A proposta do valor devido a esse título será submetida, anualmente, à apreciação e deliberação de assembleia geral dos destinatários da negociação coletiva, filiados ou não à entidade sindical. A prerrogativa para essa cobrança será do sindicato, "cumprindo aos empregadores descontá-la da remuneração dos trabalhadores abrangidos"[73].

No rateio dessa receita, obtida pela negociação coletiva, 70% ficariam para os sindicatos, 10% para as federações, 5% para as confederações e 10% para as centrais sindicais. O Fundo Solidário de Promoção Sindical (FSPS) receberia 5% dessa contribuição, vinculada ao Ministério do Trabalho e Emprego, destinando-se ao custeio das atividades do Conselho Nacional de Relações de Trabalho (CNRT), cuja atribuição principal seria propor os critérios de agregação por setores e ramos das atividades das entidades sindicais de trabalhadores e empregadores, e, ainda, "de programas, estudos, pesquisas e ações voltadas à promoção das relações sindicais e do diálogo social"[74].

Arion Sayão Romita assevera que a contribuição sindical deveria ser prevista pelo estatuto do sindicato, obrigando ao respectivo pagamento apenas aos associados. Assim, segundo assinala, a mesma regra se aplicaria às contribuições devidas pelos sindicatos às entidades de grau superior. Em consequência direta dessa interpretação, "os não associados, para beneficiar-se dos resultados da negociação coletiva, pagariam ao sindicato uma quota de solidariedade"[75].

Naturalmente que alternativas poderão ser apresentadas, discutidas e acolhidas. Parece claro, no entanto, ser inadequada a abrupta retirada de uma fonte de custeio das entidades sindicais que perdurou por mais de 70 (setenta) anos.

Deve-se realçar, assim, que a estrutura administrativa e a atuação dos vários sindicatos profissionais e patronais é bastante complexa, "e seus compromissos financeiros são proporcionais à sua receita, o que ocorre há muitas décadas"[76]. Pode-se afirmar, assim, que a retirada da contribuição sindical obrigatória, de forma repentina, tanto de um grande sindicato quanto de uma entidade de tamanho e representação menores, causará sérios abalos financeiros. Considerando que, no Brasil, segundo dados reconhecidos pelo Ministério do Trabalho, existem, hoje, cerca de 11 mil sindicatos de trabalhadores e pouco mais de cinco mil sindicatos de empresas, permite-se estimar "o expressivo número de pessoas que dependem da receita financeira dos sindicatos para sua remuneração"[77].

Paulo Sergio João, por outro viés, afirma: extinguir-se a contribuição sindical não pode levar a que se revogue a representação. A contribuição sindical, além de ser o fundamento que sustenta economicamente os sindicatos, atualmente, ainda é o fundamento jurídico da representação formal "porque se trata de condição de reconhecimento da capacidade de exercer, de modo monopolizado, o controle de categorias sindicais, profissional ou econômica"[78]. Ao extinguir-se a contribuição sindical obrigatória, não se pode, assim, de forma automática, considerar-se revogada a representação dos atuais sindicatos, pois a mudança pressupõe a possibilidade de organização sindical "responsável e plúrima, sem a necessária vinculação ao fatiamento por categoria, em especial a profissional, assegurando-se a todos o exercício pleno da liberdade sindical"[79].

---

(72) *Ibidem*, p. 667-668.

(73) *Ibidem*, p. 668-669.

(74) *Ibidem*, p. 669-670 e 695-697.

(75) ROMITA, Arion Sayão. *O princípio da proteção em xeque e outros ensaios*. São Paulo: LTr, 2003. p. 160.

(76) MANUS, Pedro Paulo Teixeira. A contribuição sindical segundo a nova reforma trabalhista. *Revista Consultor Jurídico*, 28.07.2017. Disponível em: <http://www.conjur.com.br/2017-jul-28/reflexoes-trabalhistas-contribuicao-sindical-segundo-reforma-trabalhista>. Acesso em: 04 set. 2017.

(77) *Idem*.

(78) JOÃO, Paulo Sergio. Extinguir a contribuição sindical não pode levar à revogação de representação. *Revista Consultor Jurídico*, 07.04.2017. Disponível em: <http://www.conjur.com.br/2017-abr-07/reflexoes-trabalhistas-extinguir-contribuicao-sindical-nao-levar-revogacao-representacao>. Acesso em: 04 set. 2017.

(79) *Idem*.

Pode-se assegurar, assim, que a substituição de um sindicato por outro mais representativo não é inviabilizada "pela existência da contribuição compulsória, mas sim pelo regime de unicidade sindical"[80].

Pelo sistema brasileiro, a representação dos interesses dos trabalhadores por determinado sindicato é prefixada, legalmente, segundo o critério de categoria profissional, unicidade sindical e base territorial. Essa legislação é de ordem pública, o que significa que não pode ser alterada pela vontade dos destinatários da norma. Desse modo, as noções de unicidade sindical e de base territorial só admitem a representação dos trabalhadores de certa categoria por um único sindicato. Na mesma base territorial só pode haver um sindicato representativo de uma categoria profissional[81].

Enquanto o sistema jurídico trabalhista estiver vinculado à unicidade sindical, que considera representativo apenas um sindicato por categoria, em determinada base territorial, e enquanto a negociação coletiva privilegiar trabalhadores não associados às suas entidades sindicais, a única solução possível é estabelecer, de forma clara, para dar previsibilidade e segurança jurídica para toda a sociedade, o modo como deve ser efetuado o custeio desses organismos representativos do capital e do trabalho, isto é, dos sindicatos patronais e dos trabalhadores.

Como se pode, afinal, entender o significado da expressão liberdade sindical? Tomando-se por base os princípios contidos nos instrumentos internacionais, tal como a Convenção n. 87 da OIT e o Pacto Internacional sobre Direitos Econômicos, Sociais e Culturais da ONU, a liberdade sindical compreende três aspectos principais: coletiva, individual e autonomia sindical. A liberdade sindical coletiva é a liberdade de empregadores e empregados de se unirem e formarem um sindicato, redigir seus estatutos e estabelecer o seu programa de ação. A liberdade sindical individual é o direito de todo empregado e empregador de ingressar ou de desligar-se do sindicato de sua escolha. A autonomia sindical, por seu turno, é o direito do sindicato de tomar suas próprias deliberações, sem ingerência de forças estranhas[82].

A mensalidade sindical é uma receita que só os sindicatos mais organizados e fortes possuem. A contribuição confederativa tem merecido resistência por só poder ser cobrada dos associados, o mesmo ocorrendo com a contribuição assistencial.

Não há dúvida que estabelecer, de forma clara e objetiva, a receita dos sindicatos, pode contribuir, de maneira eficaz, para que essas entidades possam ser efetivamente representativas de seus associados e não associados (destes também, por se beneficiarem das negociações coletivas de trabalho!).

5. CONSIDERAÇÕES FINAIS

A clássica frase de abertura do livro "Crônica de uma Morte Anunciada" alerta: "No dia em que o matariam, Santiago Nasar levantou-se às cinco e meia da manhã para esperar o navio em que chegava o bispo"[83]. Desde a primeira frase do livro, sabe-se que alguém vai morrer. Sabe-se, também, quem vai morrer e quando vai morrer. Uma vez que o fato já é conhecido desde logo, o importante não é saber o que vai acontecer, mas sim como e principalmente o porquê!

Exatamente esse é o caso da contribuição sindical. A morte já estava há muito anunciada, só não se sabia quando. E não se sabia como; se de uma vez só ou se aos poucos, com a gradual diminuição dos recolhimentos...

Agora que a nova lei a extinguiu, remanesce a pergunta: há inconstitucionalidade(s) na lei? Cabe a instauração de controle de convencionalidade?

Foram essas as inquietações que levaram ao estudo contido nesse texto.

Durante a tramitação do Projeto de Lei da reforma trabalhista na Câmara e no Senado, argumentava-se que havia pressa, muita pressa, na aprovação (para quem era a favor do projeto!). Dizia-se mais, que eventuais "defeitos" do projeto não seriam vetados pelo Presidente, que o sancionaria tal como viesse do Congresso. Entretanto, falhas, incorreções, contradições apontadas por Deputados e Senadores poderiam ser objeto de Medida Provisória posteriormente, para corrigir erros reconhecidos. Um desses pontos importantes seria uma alternativa às receitas sindicais. Poderá ocorrer, então, que o Poder Executivo ressuscite o morto. Desse modo, poderíamos ter uma contribuição sindical a ser cobrada em valores menores, gradualmente, durante algum

---

(80) ROMITA, 2003, p. 153.

(81) *Ibidem*, p. 163.

(82) MACHACZEK, Maria Cristina Cintra. A liberdade sindical como concretização dos direitos da pessoa humana do trabalhador. *In*: PIOVESAN, Flávia; CARVALHO, Luciana Paula Vaz de (Coord.). *Direitos humanos e direito do trabalho*. São Paulo: Atlas, 2010. p. 295.

(83) GARCÍA MARQUEZ, Gabriel. *Crônica de uma morte anunciada*. Tradução de Remy Gorga Filho. Rio de Janeiro: Record, 1981. p. 12-13.

tempo, até ser extinta, ou, também, em substituição, estabelecer-se uma contribuição negocial pelos resultados obtidos nas negociações coletivas, acordos ou convenções, pelos sindicatos de trabalhadores.

Entrevistado sobre a reforma trabalhista, o Ministro Luiz Philippe Vieira de Mello Filho, do Tribunal Superior do Trabalho, assim se manifestou:

> A Reforma Trabalhista tem sido anunciada como se fosse algo moderno e benéfico. Ela na verdade desconstrói o Direito do Trabalho até então sedimentado em todo o território nacional; ela abala todas as estruturas que justificam o Direito do Trabalho.[84]

Concluiu o Ministro sua manifestação afirmando:

> A sociedade brasileira não tem ideia do que vai acontecer. Os trabalhadores não têm ideia das consequências. Ela impacta no modelo de justiça empregado hoje em nosso país. Ela é uma lei anomalamente produzida de uma forma para que seja imposta à sociedade brasileira. Por isso que o tempo é um grande instrumento em prol do Direito. O Direito não gosta da pressa.[85]

Dentre tantos temas abordados pela reforma trabalhista, as receitas sindicais constituem assunto primordial. Exigir dos sindicatos de trabalhadores uma postura ativa (negociado sobre o legislado!) sem que existam condições materiais para esse desempenho, é enfraquecer o movimento sindical e criar insegurança jurídica, pela polêmica judicial que será instaurada.

No final de 2017, e durante todo o ano de 2018, pelo menos, o tema da contribuição sindical apenas voluntária será exaustivamente debatido e polemizado judicialmente. Espera-se, naturalmente, que exista uma solução legislada, judicializada ou dada pelos sindicatos por meio de seus estatutos, para desvincular do Estado, efetivamente, esses entes, garantindo-se que sejam atenciosos àqueles que deles necessitam sempre e cada vez mais: os trabalhadores.

6. REFERÊNCIAS BIBLIOGRÁFICAS

A Reforma Trabalhista não liberta, ela escraviza, diz Ministro do TST. *Jornal da CNTC*, ano 7, 74. ed., abr./maio 2017. p. 7.

AROUCA, José Carlos. *Curso básico de direito sindical*. 3. ed. São Paulo: LTr, 2012.

ASSIS, Machado de. *Memórias póstumas de Brás Cubas*. São Paulo: Mediafashion, 2016.

BRASIL. *Constituição da República Federativa do Brasil*. Disponível em: <http://www.planalto.gov.br/ccivil_03/constituicao/constituicao.htm>. Acesso em: 25 ago. 2017.

_____. *Decreto-lei n. 5.452, de 1º de maio de 1943*. Aprova a Consolidação das Leis do Trabalho. Disponível em: <http://www.planalto.gov.br/ccivil_03/decreto-lei/Del5452.htm>. Acesso em: 28 ago. 2017.

_____. *Emenda Constitucional n. 95, de 15 de dezembro de 2016*. Altera o Ato das Disposições Constitucionais e Transitórias para instituir o Novo Regime Fiscal e dá outras providências. Disponível em: <http://www.planalto.gov.br/ccivil_03/constituicao/emendas/emc/emc95.htm>. Acesso em: 28 ago. 2017.

_____. *Lei n. 13.467, de 13 de julho de 2017*. Altera a Consolidação das Leis do Trabalho (CLT), aprovada pelo Decreto-lei n. 5.452, de 1º de maio de 1943, e as Leis ns. 6.019, de 3 de janeiro de 1974, 8.036, de 11 de maio de 1990, e 8.212, de 24 de julho de 1991, a fim de adequar a legislação às novas relações de trabalho. Disponível em: <http://www.planalto.gov.br/ccivil_03/_ato2015-2018/2017/lei/L13467.htm>. Acesso em: 04 set. 2017.

_____. *Lei n. 6.386, de 9 de dezembro de 1976*. Altera dispositivos da Consolidação das Leis do Trabalho e dá outras providências. Disponível em: <http://www.planalto.gov.br/ccivil_03/leis/L6386.htm>. Acesso em: 28 ago. 2017.

_____. *Medida Provisória n. 215, de 30 de agosto de 1990*. Dispõe sobre a extinção da Contribuição Sindical de que tratam os Arts. 578 a 610 da Consolidação das Leis do Trabalho e dá outras providências. Disponível em: <http://www2.camara.leg.br/legin/fed/medpro/1990/medidaprovisoria-215-30-agosto-1990-371123-publicacaooriginal-1-pe.html>.

_____. Supremo Tribunal Federal. *Acompanhamento processual*. ADI 4067 – Ação Direta de Inconstitucionalidade. Disponível em: <http://www.stf.jus.br/portal/processo/verProcessoAndamento.asp?numero=4067&classe=ADI&origem=AP&recurso=0&tipoJulgamento=M>. Acesso em: 04 out. 2017.

_____. Supremo Tribunal Federal. Contribuição rural é constitucional, reafirma STF. *Notícias STF*. 19.06.2017. Disponível em: <http://www.stf.jus.br/portal/cms/verNoticiaDetalhe.asp?idConteudo=347030>. Acesso em: 04 out. 2017.

_____. Supremo Tribunal Federal. Decano arquiva ação do PPS contra cobrança compulsória da contribuição sindical. *Notícias STF*. 22.02.2013. Disponível em: <http://www.stf.jus.br/portal/cms/verNoticiaDetalhe.asp?idConteudo=231447>. Acesso em: 4 out. 2017.

_____. Supremo Tribunal Federal. PPS ajuíza ação contra cobrança obrigatória da contribuição sindical. *Notícias STF*.

---

[84] A Reforma Trabalhista não liberta, ela escraviza, diz Ministro do TST. *Jornal da CNTC*, ano 7, 74. ed., abr./maio 2017. p. 7.
[85] *Idem*.

10.12.2007. Disponível em: <http://m.stf.gov.br/portal/noticia/verNoticiaDetalhe.asp?idConteudo=79521>. Acesso em: 4 out. 2017.

_____. Supremo Tribunal Federal. RE 146.733, Rel. Min. Moreira Alves. *Revista Trimestral de Jurisprudência*, n. 146, p. 684-694.

_____. Supremo Tribunal Federal. *Revista Trimestral de Jurisprudência*, v. 554, p. 253 e v. 98, p. 877.

_____. *Supremo Tribunal Federal*. Súmulas. Disponível em: <http://www.stf.jus.br/portal/cms/verTexto.asp?servico=jurisprudenciaSumulaVinculante>. Acesso em: 25 ago. 2017.

_____. Supremo Tribunal Federal. Suspenso julgamento de ADI sobre destinação de contribuição sindical a centrais. *Notícias STF*. 26.11.2015. Disponível em: <http://www.stf.jus.br/portal/cms/verNoticiaDetalhe.asp?idConteudo=304926>. Acesso em: 04 out. 2017.

BULOS, Uadi Lammêgo. *Constituição federal anotada*. 8. ed. rev. e atual. até a EC 56/2007. São Paulo: Saraiva, 2008.

CAIRO JÚNIOR, José. *Curso de direito do trabalho*. 12. ed. rev. e atual. Salvador: JusPodivm, 2016.

DELGADO, Mauricio Godinho. *Capitalismo, trabalho e emprego*: entre o paradigma da destruição e os caminhos da reconstrução. 3. ed. rev. e ampl. São Paulo: LTr, 2017.

GARCÍA MARQUEZ, Gabriel. *Crônica de uma morte anunciada*. Tradução de Remy Gorga Filho. Rio de Janeiro: Record, 1981.

GIUGNI, Gino. *Direito sindical*. Tradução e notas de Eiko Lúcia Itioka. São Paulo: LTr, 1991.

GOMES, Orlando; GOTTSCHALK, Elson. *Curso de direito do trabalho*. 14. ed. Rio de Janeiro: Forense, 1995.

GOTTSCHALK, Egon Felix. *Norma pública e privada no direito do trabalho*. São Paulo: Saraiva, 1944.

JOÃO, Paulo Sergio. Extinguir a contribuição sindical não pode levar à revogação de representação. *Revista Consultor Jurídico*, 07.04.2017. Disponível em: <http://www.conjur.com.br/2017-abr-07/reflexoes-trabalhistas-extinguir-contribuicao-sindical-nao-levar-revogacao-representacao>. Acesso em: 04 set. 2017.

LIMA, Francisco Meton Marques de; LIMA, Francisco Péricles Domingues Marques de. *Reforma trabalhista*: entenda ponto por ponto. São Paulo: LTr, 2017.

MACHACZEK, Maria Cristina Cintra. A liberdade sindical como concretização dos direitos da pessoa humana do trabalhador. *In*: PIOVESAN, Flávia; CARVALHO, Luciana Paula Vaz de (Coord.). *Direitos humanos e direito do trabalho*. São Paulo: Atlas, 2010. p. 272-300.

MANUS, Pedro Paulo Teixeira. A contribuição sindical segundo a nova reforma trabalhista. *Revista Consultor Jurídico*, 28.07.2017. Disponível em: <http://www.conjur.com.br/2017-jul-28/reflexoes-trabalhistas-contribuicao-sindical-segundo-reforma-trabalhista>. Acesso em: 04 set. 2017.

MARTINS, Sergio Pinto. *Contribuição confederativa*. São Paulo: LTr, 1996.

_____. Receita Sindical: Contribuição sindical compulsória e contribuição confederativa. In: FRANCO FILHO, Georgenor de Souza (Coord.). *Curso de direito coletivo do trabalho*: estudos em homenagem ao Ministro Orlando Teixeira da Costa. São Paulo: LTr, 1998. p. 134-158.

MELEK, Marlos Augusto. *Trabalhista! O que mudou?* Reforma trabalhista 2017. Curitiba: Estudo Imediato, 2017.

MIESSA, Élisson; CORREIA, Henrique; MIZIARA, Raphael; LENZA, Breno. *CLT comparada*: com a reforma trabalhista. Salvador: JusPodivm, 2017.

NASCIMENTO, Amauri Mascaro. *Compêndio de direito sindical*. 6. ed. São Paulo: LTr, 2009.

OLIVEIRA NETO, Alberto Emiliano de. *Contribuições sindicais*: modalidades de financiamento sindical e o princípio da liberdade sindical. São Paulo: LTr, 2010.

ORGANIZAÇÃO INTERNACIONAL DO TRABALHO. *A liberdade sindical*. Recopilação das decisões e princípios do comitê de liberdade sindical do Conselho de Administração da OIT. Brasília: OIT, 1997.

_____. *Declaração da OIT sobre os princípios e direitos fundamentais no trabalho e seu seguimento*. Disponível em: <http://www.oitbrasil.org.br/sites/default/files/topic/international_labour_standards/pub/declaracao_oit_293.pdf>. Acesso em: 28 ago. 2017.

_____. *Liberdade Sindical e Proteção ao Direito de Sindicalização*. Disponível em: <http://www.oitbrasil.org.br/content/liberdade-sindical-e-prote%C3%A7%C3%A3o-ao-direito-de-sindicaliza%C3%A7%C3%A3o>. Acesso em: 28 ago. 2017.

PINTO, José Augusto Rodrigues. *Direito sindical e coletivo do trabalho*. 2. ed. São Paulo: LTr, 2002.

ROMITA, Arion Sayão. *Direito sindical brasileiro*. Rio de Janeiro: Brasília, 1976.

_____. *O princípio da proteção em xeque e outros ensaios*. São Paulo: LTr, 2003.

ROSSETTO, Ricardo. Reforma trabalhista viola convenções internacionais, diz OIT. *Jornal Estadão*, 11.07.2017. Disponível em: <http://economia.estadao.com.br/noticias/geral,reforma-trabalhista-viola-convencoes-internacionais-diz-oit,70001884924>. Acesso em: 28 ago. 2017.

SANTOS, Eduardo Rodrigues dos. *Direitos fundamentais atípicos*. Salvador: JusPodivm, 2017.

SILVA, Homero Batista Mateus da. *Comentários à reforma trabalhista:* análise da Lei n. 13.467/2017 artigo por artigo. São Paulo: Revista dos Tribunais, 2017.

STÜRMER, Gilberto. *Direito constitucional do trabalho no Brasil*. São Paulo: Atlas, 2014.

SÜSSEKIND, Arnaldo et al. *Instituições de direito do trabalho*. 21. ed. atual. São Paulo: LTr, 2003. v. II.

SÜSSEKIND, Arnaldo. *Direito internacional do trabalho*. 3. ed. atual. São Paulo: LTr, 2000.

ZANGRANDO, Carlos. *Curso de direito do trabalho*: tomo III. São Paulo: LTr, 2008.

Capítulo 13

Ultratividade da Norma Coletiva e a Reforma Trabalhista da Lei n. 13.467/2017

Eliázer Antonio Medeiros[1]

Lais Teresinha da Rosa Kuiaski[2]

1. INTRODUÇÃO

No mundo pós reforma industrial, a partir do século XVIII, o trabalho é tema central da vida social, seja pelo viés da economia, seja pela identidade do Ser vinculada ao trabalho. Dele, emanam aspectos como responsabilidade, *status*, reconhecimento, dignidade, independência e realização pessoal, sob a ótica do indivíduo e dos grupos sociais. Sob a perspectiva econômica, representa produção, transformação, renda, lucro, verdadeira força motriz do sistema capitalista.

Ampliando do individual para o coletivo, o trabalho constitui interesse primordial de trabalhadores e empregadores, sendo esta relação motriz do desenvolvimento econômico do país, no qual protagonizam os atores sociais coletivos. A atuação coletiva, que deveria se guiar na busca lógica do "ganha-ganha", na prática, sujeita-se ao compromisso do "perde-perde", pelo qual ambos os lados cedem um pouco para que igualmente possam ganhar um pouco.

Neste contexto, releva-se a importância da análise do tema proposto: a ultratividade das normas coletivas, cujos delineamentos se modificaram desde a redação original do art. 614 da CLT, com alterações significativas pela interpretação conferida pelo TST ao art. 114, § 2º, da Constituição Federal de 1988, acrescido pela Emenda Constitucional n. 45/2004 e, agora, sujeitam-se às inflexões da denominada *Reforma trabalhista* (Lei n. 13.467/2017).

2. A ADERÊNCIA DAS NORMAS COLETIVAS NO CONTRATO DE TRABALHO

Há três posições interpretativas quanto à aderência de normas coletivas ao contrato de trabalho: (i) aderência irrestrita; (ii) aderência limitada ao prazo de vigência das normas coletivas; e, (iii) aderência limitada por revogação.

A aderência irrestrita (i) baseia-se no art. 468 da CLT e, muitos anos atrás, muito antes da Constituição de 1988, era admitida pela jurisprudência do TST, *'quando não se reconhecia à negociação coletiva o poder de criar efetivas normas jurídicas"*[3].

A segunda corrente, a de aderência contratual limitada pelo prazo do instrumento coletivo, foi a prevalecente por décadas no C. TST (até 2012), admitindo a aderência contratual da norma coletiva pelo período máximo de vigência da norma coletiva.

E a última linha interpretativa, a mais recente e atualmente adotada pelo C. TST, a de aderência limitada por revogação. Segundo esta, a aderência contratual das normas coletivas se prorroga para além do prazo de vigência da norma coletiva, tendo efeitos ultrativos, isto é, até que ocorra a revogação expressa ou tácita em outra negociação também coletiva.

---

(1) Desembargador Federal do Trabalho da 9ª Região (PR). Antes da magistratura, atuou na advocacia trabalhista por quase 30 anos. Foi Presidente da Associação dos Advogados Trabalhistas do Paraná (AATPR), no biênio 1995/1997. Foi Conselheiro Estadual da OAB Paraná e membro das comissões de Assuntos Culturais e Propriedade Intelectual, de Pareceres Preliminares em Processos Disciplinares no Âmbito da OAB Paraná e de Direito do Trabalho da Seccional. Foi presidente da Banca de Exame da OAB e autor do livro "Exame da OAB", pela JM Editora, em coautoria com o saudoso Desembargador Roberto Dala Barba Filho.

(2) Analista judiciária do TRT da 9ª Região. Mestre em Direito Constitucional (UFRGS). Especialista em Administração Pública (EBAP/FGV-RJ). Especialista em Análise de Sistema (tecnologia da informação)/PUC-PR.

(3) DELGADO, Mauricio Godinho. *Direito coletivo do trabalho*. São Paulo: LTr, 2011. p. 172.

À exceção da corrente de aderência irrestrita, as demais correntes têm aspectos válidos a serem considerados neste estudo, como se passa a analisar.

2.1. A aderência contratual limitada a vigência da norma coletiva

A teor do art. 614, § 3º, da CLT, com redação dada pelo Decreto-lei n. 229, de 28.02.1967, o prazo de vigência de um instrumento coletivo será de, no máximo, dois anos[4].

A *mens legis* que se dessume da redação em comento, não comporta dúvidas quanto ao alcance temporal dos instrumentos coletivos, de maneira que, *a priori*, não seria o caso de considerar que as suas cláusulas aderissem ao contrato de trabalho.

A complexidade do tema, entretanto, é evidenciada quando, na prática, algumas categorias econômicas ou mesmo as profissionais, não promoviam negociações coletivas conforme permissivo do art. 611[5] do atual texto consolidado.

O art. 611 da CLT não impõe a negociação coletiva, donde a conclusão lógica de que categorias profissionais sem convenções ou acordos coletivos, tenham o vínculo de emprego, e direitos dele decorrentes, disciplinado pela Lei geral.

E tanto para trabalhadores com sindicatos fortemente atuantes (assim compreendidos os que buscam negociar em prol de condições favoráveis à categoria econômica ou profissional) como para os demais, a égide do princípio da *pacta sunt servanda* representa, na essência, o princípio da liberdade negocial, presente na dicção do art. 468, da CLT[6].

Sob o pálio do art. 614 da CLT, o c. TST editou a Súmula n. 277, com a seguinte redação, conforme Resolução n. 10/1988, publicada no DJ em 03.03.1988:

Súmula n. 277 – Sentença normativa. Vigência. Repercussão nos contratos de trabalho. As condições de trabalho alcançadas por força de sentença normativa vigoram no prazo assinado, não integrando, de forma definitiva, os contratos.

O entendimento da Colenda Corte Trabalhista era, portanto, alinhada com a primeira corrente doutrinária mencionada no início deste artigo (aderência contratual limitada pelo prazo do instrumento coletivo).

Com a promulgação da Constituição Federal, em outubro de 1988, houve por bem o legislador constituinte ampliar para nível constitucional, alguns dos direitos previstos até então na CLT, atribuindo enorme força à negociação coletiva, conforme inciso XXVI do art. 7º[7], reflexo, certamente, da flexibilização das relações sociais, que segundo Cássia Cristina Moretto da Silva, "*apresenta-se como uma das características da pós-modernidade*".

Na mesma linha de raciocínio, a lição de Mauricio Godinho Delgado:

O Direito Trabalho é, pois, produto cultural do século XIX e das transformações econômico-sociais e políticas ali vivenciadas. Transformações todas que colocam a relação de trabalho subordinado como núcleo motor do processo produtivo característico daquela sociedade. [8]

Necessário destacar o viés histórico do próprio direito do trabalho, como forma de permitir a ampla compreensão da atuação sindical regulada pelo Estado, o que é possível pelo escólio de Rodrigo Carelli que destaca:

O Direito do Trabalho nasce em um momento ímpar da história da civilização, fruto direto da alta exploração dos trabalhadores, e como meio de sus-

---

(4) CLT – "Art. 614 (...) § 3º Não será permitido estipular duração de Convenção ou Acordo superior a 2 (dois) anos."

(5) Art. 611 – Convenção Coletiva de Trabalho é o acordo de caráter normativo, pelo qual dois ou mais Sindicatos representativos de categorias econômicas e profissionais estipulam condições de trabalho aplicáveis, no âmbito das respectivas representações, às relações individuais de trabalho. (Redação dada pelo Decreto-lei n. 229, de 28.02.1967); § 1º É facultado aos Sindicatos representativos de categorias profissionais celebrar Acordos Coletivos com uma ou mais empresas da correspondente categoria econômica, que estipulem condições de trabalho, aplicáveis no âmbito da empresa ou das acordantes respectivas relações de trabalho. (Redação dada pelo Decreto-lei n. 229, de 28.02.1967); § 2º As Federações e, na falta desta, as Confederações representativas de categorias econômicas ou profissionais poderão celebrar convenções coletivas de trabalho para reger as relações das categorias a elas vinculadas, inorganizadas em Sindicatos, no âmbito de suas representações.

(6) Art. 468 – Nos contratos individuais de trabalho só é lícita a alteração das respectivas condições por mútuo consentimento, e ainda assim desde que não resultem, direta ou indiretamente, prejuízos ao empregado, sob pena de nulidade da cláusula infringente desta garantia.

(7) Constituição Federal – Art. 7º (...) XXVI – reconhecimento das convenções e acordos coletivos de trabalho;

(8) DELGADO, Mauricio Godinho. *Curso de direito do trabalho.* 15. ed. São Paulo: LTr, 2016. p. 91-92.

tentação do *status quo*, diante das ameaças mais diretas à propriedade privada.⁽⁹⁾

O Autor mencionado deixa bem claro que concessões feitas aos trabalhadores representavam a forma encontrada pelo Estado para manter as relações de produção capitalista.

Vigente a Constituição Federal de 1988, com destaque ao teor do inciso XXVI, do art. 7º, a relação Lei *versus* Negociação Coletiva, passou a ter um viés concorrencial, gerando inúmeros conflitos que, trazidos ao Judiciário Trabalhista, eram dirimidos pelo eixo Constitucional e legislação infraconstitucional, mas, acima de tudo, pelo viés dos princípios protetivos ao trabalhador.

Com a edição da Lei n. 8.542/1992⁽¹⁰⁾, a política salarial brasileira foi transferida para a negociação coletiva, nos termos do art. 1º da mesma, atendendo ao anseio da categoria econômica, mas com grande oposição de doutrinadores que entendiam que somente aumentos reais de salário poderiam ser objeto de negociação, mas não os reajustes meramente corretivos do poder de compra de salários, pois da classe trabalhadora seria exigida contrapartida apenas para preservar salários contra os efeitos da inflação.

A Lei vigeu de 23.12.1992 a 28.07.1995, quando revogada pela Medida Provisória n. 1.709, convertida na Lei n. 10.192, de 14.02.2001.

Na sequência, por meio da Resolução n. 161, de 16.11.2009, o c. TST reedita a Súmula n. 277 que passa a ter a seguinte redação:

> SENTENÇA NORMATIVA. CONVENÇÃO OU ACORDO COLETIVOS. VIGÊNCIA. REPERCUSSÃO NOS CONTRATOS DE TRABALHO.
>
> I – As condições de trabalho alcançadas por força de sentença normativa, convenção ou acordos coletivos vigoram no prazo assinado, não integrando, de forma definitiva, os contratos individuais de trabalho.
>
> II – Ressalva-se da regra enunciada no item I o período compreendido entre 23.12.1992 e 28.07.1995, em que vigorou a Lei n. 8.542, revogada pela Medida Provisória n. 1.709, convertida na Lei n. 10.192, de 14.02.2001.

Pela nova redação, a Corte Trabalhista reforça o entendimento sufragado no art. 614 da CLT, no sentido de adstrição temporal de cláusulas convencionais. Um dos precedentes foi a decisão exarada pela Ministra Maria Cristina nos autos do ERR 799017/2001 que traz os seguintes fundamentos:

> A ultratividade da norma coletiva, prevista no § 1º do art. 1º da Lei n. 8.542/1992, depende de expressa manifestação nesse sentido, porquanto o silêncio interpreta-se como interesse em limitar a validade da cláusula à vigência da norma coletiva.
>
> É que a ultratividade da norma coletiva não pode ser presumida, inferida; ao contrário, consoante assinalado, depende de expressa manifestação nesse sentido.
>
> Diferentemente do regulamento da Empregadora, o qual, por excelência, representa manifestação unilateral de vontade, a norma coletiva tem, via de regra, natureza negocial, bilateral. É, pois, produto de múltiplas e mútuas concessões. Entender por incorporada permanentemente a cláusula de convenção coletiva, quando essa expressamente assim não dispôs, consubstancia negativa de vigência ao art. 7º, XXVI, da Carta Magna.

A aderência contratual limitada à vigência da norma coletiva foi a tese prevalecente no C. TST, mesmo depois da Emenda Constitucional n. 45/2004 e prevaleceu até setembro de 2012, quando então revista a interpretação da corte uniformizadora sobre referido tema.

2.2. A ultratividade da norma coletiva

A redação do § 2º do art. 114 da Constituição Federal sofreu alterações desde a promulgação da Carta. No texto originário, o tema era assim colocado (destaque inexistente no original):

> Art. 114. [...]
>
> [...]
>
> § 2º Recusando-se qualquer das partes à negociação ou à arbitragem, é facultado aos respectivos sindicatos ajuizar dissídio coletivo, podendo a Justiça do Trabalho estabelecer normas e condições, **RESPEITADAS AS DISPOSIÇÕES CONVENCIONAIS E LEGAIS MÍNIMAS DE PROTEÇÃO AO TRABALHO**. (grifo nosso)

---

(9) CARELLI, Rodrigo de Lacerda. O Ministério Público do Trabalho na proteção do direito do trabalho. *Caderno CRH*, Salvador, BA, v. 24, n. spe1, 2011. Disponível em: <http://www.scielo.br/scielo.php?script=sci_arttext&pid=S0103-49792011000400005&lng=en&nrm=iso>. p. 60. Acesso em: 17 out. 2017.

(10) Lei n. 8.542/92 – Art. 1º A política nacional de salários, respeitado o princípio da irredutibilidade, tem por fundamento a livre negociação coletiva e reger-se-á pelas normas estabelecidas nesta lei. § 1º As cláusulas dos acordos, convenções ou contratos coletivos de trabalho integram os contratos individuais de trabalho e somente poderão ser reduzidas ou suprimidas por posterior acordo, convenção ou contrato coletivo de trabalho § 2º As condições de trabalho, bem como as cláusulas salariais, inclusive os aumentos reais, ganhos de produtividade do trabalho e pisos salariais proporcionais à extensão e à complexidade do trabalho, serão fixados em contrato, convenção ou acordo coletivo de trabalho, laudo arbitral ou sentença normativa, observadas, dentre outros fatores, a produtividade e a lucratividade do setor ou da empresa.

Com Emenda Constitucional n. 45/2004, a redação foi alterada conforme segue (destaque inexistente no original):

> § 2º. Recusando-se qualquer das partes à negociação coletiva ou à arbitragem, é facultado às mesmas, de comum acordo, ajuizar dissídio coletivo de natureza econômica, podendo a Justiça do Trabalho decidir o conflito, respeitadas as disposições mínimas legais de proteção ao trabalho, **BEM COMO AS CONVENCIONADAS ANTERIORMENTE**. (grifo nosso)

A expressão "bem como as convencionadas anteriormente" seria, na interpretação da Corte Trabalhista, reforço ao entendimento de ultratividade da norma coletiva.

Assim, no transcorrer do evento "II Semana do TST", ocorrido em setembro/2012, a Corte trabalhista reuniu-se com intuito de modernizar e rever a Jurisprudência e o Regimento Interno do Tribunal. Pontualmente em relação à ultratividade das normas coletivas, o TST reeditou a Súmula n. 277 com seguinte redação:

> 277. Convenção coletiva de trabalho ou acordo coletivo de trabalho. Eficácia. Ultratividade. – As cláusulas normativas dos acordos coletivos ou convenções coletivas integram os contratos individuais de trabalho e somente poderão ser modificadas ou suprimidas mediante negociação coletiva de trabalho.

Em artigo publicado na Revista do TST, os Ministros Augusto César Leite de Carvalho, Kátia Magalhães Arruda e Mauricio Godinho Delgado expuseram a motivação da Corte para a alteração da Súmula n. 277, afirmando:

> É importante verificar que tal compreensão não foi propriamente inovada na semana institucional do TST. É fato que a Subseção de Dissídios Individuais e as oito turmas observavam, como é praxe em uma Corte jurisdicional de uniformização, a jurisprudência outrora construída a propósito das relações individuais de trabalho, mas também o é que a Seção de Dissídios Coletivos já vinha a reclamar, faz algum tempo, a análise do tema na perspectiva da ultra-atividade. A propósito, desde **abril de 2008** (mais de quatro anos antes da nova redação da Súmula n. 277, portanto), a SDC-TST já possuía interpretação firme e reiterada acerca da ultra-atividade das regras da sentença normativa, admitindo a vigência desse diploma jurídico especial até que novo diploma coletivo, judicial ou privado (sentença normativa, convenção coletiva de trabalho ou acordo coletivo de trabalho), produza sua revogação expressa ou tácita, respeitado, porém, o prazo de quatro anos de vigência. Além do mais, com a nova redação da súmula, o TST não mais do que assentou o entendimento consagrado, desde a Emenda Constitucional n. 45, de dezembro de 2004, no art. 114, § 2º, da Constituição Federal.

Dentre os fundamentos para justificar a nova redação da Súmula, os Ministros consignaram que, diversamente de outros países em que a ultratividade seria absoluta ou incondicionada, no Brasil, a intenção era a preservação do emprego em condições de "permanente razoabilidade", permitindo, conforme fundamentos adotados em decisão da Ministra Dora Maria da Costa, nos autos TST-SDC-RO-816000-47.2008.5.07.0000 (DEJT 29.04.2011):

> [...] alguma plasticidade a fim de ajustá-los às mudanças naturais do ambiente de empresa e da estrutura empresarial, sempre com vistas ao equilíbrio contratual – o bastante para a jurisprudência exigir contrapartidas, em favor dos trabalhadores, quando é instada, por exemplo, a validar cláusulas que reduzem salário ou prorrogam jornadas [...].

Entenderam os Ministros que a aderência contratual das normas coletivas limitada por revogação, instigaria os atores sociais a buscarem sempre a negociação, caminho necessário à real efetividade do princípio da equivalência entre os contratantes coletivos, especialmente à luz da interpretação que a Corte teria sobre o art. 114, § 2º da Constituição Federal que dispõe "respeitadas as disposições mínimas legais de proteção ao trabalho, **BEM COMO AS CONVENCIONADAS ANTERIORMENTE**" (grifo nosso).

Doutrinadores do porte de Eduardo Gabriel Saad viram na alteração um prejuízo à negociação coletiva, conforme segue:

> Em primeiro lugar, temos de reconhecer que os ajustes coletivos perderão, muito depressa, sua utilidade, na composição de interesses da empresa e dos seus empregados, se suas disposições aderirem irremissivelmente ao contrato individual de trabalho. Depois de uma ou duas convenções coletivas, pouca coisa restará para ser disciplinada (...). Além disso, as empresas relutarão em concluir tais pactos coletivos, por temerem consequências que se tornem imutáveis. Na atual conjuntura, sempre a empresa julgará preferível levar o conflito à Justiça do Trabalho, porque a sentença normativa – apesar do comportamento às vezes pouco dogmático dos Tribunais do Trabalho, à luz da Constituição – não se aventura a fazer incursões muito profundas no

mundo do trabalho, como as Convenções e Acordos soem fazer. (SAAD, 2004, p. 456)

Na mesma linha de interpretação, Maria Inês Moura S. A. da Cunha:

> [...] cláusulas benéficas serão mantidas ou substituídas por outras não tão benéficas, de acordo com as necessidades de momento, atendendo não apenas aos trabalhadores, mas também à situação econômico-financeira das empresas que, muitas vezes, não poderão manter altos patamares de benefícios, sob pena de verem comprometido seu funcionamento, o que resultaria catastrófico, posto que poderia, inclusive, levar ao desemprego. (CUNHA, 2004, p. 227)

O saudoso Mestre Valentin Carrion, citando trabalho de autoria do Ministro Orlando Teixeira da Costa, ponderou que princípios contemporâneos se opõem à sobrevida dos efeitos das normas coletivas mortas, pois é essencial propiciar condições para conceder *"todo prestígio à convenção coletiva nova, facilitando-a, e o princípio da flexibilização, que tem por finalidade a adaptação das normas às necessidades da produção e combate ao desemprego."* [11]

O entendimento doutrinário acima relatado encontra suporte da Convenção n. 98 da OIT[12], aprovada no Brasil por meio do Decreto Legislativo n. 49, de 27.08.1952, do Congresso Nacional, ratificada em 18.11.1952, e que voltada ao tema *"direito de sindicalização e de negociação coletiva"* dispõe no art. 4º:

> Art. 4. Deverão ser tomadas, se necessário for, medidas apropriadas às condições nacionais, para fomentar e promover o pleno desenvolvimento e utilização dos meios de negociação voluntária entre empregadores ou organizações de empregadores e organizações de trabalhadores com o objetivo de regular, por meio de convenções, os termos e condições de emprego.

A Convenção sinaliza a necessidade de "fomentar" os atores sociais a entabularem negociações coletivas voltadas às condições do "emprego".

Não resta dúvida de que o emprego é preocupação mundial, mormente em face da nem tão atual crise econômica mundial que nos dizeres do Ministro do c. TST, Lélio Bentes Corrêa, justificou a iniciativa da OIT no sentido de *"envidar esforços urgentes a fim de promover uma recuperação econômica produtiva, centrada no investimento, no emprego e na proteção social."* [13], donde emergem os questionamentos à redação da Súmula n. 277/TST, no sentido de que poderia agravar a situação financeira dos empregadores.

O tema ficou anos em discussões infindáveis nos Tribunais do Trabalho até ajuizamento, pela Confederação Nacional dos Estabelecimentos de Ensino CONFENEN, de Arguição de Descumprimento de Preceito Fundamental (ADPF 323), em 27.06.2014, à qual aderiram, como *amicus curiae,* outras 25 entidades, o que evidencia a importância do tema.

Na referida ação, o Exmo. Ministro Relator Gilmar Mendes, fez constar em sede de cautelar:

> [...] é muito claro que o texto constitucional valoriza, de forma enfática, as convenções e os acordos coletivos. Veja-se a referência no inciso VI, e talvez aqui se trate de uma situação de exemplaridade, quando se diz que se assegura a irredutibilidade do salário, salvo o disposto em convenção ou acordo coletivo. Veja-se que é uma cláusula de grande importância, mas o próprio constituinte previu que pode haver uma situação em que, para a mantença do emprego, seria necessária a redução. E nós temos inúmeros exemplos disto no plano internacional. Vossa Excelência acompanha tanto a crise europeia, e sabemos que isso vem ocorrendo sistematicamente, porque a grave crise é a crise da falta de emprego. [...]. Quer dizer, a tutela aqui vai – usando uma expressão muito cara ao ministro Marco Aurélio – a um limite demasiadamente largo ao pretender, realmente, tutelar este trabalhador, mas fortalecendo uma atitude de deslealdade negocial.

Fica claro o entendimento do STF no sentido de que a dicção da última parte do § 2º do art. 114, da Constituição Federal, não autorizaria a interpretação dada na Súmula n. 277 do C. TST, pois a decisão exarada pelo Ministro Relator da ADPF 323 é assim colocada:

> Ora, se acordos e convenções coletivas são firmados após amplas negociações e mútuas concessões, parece evidente que as vantagens que a Justiça Trabalhista pretende ver incorporadas ao contrato individual de trabalho certamente têm como base prestações sinalagmáticas

---

(11) CARRION, Valentin. *Comentários à Consolidação das Leis do Trabalho.* 32. ed. São Paulo: Saraiva, 2007. p. 474.

(12) SÜSSEKIND, Arnaldo Lopes. *Convenções da OIT.* 2. ed. São Paulo: LTr, 1998.

(13) CORRÊA, Lélio Bentes. A Crise Econômica e o Pacto Mundial pelo Emprego da Organização Internacional do Trabalho. *Direitos Coletivos do Trabalho na visão do TST.* Homenagem ao Ministro Rider Nogueira de Brito. São Paulo: LTr, 2011. p. 110.

acordadas com o empregador. Essa é, afinal, a essência da negociação trabalhista. Parece estranho, desse modo, que apenas um lado da relação continue a ser responsável pelos compromissos antes assumidos – ressalte-se, em processo negocial de concessões mútuas.

Determinado, pelo STF, nos autos da ADPF 323, em decisão cautelar, o sobrestamento de todos os processos que tragam discussões acerca da ultratividade das normas coletivas.

Esse é o escorço histórico acerca da ultratividade das normas coletivas e a Súmula n. 277/TST, mas que promete abrir novo capítulo a partir da vigência da Lei n. 13.467/2017, em razão do acréscimo dado ao art. 614, nos termos do § 3º[14].

3. LEGISLADO VERSUS NEGOCIADO E A REFORMA TRABALHISTA

3.1. Trabalho e identidade: do indivíduo e de sua coletividade

A discussão envolvendo a ultratividade das normas coletivas vai para além do embate doutrinário e jurisprudencial no mundo do direito, pois representa apenas um aspecto da matéria central que é o trabalho e o indivíduo. Como já assinalado, ampliando do individual para o coletivo, o trabalho interessa tanto aos trabalhadores como aos empregadores, que, pela lógica deveriam atuar sob o lema do "ganha-ganha".

Pela forma de negociação ganha-ganha, todos os atores envolvidos sempre ganham, conforme afirmam Bandler e Grinder (1982, p. 147) que:

> Quando se usa essa forma, pressupõe-se que as pessoas queiram se comunicar de tal maneira que possam conseguir o que desejam, e que elas desejam respeitar a integridade e os interesses das outras pessoas envolvidas. Essa pressuposição pode não ser verdadeira, mas é uma pressuposição operacional muito útil, porque nos oferece algo muito eficaz para fazer. Se assumirmos essa pressuposição, sempre será possível encontrar outra solução – não um compromisso – que venha satisfazer ambas as partes.

Não é comum ver o "ganha-ganha" permeando as relações trabalhistas no Brasil. Na prática, o que mais se percebe é o compromisso (perde-perde), pelo qual, ambos os lados perdem um pouco para que igualmente possam ganhar um pouco.

As razões para o fato são múltiplas, desde o paternalismo Estatal que se instalou após a segunda grande guerra mundial, passando pela falta de escolaridade dos trabalhadores, pela fragilidade de sindicatos formados com baixa consciência de classe (*low class clasness*), pelo modelo de gestão das empresas que se instalam em um país em desenvolvimento e raízes culturais, tudo refletido não apenas na legislação, mas nas decisões judiciais, empresariais e especialmente na forma de atuação sindical.

3.2. Legislado versus negociado: a Lei n. 13.467/2017 – A reforma trabalhista

Lei e negociação coletiva atuam no mesmo espaço, qual seja, a relação de emprego. A relação entre ambos, dentro de um mesmo palco e com atores diversos, pode ser de: a) exclusividade (quando é a própria Lei quem define o campo de atuação da norma heterônoma; b) concorrencial, no qual o espaço é o mesmo e ambos disciplinam mesmos temas, muitas vezes sobrepondo-se; c) complementar, a Lei atribui o disciplinamento de dada matéria à negociação coletiva; e, de d) suplementariedade, quando o direito básico é posto em Lei e à negociação coletiva cabe disciplinar condições que representem um "plus" ao trabalhador[15].

Até o presente momento, a relação que se observa no Brasil é a de suplementariedade, o que se dessume da redação do *caput* do art. 7º da Constituição Federal[16], pela qual os instrumentos coletivos podem disciplinar temas diversos da relação de trabalho, desde que "visem à melhoria de sua condição social", aqui entendida a do trabalhador, nos exatos termos do referido dispositivo constitucional.

Com a Lei n. 13.467/2017 – a Reforma trabalhista –, foi acrescido o § terceiro ao art. 8º da CLT, que passa a adotar um modelo de intervenção mínima do Estado sobre as relações de trabalho, com a prevalência do acordado sobre o legislado, pensamento que se evidencia, também, da decisão cautelar do SFT nos autos da ADPF 323.

Os efeitos deste novo modelo de relações trabalhistas repercute no meio acadêmico e nos Tribunais,

---

(14) CLT – art. 614 (...) § 3º – Não será permitido estipular duração de convenção coletiva ou acordo coletivo de trabalho superior a dois anos, sendo vedada a ultratividade".

(15) NASCIMENTO, Amauri Mascaro. O Debate sobre Negociação Coletiva. *Revista LTr*, v. 64, n. 9, set. 2000. São Paulo: LTr, 2000.

(16) Constituição Federal – Art. 7º São direitos dos trabalhadores urbanos e rurais, além de outros que visem à melhoria de sua condição social.

principalmente porque, nas palavras de Márcio Túlio Vianna, o Direito do Trabalho tem como um dos traços marcantes *"o de não servir indistintamente a pessoas difusas (...) mas antes a uma classe em face de outra classe"*.[17]

Na esteira da lição de Vianna, a síntese da razão de ser do Direito do Trabalho, nas palavras de Tarso Genro, é de que se pudéssemos examinar as regras que compõem o arcabouço do direito do trabalho sob um microscópio, veríamos "o aprendizado dos dominadores e os gérmens de resistência dos dominados"[18].

Com efeito, não é possível esquecer as origens do Direito do Trabalho, no século XVIII, dentro das fábricas em que se explorava mão de obra, à exaustão, dificultando a resistência individual pela via da fragmentação do sistema produtivo em série, mas que passando dos limites suportáveis da humanidade, moveu os trabalhadores à resistência coletiva[19].

As negociações coletivas, inicialmente travadas no calor de confrontos físicos e contra o patrimônio do empregador[20], a partir de um momento de saturação, evoluiu para as mesas, de forma preventiva, inclusive.

Com as classes operárias vieram os sindicatos, depois os instrumentos coletivos que de fato, não apenas forçam a construção do direito como, também, reduzem a violação do mesmo direito.

Uma mesma dificuldade preocupa os atores no palco do mundo do trabalho, dividindo opiniões.

De um lado, os que entendem que a reforma trabalhista, ao encerrar formalmente a interpretação dada pela Súmula n. 277/TST, sinalizaria recrudescimento nas relações do mundo do trabalho, aqui em sentido estrito senso de "emprego" (leia-se "renda" como elemento de sobrevivência), seja pelo sentimento de perda que pode advir do inequívoco desequilíbrio das classes econômica e profissional, seja pela questão cultural do próprio sistema capitalista que se volta, essencialmente, ao lucro financeiro e, especialmente, pelo momento econômico mundial que, à luz do art. 578[21] da CLT, já com a redação da Lei n. 13.467/2017, atingirá em cheio muitos sindicatos no Brasil, enfraquecendo-os e até mesmo extinguindo-os. Afinal, sem a contribuição sindical, os milhares de sindicatos existentes, mas constituídos, em sua maioria, com *low class classness*, não terão outra receita para manutenção, logo, enfraquecendo sua real autonomia para a negociação coletiva.

Outros, comungando do entendimento de que a intervenção mínima estatal permitirá ao mundo dos negócios se adequar por si só, na linha da acomodação do mercado, autorizando que nas negociações prevaleça a realidade do momento econômico, inclusive com redução de salários se assim o momento do empregador o exigir.

Teóricos passam ao largo da análise sistêmica do tema, inserido numa realidade legal que recentemente autorizou a ampliação da terceirização pela Lei n. 13.429/2017, o que aumenta a fragmentação de classes, que, antes deveriam compor um corpo único, por compartilharem da similitude de condições de vida e profissionais (art. 511, § 1º, da CLT), pulverizando o associativismo e diminuindo ainda mais o poder de barganha ao fracionar categorias, logo, sindicatos. Agrava-se a situação dentro do contexto de uma realidade tecnológica de substituição maciça da mão de obra por novas ferramentas.

Neste panorama, considerado o fato de que a legislação trabalhista é fruto exclusivo do trabalho do Legislativo, a tendência que se observa é de pulverização dos trabalhadores e enfraquecimento do próprio direito do trabalho como ramo autônomo, pois, conforme Vianna:

> a principal fonte do Direito do Trabalho é, aos poucos, substituída por outra, *totalmente ao contrário*. Antes, construía-se; hoje, des-constrói-se. É como a pororoca amazonense, quando o mar avança sobre as águas do rio. O capital vence a luta sem ter de fazer concessões.

Porém, não se pode ignorar que no contexto de crise, o direito mais primordial do trabalhador era o de retomar a dinâmica do emprego que, inafastavelmente, depende de ceder a algumas circunstâncias que se entenda aquecer ao mercado econômico. Apenas viabili-

---

(17) VIANA, Márcio Túlio. O Novo Papel das Convenções Coletivas de Trabalho: Limites, Riscos e Desafios. *Revista do Tribunal Superior do Trabalho*. v. 67, n. 3, jul./set. 2001, Porto Alegre: Síntese, 2001. p. 47.
(18) GENRO, Tarso. *Contribuição à Crítica do Direito Coletivo do Trabalho*. São Paulo: LTr, 1988. p. 15.
(19) PAULA LEITE, Márcia de. *O Futuro do Trabalho*. São Paulo: Scritta, 1994.
(20) HUBERMAN, Leo. *História da Riqueza do Homem* – do feudalismo ao Século XXI. 22. ed. Rio de Janeiro: LTC, 2011.
(21) CLT – Art. 578. As contribuições devidas aos sindicatos pelos participantes das categorias econômicas ou profissionais ou das profissões liberais representadas pelas referidas entidades serão, sob a denominação de contribuição sindical, pagas, recolhidas e aplicadas na forma estabelecida neste Capítulo, DESDE QUE PRÉVIA E EXPRESSAMENTE AUTORIZADAS (redação dada pela Lei n. 13.467/2017 – grifo nosso)

zando o *income* é que se viabilizará o fortalecimento de sua representação sindical, cujo papel na barganha de condições de trabalho e na negociação coletiva será essencial a partir de 11.11.2017.

4. CONSIDERAÇÕES FINAIS

O Judiciário Trabalhista, a quem incumbe a aplicação das leis, atua dentro das diretrizes constitucionais, aqui incluídos os princípios protetivos do mundo do trabalho, sempre com o objetivo de pacificação social.

Significa dizer, como fiel da balança do direito, busca equilibrar forças.

A atuação do Julgador não pode perder de vista os princípios sensíveis registrados na Constituição Federal, dentre eles o da dignidade da pessoa humana, mesmo em nome da economia, pois esta deve servir ao homem, e não o contrário.

Embora a crise atual seja multidimensional e seja injustificável o deliberado ataque ao protecionismo da legislação trabalhista como motivo principal da estagnação econômica, também não pode se ignorar que o trabalhador precisa mais que direitos (de papel) e de gatilhos que sejam incentivos a retomada da econômica, ainda que falseáveis, em muitos aspectos. No aspecto pragmático, apesar de teses e de princípios jurídicos, a luta entre Capital e Trabalho para ter algum saldo justo no Brasil, ainda depende de empregabilidade, que gera o *income* de trabalhadores e seus sindicatos. Sem receita, trabalhador e sindicatos profissionais sucumbem na negociação coletiva, porquanto o trabalhador é, lamentavelmente, o refém imediato da crise e depende da retomada econômica para recuperar sua identidade no trabalho, com seus pares (categoria profissional) e, assim, emancipar seu poder de negociação na busca de melhoria de suas condições de vida via negociação coletiva.

Porém, a plasticidade natural da economia não inviabiliza a atuação da Justiça do Trabalho, pois não se confunde com o Juiz ou Desembargador do momento. Antes, é uma instituição que traz uma bagagem de conhecimento que permite a adequação da Lei, para a interpretação que contemple o caso concreto contextualizado pelo momento social e econômico. Do escólio de Miriam Cipriani Gomes: "*O conteúdo de ordem imperativa é institucional e ultrapassa o interesse meramente individual, para se situar no âmbito do interesse coletivo, vinculado ao princípio protetor, espinha dorsal e núcleo do Direito do Trabalho*"[22].

É de se esperar embates calorosos acerca do alcance dos arts. 614, § 3º, 619, entre outros, da CLT com a redação da Lei da chamada Reforma Trabalhista, pois é ínsito do Ser a discussão como forma de consolidação de entendimentos.

Mas, é importante destacar que o mundo do trabalho tem outros atores sociais que direcionarão a atuação da Justiça do Trabalho, a saber, empregadores, empregados, os sindicatos profissionais e econômicos.

A previsão legal de intervenção estatal mínima não é sinônimo de autonomia privada coletiva absoluta, o que se dessume da própria história do trabalho, na qual a autonomia absoluta de um lado implica escravidão do outro, realidade que a sociedade não aceita nem aceitará mais.

As negociações coletivas são livres no limite fixado pela Constituição Federal. Significa dizer, a forma como atuarão os atores coletivos (sindicatos), dentro do que preveem as Leis, seja proativamente seja por omissão, é que norteará a atuação do Juiz.

A intenção do legislador na elaboração da reforma trabalhista consubstanciada, por exemplo, no art. 619 da CLT, já na redação dada pela Lei n. 13.467/2017, volta-se apenas a desonerar o custo de produção, mas sem espoliar o trabalhador, pois este é "custo de produção" e consumidor ao mesmo tempo. Retirar do trabalhador direitos básicos significa perda de consumidor e, de consequência, quebra de produção e todo o ciclo desastroso de economia enfraquecida que já assolou duramente países integrantes da União Europeia, a exemplo de Portugal que se submeteu, em nome da redenção econômica, à Troika, mas, na prática, o que o está levando ao reequilíbrio não é a desconstrução implementada à fórceps pela tese, não comprovada, TINA (*there is no alternative*), mas as iniciativas de pequenos empreendimentos, empregando poucos trabalhadores e a ousadia ao Tribunal Constitucional português que passou, nas palavras do ilustre Professor António Manuel Hespanha, em breve passagem na Semana Institucional da Magistratura Trabalhista no Tribunal do Trabalho da 9ª Região, a "irritar" o poder constituído, como forma de "*equacionar os temas controvertidos e sensíveis para a sociedade*".

Com efeito, a partir do momento que a sociedade toma as rédeas da sua história, de forma a que o ho-

---

(22) GOMES, Miriam Cipriani. Lineamentos sobre a supremacia do negociado sobre o legislado segundo a reforma trabalhista. *Revista Eletrônica do Tribunal Regional do Trabalho da 9ª Região*, ano VII, n. 62, 2017. Disponível em: <http://www.mflip.com.br/pub/escolajudicial/>. Acesso em: 18 out. 2017.

mem não seja "lobo do próprio homem", na melhor versão dada por Hobbes[23] à frase criada por Plauto, a Lei disciplinadora passa a ser aplicada como forma de manutenção da paz social que deve ser, em síntese, o objetivo da própria sociedade.

A solução das dificuldades entre os atores sociais está neles próprios, conforme brilhante concepção de Bonavides, no sentido de que é o "Estado de todas as classes", que se fixa e sustenta para "superar a contradição entre a igualdade política e desigualdade social". (BONAVIDES, 1996, p. 186).

Espera-se a reação da sociedade como um todo, mas em especial dos audazes, a "quem a fortuna favorece" (em homenagem ao Professor António Manuel Hespanha).

5. REFERÊNCIAS BIBLIOGRÁFICAS

BANDLER, Richard; GRINDER, John. *Sapos em príncipes*: programação neurolingüística. São Paulo: Summus, 1982.

BONAVIDES, Paulo. *Do Estado Liberal ao Estado Social*. 6. ed. São Paulo: Malheiros, 1996.

BRASIL. *Superior Tribunal de Justiça*. ADPF 323/DF, Rel. Ministro GILMAR MENDES, decisão monocrática em 14.10.2016, DJe n. 222, divulgado em 18.10.2016. Disponível em: <http://www.stf.jus.br/portal/processo/verProcessoAndamento.asp>. Acesso em: 15 out. 2017.

BRASIL. *Constituição Federal*. Disponível em: <http://www.planalto.gov.br/ccivil_03/Constituicao/Constituicao.htm>.

_____. *Consolidação das Leis do Trabalho*. Disponível em: <http://www.planalto.gov.br/ccivil_03/Decreto-Lei/Del5452.htm>.

_____. *Lei n. 13.467, de julho de 2017*. Disponível em: <http://www.planalto.gov.br/ccivil_03/_ato2015-2018/2017/lei/L13467.htm>.

_____. *Tribunal Superior do Trabalho*. Súmula n. 277. Disponível em: <http://www3.tst.jus.br/jurisprudencia/Sumulas_com_indice/Sumulas_Ind_251_300.html#SUM-277>.

_____. *Tribunal Superior do Trabalho*. E-RR 799017/2001, Rel. Min. Maria Cristina Irigoyen Peduzzi. Disponível em: <http://brs02.tst.gov.br/cgi-bin/nph– brs?s1=4219839.nia.&u=/Brs/it01.html&p=1&l=1&d=blnk&f=g&r=1>. Publicado no Diário da Justiça em 29.06.2007.

_____. Tribunal Superior do Trabalho. SDC--RO-816000-47.2008.5.07.0000, Rel. Min. Dora Maria da Costa, julgado em 18.05.2012. *Revista Eletrônica do Tribunal Regional do Trabalho da 9ª Região*, ano VI, n. 59, 2017. Disponível em: <https://ead.trt9.jus.br/moodle/pluginfile.php/35864/mod_resource/content/1/Revista%20Eletr%C3%B4nica%20%28MAI%202017%20-%20n%C2%BA%2059%20-%20Rerum%20Novarum%29.pdf>. Acesso em: 17 out. 2017.

CARELLI, Rodrigo de Lacerda. O ministério público do trabalho na proteção do direito do trabalho. *Caderno CRH*, Salvador, BA, v. 24, n. spe1, 2011. Disponível em: <http://www.scielo.br/scielo.php?script=sci_arttext&pid=S0103-4979201100040000 5&lng=en&nrm=iso>. Acesso em: 17 out. 2017.

CARRION, Valentin. *Comentários à Consolidação das Leis do Trabalho*. 32. ed. São Paulo: Saraiva, 2007.

CORRÊA, Lélio Bentes. A Crise Econômica e o Pacto Mundial pelo Emprego da Organização Internacional do Trabalho. In: *Direitos Coletivos do Trabalho na visão do TST*. Homenagem ao Ministro Rider Nogueira de Brito. São Paulo: LTr, 2011.

CUNHA, Maria Inês Moura S. Alves da. *Direito do Trabalho*. 3. ed. São Paulo: Saraiva, 2004.

DELGADO, Mauricio Godinho. *Curso de direito do trabalho*. 6. ed. São Paulo: LTr, 2007.

DELGADO, Mauricio Godinho et al. A Súmula n. 277 e a defesa da Constituição. *Revista do Tribunal Superior do Trabalho*, v. 78, n. 4, out./dez. 2012.

GENRO, Tarso. *Contribuição à Crítica do Direito Coletivo do Trabalho*. São Paulo: LTr, 1988.

GOMES, Miriam Cipriani. Lineamentos sobre a supremacia do negociado sobre o legislado segundo a reforma trabalhista. *Revista Eletrônica do Tribunal Regional do Trabalho da 9ª Região*, ano VII, n. 62, 2017. Disponível em: <http://www.mflip.com.br/pub/escolajudicial/>. Acesso em: 18 out. 2017.

HOBBES, Thomas. *Do Cidadão*. Tradução de Fransmar Costa Lima. São Paulo: Martin Claret, 2006.

HUBERMAN, Leo. *História da Riqueza do Homem* – do feudalismo ao Século XXI. 22. ed. Rio de Janeiro: LTC, 2011.

LOPES, M. C. R. Subjetividade e trabalho na sociedade contemporânea. *Trabalho, Educação e Saúde*, Rio de Janeiro, v. 7, n. 1, p. 91-113, mar./jun. 2009.

NASCIMENTO, Amauri Mascaro. O Debate sobre Negociação Coletiva. *Revista LTr*, v. 64, n. 9, set. 2000. São Paulo: LTr, 2000.

PAULA LEITE, Márcia de. *O Futuro do Trabalho*. São Paulo: Scritta, 1994.

SAAD, Eduardo Gabriel. *CLT Comentada*. 37. ed. São Paulo: LTr, 2004.

SILVA, Cássia Cristina Moretto da. A proteção ao trabalho na Constituição Federal de 1988 e a adoção do permissivo flexibilizante da legislação trabalhista no Brasil. Constituição, Economia e Desenvolvimento. *Revista da Academia*

---

(23) HOBBES, Thomas. *Do Cidadão*. Tradução de Fransmar Costa Lima. São Paulo: Martin Claret, 2006.

Brasileira de Direito Constitucional, Curitiba, 2012, v. 4, n. 7, jul./dez. p. 274.

SÜSSEKIND, Arnaldo Lopes. *Convenções da OIT*. 2. ed. São Paulo: LTr, 1998.

VIANA, Márcio Túlio. O Novo Papel das Convenções Coletivas de Trabalho: Limites, Riscos e Desafios. *Revista do Tribunal Superior do Trabalho*, v. 67, n. 3, jul./set. 2001. Porto Alegre: Síntese, 2001.

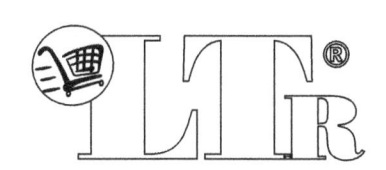

LOJA VIRTUAL
www.ltr.com.br

E-BOOKS
www.ltr.com.br

Produção Gráfica e Editoração Eletrônica: LINOTEC
Projeto de capa: FABIO GIGLIO
Impressão: BOK2